Das Wasserzeichen der Poesie

DIE ANDERE BIBLIOTHEK

Herausgegeben
von
Hans Magnus Enzensberger

D·A·S
W·A·S·S·E·R·Z·E·I·C·H·E·N
D·E·R P·O·E·S·I·E

oder

DIE KUNST
UND DAS VERGNÜGEN,
GEDICHTE ZU LESEN

• •
•

IN HUNDERTVIER-

UNDSECHZIG SPIELARTEN

VORGESTELLT VON

ANDREAS THALMAYR

Verlegt bei Franz Greno
Nördlingen 1985

Wenn es nach der Zahl der Produzenten ginge, wäre die Poesie ein Massenmedium. Das Verlangen, Gedichte zu schreiben, ist ungebrochen: ein heimliches Laster, das nach Öffentlichkeit giert. Welcher Lektor, welcher Redakteur wüßte nicht ein kummervolles Liedchen von den Manuskripten zu singen, die ihm auf den Tisch gestreut werden! Er seufzt, er wünscht die unglücklichen Einsender zum Teufel. Das Publikum teilt seine Abneigung. Vielen Dichtern geht es ähnlich, sie geben es nur nicht zu. Schreiben wollen sie alle, aber lesen?

Es ist etwas Geheimnisvolles an diesem zähen, stummen, entschlossenen Widerstand. Schließlich gibt es kaum etwas Harmloseres als diese dünnen Bändchen, diese schwarzgeränderten Kästchen in der Samstags-Zeitung, diese wohlmeinenden Anthologien. Früher hießen sie *Ewiger Vorrat* oder *Erfülltes Dasein*, heute vielleicht *Bingo* oder *Crash*. Aber sobald die Zeilen nicht über die ganze Seite laufen, ist gewöhnlich auch der fetzigste Titel für die Katz. Umsonst die gutmütige Anzeige des Verlegers, der Platz auf der Bestenliste, die dringende Ermahnung des Kritikers. Selbst die Krücken der Interpretation, die uns die einschlägige Wissenschaft reicht, helfen der Behinderung nicht auf. Sie bewirken eher das Gegenteil.

Die Lust, Gedichte zu lesen, ist uns einfach abhanden gekommen. Vielleicht sind die Dichter schuld? Vielleicht haben wir sie satt, mit ihren Tiraden, ihrem Grimm, ihrem Ekel, ihrer Emphase, ihrem ewigen Narzißmus?

Oder liegt es an uns?

Warum kommt es uns manchmal so vor, als haftete der ganzen Sache, der »Lyrik«, etwas Trübes, Zähes, Dumpfes, Muffiges an?

Aber war da nicht irgendwann, irgendwo was Anderes? Ein Lufthauch? Eine Verführung? Ein Versprechen? Ein freies Feld?

Ein Spiel?

Zugegeben, es ist nie ein simples, es ist schon immer ein höchst verwickeltes Spiel gewesen, das die Dichter und ihre Leser trieben. War das alles ernst gemeint? Oder war es nur eine Parade von Kunststücken, eine Vorstellung von glänzenden Tricks, sonderbaren Gemütsbewegungen, atemberaubenden Fertigkeiten? Und wenn es ein Spiel war, nach welchen Regeln wurde es gespielt?

Nur die wenigsten wüßten das zu sagen. Dabei hat sich eine gewisse Sorte von Leuten über zweitausend Jahre lang mit dem größten Eifer solchen Fragen hingegeben. Heute erinnern nur noch ein paar verstaubte Bücher an diesen ex-

quisiten Zeitvertreib: das *Dictionnaire de la poe-
tique*, das *Handbuch der literarischen Rhetorik*, *On
Rhetoric and Oratory*. Wir wissen kaum mehr,
was diese Wörter bedeuten.

Wie wäre es, wenn wir von vorne anfingen? Mit
einem Kompendium, aus dem zu erfahren wäre,
was man mit ein paar Worten alles anfangen
kann? Einem Lehrbuch der Poetik?

Das wäre vielleicht zu hoch gegriffen. Wir gä-
ben uns schon mit einem Gedichtbuch zufrieden,
das uns unterhielte, statt uns zu quälen. Wir
würden uns gern von einer Art zu lesen verab-
schieden, die uns in Schüler verwandelt, so als
hätten wir ein Abitur vor uns. Warum zum Bei-
spiel verspricht man uns immerzu die schönsten,
die wichtigsten, die besten Gedichte? Warum
sollten wir neben den berühmten nicht die obsku-
ren, neben den tiefsinnigen nicht die zweifelhaf-
ten, neben den ergreifenden nicht die hane-
büchenen Verse lesen? Ist es denn so leicht, von
vornherein und ein für allemal zu unterscheiden,
was die einen sind, und was die andern?

Die einzig richtige Art, ein Gedicht zu lesen,
gibt es nicht. Sie ist nur ein pädagogisches
Phantom. Soviele Köpfe, soviele Lesarten, eine
richtiger als die andere. Damit soll nichts gegen
die Arbeit der Philologen gesagt sein und gegen
die zuverlässigen, die kritischen, die »gesicher-
ten« Texte, die sie verspricht; ganz im Gegenteil.

Aber ihre Treue ist nur eine unter den vielen Möglichkeiten, die wir haben, einen Autor beim Wort zu nehmen. Man kann ihn auch nacherzählen, oder rückwärts lesen, oder verspotten, oder bestehlen, oder weiterdichten, oder übersetzen . . . Lesen heißt immer auch: zerstören — wer das nicht glauben will, möge die Gehirnforscher fragen —; zerstören und wieder zusammensetzen. Dabei entsteht allemal etwas Neues. Ein Klassiker ist ein Autor, der das nicht nur verträgt; er verlangt es; er ist nicht totzukriegen durch unsere liebevolle Roheit, unser grausames Interesse.

Ein Spiel also, eine Schnitzeljagd, ein Vergnügen. Mehr nicht? Oh, es wäre schon einiges gewonnen, wenn wir wieder lesen könnten, ohne zu gähnen. Der Rest ist Kunst. Was die Kunst betrifft, so brauchen wir uns ihretwegen keine Sorge zu machen. Das Wasserzeichen verschwindet nicht so leicht. Wer Lust hat — ohne Lust geht es nicht —, der braucht die Wörter nur gegen das Licht zu halten. Unter jedem Text findet sich ein anderer, finden sich viele andere, mehr als die Weisheit des Lesers und des Schreibers sich träumen lassen.

A. T.

RÄSONIERENDES
INHALTSVERZEICHNIS

Erstes Hauptstück

XI

Zweites Hauptstück

Drittes Hauptstück

Viertes Hauptstück

Fünftes Hauptstück

Sechstes Hauptstück

XIX

Siebentes Hauptstück

Achtes Hauptstück

XXI

CXX. MITTELHOCHDEUTSCH. Vermutlich die schwierigste aller Fremdsprachen, und zwar deshalb, weil sie uns so bekannt vorkommt. *376*

CXXI. bis CXXXV. DIALEKT. Mit dem Wörterbuch allein ist es hier nicht getan: Die Mundarten haben nicht nur ihr eigenes Lexikon, ihr eigenes Phonemsystem, ihre eigene Intonation, ihre eigene Grammatik; sie kommen auch mit der Orthographie des Hochdeutschen nicht aus. (Das Pennsylvania-Deutsche ist natürlich kein Dialekt, sondern eine »Nahsprache« des Deutschen, wie das Luxemburgische und das Holländische; das Gleiche gilt für das Jiddische, das dem Hochdeutschen noch ferner steht und eher mittelhochdeutsche Wurzeln hat.) *381*

CXXXVI. ROTWELSCH. Die deutsche Gaunersprache hat keine eigene Grammatik. Sie ist nur ein semantischer Code, durch den sich die fahrenden Leute vor dem Zugriff der ordentlichen Umwelt sichern wollten. *397*

CXXXVII. PIDGIN. Die Linguisten sprechen von »Behelfssprachen«, aber dieser harmlose Ausdruck verschweigt, daß die Pidgin-Sprachen ein Produkt der Kolonisation sind. Es ist kein Zufall, daß auch wir seit einigen Jahrzehnten über eine solche Verkehrssprache verfügen: das »Gastarbeiter-Deutsch«. *398*

CXXXVIII. BARBARISMUS. Die Griechen, selbstbewußt und hochmütig, wie sie waren, fanden es barbarisch, ausländische Wörter und Redensarten zu gebrauchen. Dagegen hat unsere Toleranz bekanntlich keine Grenzen. Es gibt Dichter, die sich die Chance, die darin liegt, nicht entgehen lassen. *400*

CXXXIX. IBOLITHISCH. Die klassische Philologie hielt es mit den toten Sprachen. Auch für den Übersetzer ist eine Zunge, die niemand spricht, eine Herausforderung: hier zeigt sich, was er kann. *401*

CXL. LIZENZ. Manche Übersetzer nehmen sich viel heraus, andere wenig. Im äußersten Fall liest der Dichter, der einen Dichter überträgt, aus dem Original nur das heraus, was ihm in den Kram paßt. *410*

CXLI. FISCH-ENGLISCH. Die Übersetzung von einer stummen Sprache in die andere: ein Meisterstück, das dem Original in nichts nachsteht. *413*

CXLII. INTERLINEARVERSION. Wer es ganz genau wissen will, verlangt dagegen ein *mot à mot*. Vom Dolmetsch will er nur erfahren, was da steht, Wort für Wort, Zeile für Zeile. Seinen Vers darauf möchte er sich selber machen. *414*

XXII

Neuntes Hauptstück

Die Welt ein Buch

Die Welt / die ist ein Buch; ein jeder / eine Letter;
Die Länder / sind der Bund; die Zeiten / sind die Blätter;
Jn diesem findt man mehr bethört / als kluge Sachen /
Jn diesem findt man mehr zum klagen / als zum lachen /
Jn diesem findt man mehr zu meiden als zu üben /
Jn diesem findt man mehr / zu hassen als zu lieben.

Friedrich von Logau

ERSTES HAUPTSTÜCK

Im Schatten junger Mädchenblüte

Manchmal, wenn der Wagen eine ansteigende Straße zwischen bestellten Feldern erklomm, sah man am Wege hier und da ein paar zögernde Kornblumen auftauchen, die ganz denen in Combray glichen und die den Äckern eine Art erhöhter Wirklichkeit gaben, gleichsam eine Echtheitsgarantie wie jene kleinen Blüten, mit denen gewisse alte Meister ihre Bilder signierten. Bald trugen uns unsere Pferde von ihnen fort, aber ein paar Schritte weiter trafen wir andere an, die in Erwartung unseres Kommens ihren blauen Stern in das Gras gestickt hatten; manche stellten sich keck an den Straßenrand, und ein Sternennebel bildete sich in mir aus fernen Erinnerungen und diesen so zutraulich nahen Blumen.

Wir fuhren wieder den Hügel hinab; da trafen wir dann – zu Fuß, auf dem Fahrrad, auf einem Karren, im Wagen – immer wieder eines jener Geschöpfe an, die wie natürliche Blüten eines so schönen Tags und doch nicht wie Blumen der Felder sind, denn jede birgt in sich etwas, was in der anderen nicht ist und uns daran hindert, mit nur ihresgleichen jenes Verlangen zu stillen, das sie selbst in uns erstehen läßt: irgendein Landmädchen, das seine Kuh vor sich hertreibt oder auf einem Bauernwagen halbsitzend gelagert ist, die Tochter eines Ladenbesitzers, die einen Spaziergang macht, die elegante junge Dame im Landauer auf dem Rücksitz den Eltern gegenüber. [...]

Der Wagen der Marquise fuhr schnell. Ich hatte kaum Zeit, das Mädchen zu sehen, das uns entgegenkam; und doch – denn die Schönheit der menschlichen Wesen ist

nicht wie die der Dinge, wir spüren vielmehr genau, daß
sie der Zauber einzigartiger, bewußter und eigenwilliger
Geschöpfe ist – sobald ihr individuelles Sein, eine nur
geahnte Seele, ein mir unbekannter Wille, in einem auf
wunderbare Weise verkleinerten und doch vollständigen
Abbild auf dem Grunde ihres zerstreuten Blicks erschien,
fühlte ich in mir – eine geheimnisvolle Entsprechung
des für den Blütenstempel bereits vorgerichteten Pol-
lens – in embryohafter, ebenso winziger Form den
Wunsch entstehen, dies Mädchen nicht vorübergehen zu
lassen, ohne daß ihr Bewußtsein meine Person in sich
aufnähme, ohne daß ich ihre Wünsche hinderte, einem
andern zuzustreben, oder mich in ihren Träumen ein-
genistet und an ihr Herz gerührt hätte. Unser Wagen
entfernte sich inzwischen wieder, das schöne Mädchen
blieb hinter uns zurück, und da sie von mir keine der
Vorstellungen besaß, aus denen eine Person sich zusam-
mensetzt, hatten ihre Augen, die mich noch kaum er-
blickt, mich auch schon wieder vergessen. Lag es an
dieser nur so flüchtigen Vision, daß sie mir so schön
erschienen war? Vielleicht. Schon die Unmöglichkeit,
bei einer Frau zu verweilen, die drohende Gefahr, ihr
nie wieder zu begegnen, verleihen ihr plötzlich den Reiz,
den ein Land in unseren Augen durch Krankheit oder
Armut bekommt, die uns unmöglich machen, es aufzu-
suchen, oder die letzten überschatteten Tage, die uns
zu leben bleiben, durch den Kampf, in dem wir zweifel-
los unterliegen werden. So müßte, wäre nicht die Ge-
wohnheit dafür ein Hindernis, das Leben denen köstlich
erscheinen, die täglich vom Tode bedroht sind – allen
Menschen demnach. Auch ist der Schwung der Phan-
tasie, vom Verlangen nach dem beflügelt, was wir nicht
haben können, noch nicht durch ein vollkommenes Er-
fassen der Wirklichkeit eingeengt, wenn es sich um solche
Begegnungen handelt, bei denen denn auch die Reize

der Vorübergehenden im allgemeinen im direkten Ver-
hältnis zu der Schnelligkeit ihres Entschwindens stehen.
Wenn es dunkelt und der Wagen fährt rasch, gibt es in
Land und Stadt keinen weiblichen Torso, verstümmelt
wie ein antikes Marmorbild durch unser rasches Vor-
überfahren und die ihn im Nu verschlingende Dämme-
rung, der nicht an jedem Kreuzweg im Feld oder aus
der Tiefe eines kleinen Ladens Pfeile der Schönheit in
unser Herz entsendet, jener Schönheit, um derentwillen
man manchmal versucht ist, sich zu fragen, ob sie in
dieser Welt überhaupt etwas anderes ist als das Kom-
plement, das einer fragmentarisch geschauten flüchtig
Vorübereilenden durch unsere von unerfüllter Sehnsucht
überreizte Phantasie jeweils hinzugesetzt wird.

Marcel Proust

Das Bild dieser Unbekannten,
die mir entgegenkommt unter hohen Bäumen,
ein Torso, verstümmelt
durch die rasende Fahrt meines Wagens,
im Nu verschlungen
von der Dämmerung –

Ihr Bild, das mir begegnet, flüchtig,
wenn es dunkelt, aus der Tiefe
eines Hutladens auf dem Wall,
in dem sich die Lichter spiegeln,
das Haar, ihre dunklen Augen –

oder an jenem Kreuzweg,
wo die Kornblumen Sterne ins Gras sticken,
in einem Sternnebel, gewebt
aus naher Bläue und ferner Erinnerung –

Die Pferde tragen mich fort,
den Hügel hinab,
sie hat mich kaum bemerkt,
die Unbekannte –

Ich denke an ihren zerstreuten Blick,
das rasche Verlangen, die Gefahr,
sie nie wieder zu sehn,
den schimmernden Laden, das blaue Feld,
das Vergessen.

A. T.

Creverat opprobrium generis foedumque patebat
Matris adulterium monstri novitate biformis.
Destinat hunc Minos thalami removere pudorem
Multiplicique domo caecisque includere tectis.
Daedalus ingenio fabrae celeberrimus artis
Ponit opus turbatque notas et lumina flexu
Ducit in errorem variarum ambage viarum.
Non secus ac liquidis Phrygius Maeandrus in undis
Ludit et ambiguo lapsu refluitque fluitque
Occurrensque sibi venturas adspicit undas
Et nunc ad fontes, nunc ad mare versus apertum
Incertas exercet aquas, ita Daedalus inplet
Innumeras errore vias vixque ipse reverti
Ad limen potuit: tanta est fallacia tecti.
Quo postquam geminam tauri iuvenisque figuram
Clausit.

Publius Ovidius Naso

Aber die Schmach des Hauses, sie wuchs: man
erkannte der Mutter
Grauses Vergehn an des Kindes entsetzlicher Doppel-
gestaltung.
Minos beschließt, diesen Fleck seiner Ehe zu tilgen, das
Wesen
In einem finsteren Bau der verwickeltsten Art zu
verschließen.
Daedalus, jener durch Kunst, durch Genie so gefeierte
Meister,
Baut das Werk; doch verwirrt er die Male: er führt durch
die Windung
Mannigfaltigster Wege die Augen in schwankende
Irrung.
Wie bei dem phrygischen Fluß Maeander: er spielt mit
den klaren
Wellen, er strömt in zweifelndem Gleiten bald rückwärts,
bald vorwärts;
Sich begegnend, betrachtet er selbst die kommenden
Wellen,
Bald zu den Quellen und bald zum offenen Meere
gewendet,
Treibt er die schwankenden Wasser: so füllte der
Künstler mit Wirrnis
All die unzähligen Wege; kaum fand sich Daedalus
selber
Bis zur Schwelle zurück: so groß war die Täuschung des
Bauwerks.
Hier verschloß man die Doppelgestalt eines Stieres
und Jünglings.

Das Labyrinth

Im großen Wind aus Afrika zerrissen und verflogen die Wolkenbänke über Kreta. Knossos schlief. Nur die Hunde des Königs streunten durch die dämmrigen Säle des Palastes und fraßen am Unrat des vergangenen Abends. Was ihrem Hunger zuviel war, verscharrten sie im Sand der Höfe. Dort rauschten Palmen. Durch die steinernen Gänge, die sich so oft verzweigten und kreuzten, die breiter und schmäler wurden und einmal ins Freie, dann wieder in die Tiefe des Palastes führten und irgendwo in der Finsternis endeten, schritt nun ein Mann, behutsam, leise, um niemanden vor der Zeit zu wecken. Der Bote.

Es war ein böses Zeichen, wenn der Bote vor Sonnenaufgang kam. Das Zeichen bedeutete, der König hat keine Ruhe gefunden, hat schwer geträumt und erträgt nun die Länge der Nacht nicht mehr, bedeutete, der König will Rat, Besänftigung, vielleicht Trost. Aber was immer der König um diese Stunde forderte, forderte er von seinem athenischen Gast. Der Bote war angekommen, hielt zwei, drei Atemzüge lang inne; horchte. Dann schlug er einen Vorhang zurück, den die Zugluft hinter ihm wieder glatt strich, trat an das Bett des Atheners, beugte sich über den Schlafenden, berührte ihn an der Schulter und sagte sanft, Daedalus, steh auf, der Herr Kretas verlangt nach dir.

Schon in den ersten, wirren Augenblicken des Erwachens, noch hatte die leichte Hand sich nicht wieder von seiner Schulter zurückgezogen und noch hielt er die Augen geschlossen, spürte Daedalus, wie die Angst in ihm groß wurde. Als er sich herhob, fror ihn. Hastig und unbeholfen kleidete er sich an. Es war der vertraute Weg durch das scheinbar regellose System der Gänge, auf dem er dem Boten dann folgte; es war die vertraute Angst. Minos, der Held und König der Kreter, tobte vielleicht, litt an den Toten einer verjährten Belagerung oder saß schon seit Stunden über der Zeichnung einer Triere und würde nun die Seetüchtigkeit der Takelung, die Daedalus für die Dreiruderer der kretischen Flotte entworfen hatte, hämisch in Zweifel ziehen – gleichwie, Daedalus wußte, daß der Kreter Fragen an ihn richten würde, vernünftige oder unlösbare Fragen, und daß es von jeder seiner Antworten abhängen konnte, ob Minos ihn weiterhin schützte, davonjagte oder zertrat. Seit neun Jahren, seit jenem Winter, in dem er seinen Neffen in einem blinden Augenblick getötet hatte, lebte Daedalus nun, bewahrt vor der Wut und Gerechtigkeit Athens in den Mauern von Knossos. Denn auch wenn Minos den Titel des ersten Richters der Menschheit für sich in Anspruch nahm, – es scherte ihn nicht, daß er einen Verbrecher beherbergte, solange der Flüchtling ihm nützlich war, ihm als Erfinder neues Kriegsgerät entwarf, als Baumeister monumentale Pracht schuf oder als Bildhauer die Säulengänge des Palastes mit marmornen Heroen zum höheren Ruhm der Herrschaft verzierte. Aber es gab keine Gnade und keine Gunst, die Minos für immer versprach. Jeder Dank war widerruflich.

Der Bote blieb wortlos zurück. Allein, ein gebeugter Untertan, trat Daedalus in das Gelaß des Königs. Minos schien ihn nicht zu bemerken. Den Kopf in die Hände vergraben, kauerte er am Fußende seines Bettes, erwiderte den Gruß nicht, schwieg lange. Durch das Geäst der Platane vorm Fenster schimmerte ein zarter, blaßroter Himmel. Als spräche er zu dem Baum da draußen und nicht zu dem Gebeugten, der hinter ihm stand und keine Bewegung und kein Wort mehr wagte, wiederholte Minos plötzlich und laut die einzige Frage der vergangenen Nacht. Wohin mit der Mißgeburt. Die Mißgeburt. Die Bestie. Das Vieh. Minos kannte nur diese drei Worte, wenn er von jenem Wesen sprach, das seine Gemahlin Pasiphaë dem Haus geboren hatte. Ein sprachloses Wesen mit dem Körper eines Knaben und dem Schädel eines Stiers. Seit Jahren schloß Pasiphaë sich mit der Mißgeburt in ihren Gemächern ein. Dort weinte und röchelte das Vieh in ihren Armen, besudelte sie mit seinem Speichel und wuchs. Minos hatte der Menschheit verboten, auch nur den Namen der Mißgeburt auszusprechen. Aber die Feinde Kretas brüllten ihn in ihren Spottliedern. *Minotauros.* Es hieß, Pasiphaë habe sich vor der Unbarmherzigkeit ihres Gemahls längst in den Wahnsinn geflüchtet, in eine viehische Gier nach Zärtlichkeit und Lust, und habe die Mißgeburt mit einem Stier gezeugt. Und Daedalus, der Athener, hieß es, habe ihr dabei geholfen, habe der Königin aus Silber und Holz die Attrappe einer Kuh geschaffen, in die sie sich gezwängt und so ihre Geilheit mit einem Bullen besänftigt hatte. Immer noch kauernd und ohne Daedalus anzusehen, begann Minos zu sprechen. Ich ertrage das Vieh nicht mehr. Du wirst mir das Vieh aus den Augen schaffen, Daedalus. Du wirst einen Kerker errichten, ein Denkmal der Gerechtigkeit und geheimes Abbild des Irrsinns der Königin, einen Bau, der Knossos wie ein Berg überragen und tief in den Stein hinabreichen wird, eine Zusammenfassung aller Gänge, Treppen und Fluchten Kretas, mäandrisch ineinander verschlungen, verknotet zu einem einzigen Irrweg, der durch Tag und Nacht führen muß, in die Höhe und in die Tiefe, ein Knäuel aus Stein. Und darin soll das Vieh rasen, soll dahin und dorthin, immer dem Trugbild der endlosen

Bewegungsfreiheit nach, und alles für immer. Du wirst mir und der Welt einen endgültigen Ort schaffen. Einen Ort für Bestien. Daedalus war der Rede des Herrschers schweigend gefolgt und hatte schon die Zahl der Sklaven für den Aushub überschlagen, Steinbrüche eröffnet und Mauern wachsen sehen. Gehorsam würde er jede Phantasie des Herrschers in Architektur verwandeln. Aber jetzt, als sich das Bild des Bauwerks in ihm vollendete, entkam ihm halblaut und unwillkürlich wie ein Ausruf ein Satz. Plötzlich eine böse Stille. Minos erhob sich jäh. Blaß, das Haar wirr in der Stirn, kam er auf ihn zu und schrie, wiederhole! Entsetzt öffnete Daedalus den Mund. Blieb stumm. Da trat der Kreter so dicht an ihn heran, daß er seinen Atem roch, und wiederholte nun selbst und äffte dabei den Tonfall des Untertanen nach: Herr, du sprichst von deinem eigenen Palast.

Christoph Ransmayr

Omelette

Es werden zehn bis zwölf Eier mit dem nöthigen Salz, etwas weißem Pfeffer, Muskatnuß nebst einem halben Eßlöffel voll fein geschnittener Petersilie und vier Eßlöffel voll süßem Rahm gut abgesprudelt. Kurz vor dem Gebrauche läßt man ein Viertelpfund geklärte, frische Butter in einer Omelette-Pfanne bis zum Rauchen heiß werden, gießt die Eier dazu, rüttelt die Omelette leicht über dem Feuer, bringt die zuerst festwerdenden oder stockenden Eier mit der Messerklinge unter die andern, gießt, wenn nichts Flüssiges mehr vorhanden ist, noch etwas klare Butter unter die Omelette und läßt sie schöne Farbe nehmen; hierauf stürzt man eine flache Schüssel über die Omelette, wendet die Pfanne schnell um, biegt den Rand der Omelette mit dem Messer etwas ein, und gießt etwas wenig Jüs darüber. Die Omelette muß in der Art gebacken sein, daß die Oberfläche eine schöne lichtbraune Farbe hat, das Innere derselben aber muß weich und crêmeartig sein.

Johann Rottenhöfer

Pfannkuchenrezept

Die Trockenmilch der Firma Harrison Brothers,
                              Chikago,
das Eipulver von Walkers, Merrymaker & Co,
                              Kingstown, Alabama,
das von der deutschen Campführung nicht
                              unterschlagene Mehl
und die Zuckerration von drei Tagen
ergeben, gemischt mit dem gut gechlorten Wasser des
                              Altvaters Rhein,
einen schönen Pfannkuchenteig.
Man brate ihn in der Schmalzportion für acht Mann
auf dem Deckel einer Konservenbüchse und über
                              dem Feuer
von lange gedörrtem Gras.
Wenn ihr ihn dann gemeinsam verzehrt,
jeder sein Achtel,
oh dann spürt ihr, wenn er auf der Zunge zergeht,
in einer üppigen Sekunde das Glück der geborgenen
                              Kindheit,
wo ihr in die Küche euch schlichet, ein Stück
Teig zu erbetteln in der Vorweihnachtszeit,
oder ein Stück Waffel, weil Besuch gekommen war am
                              Sonntagnachmittag,
spürt ihr in der schnell vergangenen Sekunde allen
Kuchenduft der Kinderjahre, habt noch einmal
fest gepackt den Schürzenzipfel der Mutter,

oh Ofenwärme, Mutterwärme, – bis ihr
wieder erwacht und die Hände leer sind
und ihr euch hungrig anseht und wieder
mürrisch zurückgeht ins Erdloch. Der Kuchen
war auch nicht richtig geteilt gewesen und immer
muß man aufpassen, daß man nicht zu kurz kommt.

Günter Eich

In einem kleinen Zimmer, in dem nur ein Bett steht,
liegt eine alte Oma, die krank ist. Der Enkel kommt sie
besuchen und meint, das ist alles nicht so schlimm. Aber
in dem Moment kommen auch schon zwei Pfleger, packen
die Oma, und ab mit ihr ins Krankenhaus an der Ulmen-
allee.

Monika Dobler

In einem fast leeren Zimmer steht ein Bett. Am Rande des Bettes liegt eine ältere Frau. Sie kriegt Besuch. Es ist ihr Enkel. Die Großmutter ist krank. Ihr Enkel meint, es sei nicht so schlimm. Aber ehe er sich's versieht, kommen die Pfleger aus dem Krankenhaus, die Abfuhr mit der Bahre, schnappen sich die Großmutter, schnell ins Auto. Auf dem Weg ins Krankenhaus sieht die Großmutter noch einige eigenartige Dinge an den Bäumen in einer Ulmenallee, und im Handumdrehen ist sie da, im Krankenhaus.

Franz Greno

In einem hellen Raum steht ein Bett. Dieses Bett ist sehr aufgewühlt und zerdrückt. Eine alte Dame schläft darin, sie liegt auf der Seite und ist ganz verschrumpelt. Das ist die Großmutter. Eines Tages kommt ihr Enkel zu Besuch und sagt: Großmutter, ich glaube, du bist krank, du solltest in ein Spital gehen. Aber die Großmutter weigert sich; sie wehrt sich, so gut sie kann. Ich will nicht ins Spital, sagt sie, dort wird es mir schlecht gehen, ich bleibe lieber hier in meinem Bett. Aber da kommen schon die Pfleger mit einer Bahre ins Zimmer. Sie greifen so fest zu, daß sie der Großmutter weh tun. Sie schreit, aber das hilft ihr nichts. Sie wird in den Krankenwagen geladen. Die Fahrt geht durch eine Ulmenallee. Was ist das für ein Flaum da draußen an den Bäumen, fragt die Großmutter; aber da ist die Reise schon zu Ende, sie landet im Krankenhaus, und dort wird sie wahrscheinlich gestorben sein.

Norbert Richter

Die englische Großmutter liegt auf ihrem Zimmer im Bett, und das Bett ist ganz verkrumpelt und ranzig. Das Geschirr steht auf dem kleinen Nachttischchen, und die Essensreste sind noch darauf. Die Großmutter liegt klein und verschrumpelt auf der Seite, mürrisch, und schnarcht. Da kommt der Enkel zu Besuch. Er weckt sie auf und sagt: Liebe Großmutter, jetzt ist es aber genug. Ich bringe dich ins Krankenhaus. Und sie sagt: Auf keinen Fall! Ich will nicht ins Spital! Und der Enkel sagt: Doch, doch! Dort kommst du wieder auf die Höhe. Nein, nein, ruft die Großmutter, du willst mich nur loswerden. Aber mit mir kannst du das nicht machen. Doch da kommen schon die Pfleger herein und legen sie auf die Bahre, und sie schreit: Au, au! und herrscht sie an: Was ist denn das? Das soll eine fürsorgliche Pflege sein? Aber die Sanitäter schieben sie einfach in den Wagen, und sie fahren mit ihr in Richtung Krankenhaus durch eine Ulmenallee. Die Großmutter fragt noch: Was ist denn das für ein flaumiges Zeug da draußen? Geht weg, ich will nichts mehr davon wissen. Und dann dreht sie den Kopf weg, und wahrscheinlich ist sie gestorben.

Katharina Kaever

Die letzten Worte
meiner englischen Großmutter

Ein paar schmutzige Teller
und ein Glas Milch
neben ihr auf dem kleinen Tisch
am ranzigen zerrauften Bett –

Runzlig und beinahe blind
lag sie, schnarchte, wachte
auf, mürrisch, raunzte
und schrie nach Nahrung:

Gebt mir was zu essen,
Sie lassen mich verhungern!
Ich bin in Ordnung! will nicht
ins Spital. Nein, nein, nein!

Gebt mir was zu essen!
Komm, ich bring dich,
sagt ich, ins Krankenhaus,
du bist bald auf der Höhe,

kannst tun was du willst.
Sie lächelte: Ja, erst
tust *du* was du willst,
dann komm ich dran. Au,

au! schrie sie, au,
als sie die Sanitäter
auf die Bahre hoben –
Das nennt ihr wohl

angenehme Pflege, was?
Ihr Kopf war ganz klar.
Ihr meint, ihr wüßtet es besser,
ihr jungen Leute,

aber ich kann euch sagen,
gar nichts wißt ihr.
Wir fuhren los, und
unterwegs

kamen wir durch eine lange Ulmen-
allee. Sie schaute eine Weile
aus dem Wagenfenster hin
und sagte: Was

ist das für ein flaumiges Zeug
da draußen? Bäume? Geht,
ich will nichts mehr davon wissen,
und drehte den Kopf weg.

William Carlos Williams

Im Jahre sechsundsechzig
zu Luxemburg am Rhein,
da ward ein Kind geboren
mit Namen Humpelbein.
Zum tria tria Humpel,
zum tria Humpelbein.

Schauspielrin wollt sie werden,
die Mutter sagte: Nein!
Kuhhirtin sollst du werden,
Verflixtes Humpelbein.
Zum tria tria Humpel,
zum tria Humpelbein.

Und als es war gestorben,
die Mutter weinte sehr.
Der Lehrer in der Schule,
der weinte noch viel mehr.
Zum tria tria Humpel,
zum tria Humpelbein.

Und als es war gestorben
und fuhr zum Himmel ein,
da riefen alle Engel:
Jetzt kommt das Humpelbein!
Zum tria tria Humpel,
zum tria Humpelbein.

Beim tria tria wird um den Tisch gehumpelt.

N. N.

Ein Jahr ist nun geschwunden,
Seit du geschieden bist,
Und wie zwei trübe Stunden
Gemahnt mich diese Frist.

Und hättest du gelebet,
Mein Kindchen, dieses Jahr,
So wär' die Frist entschwebet
Ein helles Stundenpaar.

Nun, seit ich auf der Bahre
Dich mußte sehn, mein Kind,
Denk' ich, wie wenig Jahre
Verliehn dem Menschen sind.

Ob trüber oder heller,
Wie Stunden sind sie nur,
Ob langsamer, ob schneller,
Entschwunden ohne Spur.

Einst wünscht' ich langes Leben,
Um lang' dich blühn zu sehn;
Nun mag es schnell entschweben,
Da ich dich sah vergehn.

Friedrich Rückert

Das Hexenkind

Das junge Ding hieß Ilse Watt.
Sie ward im Waisenhaus erzogen.
Dort galt sie für verstockt, verlogen,
Weil sie kein Wort gesprochen hat
Und weil man ihr es sehr verdachte,
Daß sie schon früh, wenn sie erwachte,
Ganz leise vor sich hinlachte.

Man nannte sie, weil ihr Betragen
So seltsam war, das Hexenkind.
Allüberall ward sie gescholten.
Doch wagte niemand, sie zu schlagen.
Denn sie war von Geburt her blind.

Die Ilse hat für frech gegolten,
Weil sie, wenn man zu Bett sie brachte,
Noch leise vor sich hinlachte.

In ihrem Bettchen blaß und matt
Lag sterbend eines Tags die kranke
Und stille, blinde Ilse Watt,
Lächelte wie aus andern Welten
Und sprach zu einer Angestellten,
Die ihr das Haar gestreichelt hat,
Ganz laut und glücklich noch: »Ich danke.«

Joachim Ringelnatz

Wenn einst dies geschlecht sich   gereinigt von schande
Vom nacken geschleudert   die fessel des fröners
Nur spürt im geweide   den hunger nach ehre:
Dann wird auf der walstatt   voll endloser gräber
Aufzucken der blutschein..   dann jagen auf wolken
Lautdröhnende heere   dann braust durchs gefilde
Der schrecklichste schrecken   der dritte der stürme:
Der toten zurückkunft!

Wenn je dieses volk sich   aus feigem erschlaffen
Sein selber erinnert   der kür und der sende:
Wird sich ihm eröffnen   die göttliche deutung
Unsagbaren grauens..   dann heben sich hände
Und münder ertönen   zum preise der würde
Dann flattert im frühwind   mit wahrhaftem zeichen
Die königsstandarte   und grüßt sich verneigend
Die Hehren · die Helden!

Stefan George

Wenn einst dieser herd sich   gereinigt von sosse
Vom hackbrett geschleudert   die reste von gestern
Nur spürt im patenttopf   die hitze des bratens:
Dann wird auf dem backblech   voll endloser strudel
Aufzucken der mürbteig..   dann jagen auf touren
Lautdröhnende mixer   dann braust durchs gelage
Die schrecklichste schere   der dritte der gänge:
Des hummers triumphzug!

Wenn je dieser koch sich   aus feigem verlängern
Sein selber erinnert   des fonds und der kresse:
Wird sich ihm eröffnen   die göttliche auster
Unsagbaren schlürfens..   dann heben sich farcen
Und bravos ertönen   zum preise der trüffel
Dann flattert im eischnee   mit wahrhaftem duften
Die erdbeer-charlotte   und grüßt sich verneigend
Die Esser · die Gäste!

Serenus M. Brezengang

Der Tod

Ich heule in dieser Finsternis, ich seufze
im undurchdringlichen Dunkel, in diesem Verlies,
wo der Tod seine eisige Herrschaft antritt;
was ich höre, erfüllt mich mit Grauen:
Es ist ein Geräusch, als schlügen Gebeine
aneinander, ein Scharren ist es, ein Knirschen,
ein Rasseln, wenn er aufsteht, der Beinerne,
wenn er sich in Bewegung setzt, wenn er kommt
und ächzend sein Werkzeug, das gewaltige, hebt
den eisernen Hammer, wenn er ausholt,
wenn er mit seinem unerbittlichen Schlag
die letzte Stunde verkündet, so,
daß die Wände widerhallen, der Boden bebt,
als hätte sie eine titanische Hand zermalmt,
die Kammer der Finsternis.

A. T.

Der Tod

Ach es ist so dunkel in des Todes Kammer,
Tönt so traurig, wenn er sich bewegt
Und nun aufhebt seinen schweren Hammer
Und die Stunde schlägt.

Matthias Claudius

Der Dichter meidet strahlende Akkorde.
Er stößt durch Tuben, peitscht die Trommel schrill.
Er reißt das Volk auf mit gehackten Sätzen.

*

Ich lerne. Ich bereite vor. Ich übe mich.
Wie arbeite ich – hah leidenschaftlich! –
Gegen mein noch unplastisches Gesicht –:
Falten spanne ich.
Die Neue Welt
(– eine solche: die alte, die mystische, die Welt der Qual
austilgend –)
Zeichne ich, möglichst korrekt, darin ein.
Eine besonnte, eine äußerst gegliederte, eine *geschliffene*
Landschaft schwebt mir vor,
Eine Insel glückseliger Menschheit.
Dazu bedarf es viel. (Das weiß er auch längst sehr wohl.)

O Trinität des Werks: Erlebnis, Formulierung, Tat.

Ich lerne. Bereite vor. Ich übe mich.

… bald werden sich die Sturzwellen meiner Sätze zu einer
unerhörten Figur verfügen.
Reden. Manifeste. Parlament. Der Experimentalroman.
Gesänge von Tribünen herab vorzutragen.

Der Verfasser möchte sich zwar nicht allzu überschweng-
lich äußern; er hat aber nicht die Absicht, auf lautstarke
Äußerungen zu verzichten. Seine Sätze sind etwas un-
zusammenhängend, doch verfehlen sie nicht ihre Wir-
kung auf das Publikum.

Der Verfasser befindet sich noch im Trainings-Sta-
dium. Er gibt sich Mühe und beabsichtigt, sich künftig
deutlicher auszudrücken.

Er möchte eine Situation darstellen, die noch nicht
eingetreten ist. (Die gewohnten Verhältnisse erscheinen
ihm antiquiert, unklar und derart unangenehm, daß er
sie am liebsten loswerden möchte.) Er denkt dabei an
eine gut beleuchtete, gut ausgearbeitete Gegend, in der
es jedermann gut ginge. Er möchte bei seiner Darlegung,
wie gesagt, möglichst korrekt vorgehen; er ist sich aller-
dings darüber im Klaren, daß das gar nicht so einfach
ist. Man müßte eben ein Gefühl dafür entwickeln, sich
einigermaßen gut ausdrücken können, und im übrigen
die eine oder andere praktische Maßnahme ins Auge
fassen.

Dazu ist, wie gesagt, ein gewisses Training erforderlich.

Der Verfasser nimmt jedoch an, daß seine Äußerungen
in absehbarer Zeit einiges bewirken werden. Es ist dabei
offensichtlich auch an Auftritte vor einem größeren Pu-
blikum gedacht, zum Beispiel an Reichstagsdebatten.
Auch die Romanproduktion müßte neue Wege gehen.
Schließlich denkt der Verfasser noch an musikalische
Vorträge, und zwar an das Absingen von Liedern auf
öffentlichen Plätzen.

Der neue, der heilige Staat
Sei gepredigt, dem Blut der Völker, Blut von ihrem Blut,
                             eingeimpft.
Restlos sei er gestaltet.
Paradies setzt ein.
– Laßt uns die Schlagwetter-Atmosphäre verbreiten! –
Lernt! Vorbereitet! Übt euch!

Johannes R. Becher

Dabei möchte er ein gutes Wort für den Staat einlegen, den er sich auch durchaus anders vorstellen könnte. Ein solcher modifizierter Staat soll offenbar eine ganz besondere Hochachtung genießen und dem Publikum näher gebracht werden. Dabei soll möglichst kein Detail vergessen werden. Der Verfasser sieht ein günstiges Resultat seiner Bemühungen voraus. Er schließt mit der Aufforderung, die öffentliche Meinung schon heute auf sein Projekt einzustimmen. Dazu ist, wie gesagt, ein gewisses Training erforderlich.

A. T.

Albatre

Diese Dame im weißen Bademantel, den sie einen
>>peignoir<< nennt,
Ist – vorläufig – die Geliebte meines Freundes,
Und die zarten weißen Füße ihres weißen Schoßtiers
Sind nicht zarter als sie,
Und Gautier höchstselbst hätt den Kontrast von Weiß
auf Weiß nicht verachtet
Wie sie so dasitzt im Lehnstuhl
Zwischen den zwei müden Kerzen.

Ezra Pound

Koks

Die Tante da im weißen Fummel, »nightie« nennt sie das
oder so,
Ist im Moment die Alte von meinem Kumpel,
Und die schnuckligen weißen Treter von ihrem weißen
Kläffer
Sind mindestens so schnucklig wie sie.
Darauf wäre sogar Elvis persönlich abgefahren,
So weiß auf weiß, wie sie da rumhockt auf ihrer Matte
Vor zwei abgefackten Räucherstäbchen.

Serenus M. Brezengang

Außenminister

Aufs Ganze gerichtet
sind die Völker *eine Messe wert.*
aber im einzelnen: *Laßt die Trompete zu der Pauke*
                                        sprechen,
jetzt trinkt der König Hamlet zu –
5 wunderbarer Aufzug,
doch die Degenspitze vergiftet.

»Iswolski lachte.«
Zitate zur Hand, Bonmots in der Kiepe,
hier kühl, dort chaleureux, *peace and Good will,*
10 lieber mal eine Flöte zuviel,

Z. 2: *eine Messe wert.* »Paris ist eine Messe wert« – das geflügelte Wort wird Heinrich IV. von Navarra zugeschrieben. Die Quelle, *Caquets de l'Accouchée* (1622) legt es allerdings seinem Kanzler Sully in den Mund: »Pourquoi n'allez-vous pas à la messe aussi bien que moi?« fragt der König Sully, und der Minister antwortet: »Sire, la couronne vaut bien une messe.«

Z. 3: *Laßt die Trompeten zu der Pauke sprechen.* William Shakespeare, *Hamlet, Prinz von Dänemark,* V. Akt, zweite Szene. Deutsch von August Wilhelm Schlegel, ergänzt und erläutert von Ludwig Tieck.

Z. 4: *jetzt trinkt der König Hamlet zu.* Ebendort. Die Stelle heißt in der Vorlage: »Der König trinkt auf Hamlets Wohlseyn dann.«

Z. 7: *»Iswolski lachte.«* Aleksandr Petrovič Izvol'skij (1856–1919) war 1906–1910 russischer Außenminister. Die Herkunft des Zitats konnte nicht ermittelt werden.

Z. 9: *peace and Good will.* Aus dem Standard-Reportoire der amerikanischen Politik vor dem 1. Weltkrieg. Stammt, vermittelt über die protestantische Prediger-Tradition, aus dem Lukas-Evangelium. Unter andern von Außenminister Brian Jenkins, Theodore Roosevelt und Woodrow Wilson benutzt.

die shake-hands Wittes in Portsmouth (1905)
waren Rekord, aber der Friede wurde günstiger.

Vorm Parlament – das ist keineswegs Schaumschlägerei,
hat Methode wie Sanskrit oder Kernphysik,
15 enormes Labor: Referenten, Nachrichtendienst, Empirie,
auch Charakter muß man durchfühlen,
im Ernst: Charakter haben die Hochgekommenen ganz
                             bestimmt,
nicht wegen etwaiger Prozesse,
sondern er ist ihr moralischer Sex-Appeal –
20 allerdings: was ist der Staat?
»Ein Seiendes unter Seienden,«
sagte schon Plato.

»Zwiespalt zwischen der öffentlichen
und der eigentlichen Meinung« (Keynes). Opalisieren!
25 Man lebt zwischen les hauts et les bas,
erst Oberpräsident, dann kleiner Balkanposten,
                        schließlich Chef,
dann ein neues Revirement,
und man geht auf seine Güter.

Leicht gesagt: verkehrte Politik.
30 Wann verkehrt? Heute? Nach zehn Jahren? Nach
                        einem Jahrhundert?
Mésalliancen, Verrat, Intrigen,
alles geht zu unseren Lasten,
man soll das Ölzeug anzichn,

Z. 21: *»Ein Seiendes unter Sei-*
enden.« Aus Platon, *Politeia,*
Siebentes Buch, 4. Folgerung
(518c) und passim.
    Z. 23f.: *»Zwiespalt zwischen*
der öffentlichen und der eigentli-
chen Meinung«. Nicht ermittelt.
The Collected Writings von John
Maynard Keynes (1883–1946),
London und New York, 1971
bis 1984, umfassen über vierzig
Bände.

bevor man auf Fahrt geht,
35 beobachten, ob die Adler rechts oder links fliegen,
die heiligen Hühner das Futter verweigern.
Als Hannibal mit seinen Elefanten über den Simplon zog,
war alles in Ordnung,
als später Karthago fiel,
40 weinte Salambo.

Sozialismus – Kapitalismus –: wenn die Rebe wächst
und die Volkswirtschaft verarbeitet ihren Saft
dank außerordentlicher Erfindungen und
                                        Manipulationen
zu Mousseux – dann muß man ihn wohl auch trinken?
45 Oder soll man die Kelten verurteilen,
weil sie den mussilischen Stock
tauschweise nach Gallien trugen –
damit würde man ja jeden zeitlichen Verlauf
und die ganze Kulturausbreitung verdammen.

50 *»Die Außenminister kamen in einer zweistündigen*
                                        Besprechung
zu einem vorläufigen Ergebnis«
(Öl- und Pipelinefragen),
drei trugen Cutaway,
einer einen Burnus.

Z. 50f.: *»Die Außenminister...«* Die Passage stammt offenbar aus
einer Zeitungsnotiz.

Gottfried Benn

Der Morgen

Ein ungewiß Gemisch des Dunkeln und des Lichts
Gebar die Dämmerung. Zu Anfang ward der Kreis
Der äußern holen Luft allmälig weiß.
Bald färbt den untern Teil, worin die Wolken
schwimmen,
Ein rosen-roter Glanz. An ihren zarten Spitzen
Sieht man sodann ein Rot, wie Rosen und Rubin,
Und bald ein funkelnd Gold, so mehr als gülden schien,
In grünlich-blauem Licht des Himmels blühn und glühn,
In unbeschreiblichem Schein, Glanz und Schimmer
blitzen.
Kein Diamant stral't so, kein Feuer kann so glimmen.
Der allerhellsten Farben Schein,
So wir im Lust- und Kunst-Feur sehn,
Sind gegen diesen Glanz nicht rein,
Sind gegen diese Gluht nicht hell, nicht schön.
Ja solch ein lichter Schimmer glühet
Und stral't so hell verschiedne Stellen an,
Daß man die Sonne selbst kaum schöner glauben kann,
Bis man sie selber wieder siehet.
Die Höhen dieser Welt, der Berg' erhab'ne Gipfel,
Durchdrungen bald darauf Auroren Rosen-Reich;
Die Spitzen wurden rot, die feuchten Felder bleich,
Die dunkeln Thäler grau. Der Bäume hohe Wipfel
Bemahlt' ein rötlichs Gelb, wodurch das holde Grün
Der frischen Blätter recht wie übergüldet schien.
Der Lüfte Bürger-Heer, das zwitschernde Geflügel,
Zog aus den Fittigen die kleinen Köpf' hervor,
Sprang von den Aesten ab, schwung über Thal und
Hügel,

Mit gurgelndem Gepfeif, sich in die Luft empor,
Um aus der dunklen Nacht, so sie bisher befangen,
Noch schneller, als die Erd', ins Licht-Reich zu gelangen.
Und endlich tritt die Welt ins Reich der Sonnen ein,
Woselbst des Lichts Monarch, mit Klarheit, Stral und
Schein,
Mit Gluht und Glanz gekrön't, das weite Firmament,
Das unergründlich tief, das keine Grenzen kennt,
In stiller Majestät beherrschet und erfüllet.
Gleich überschwemmt die Welt, wie eine schnelle Flut,
Sein Rosen-farb'ner Stral. Ein Ocean von Gluht,
Die unveränderlich aus seinem Throne quillet,
Ergießt sich überall, beleb't, besämet, schmückt,
Verherrlichet, erwärmt, begeistert und erquickt
Natur und Creatur. Was die Natur gebildet,
Nimmt einen Schimmer an, scheint alles übergüldet.
So lange nun die Quell des Lichts noch niedrig sitzet,
Wird Gras und Kraut und Schilf zuerst nur halb bestral't
Indem die untre Hälft' ein dämmrich Grün noch mahlt,
Wenn schon der ob're Teil im grünen Schimmer blitzet.
Durch dieses grüne Licht,
Zusammt der grünen Dunkelheit,
Wird nicht nur das Gesicht,
Selbst das Gemüt, erfreut,
Zumalen wenn, so oft sie küle Lüfte fühlen,
Sie gleichsam miteinander spielen.
Die Schatten, die gestreckt sich Westenwärts begeben,
Und ihren Vater fliehn, vermehren und erheben,
Im Gegensatz, durch ihre Dunkelheit
Des nahen Lichtes Heiterkeit.
Selbst wo es schattigt bleibet,
Indem das Licht den Schatten Westwärts treibet,
Sind alle Dinge schön geschmückt, gefärbt, gemahlt;
Da aber, wo das Licht der Sonne selber stral't,
Scheint alles, nicht so sehr gefärbt, als Wunderschön

In einer bunten Gluht zu stehn.
Im grünen Feuer glüht das Laub, das Kraut, das Gras;
In tausend-färbigem, wann es bethaut und naß.
Ein gelber angenehmer Brand
Bedeckt den gelben Kies und Sand,
Ein rötlicher das jüngst gepflüg'te Land.
Es glänzt die reine Luft, es glüht die glatte Flut
(Wenn da, wo sie sich reg't, viel güld'ne Blitze
                                                schwimmen,
Und wie geschür'te Kohlen glimmen)
In einer weißlich-blauen Gluht.
In dunkel-blauer stehn entfernte Hügel,
In einer roten, rote Ziegel,
So wie in einem grauen Schein
Beschilfte Hütten, Holz und Stein.
In den bestral'ten Bluhmen flammen
Gluht, Farben, Glanz und Schein zusammen.
Die schwarzen nicht, die bunt-gefärbten Schatten
Erheben die beflammte Pracht,
So wie das schwarze Heer der Schatten bey der Nacht,
Stern, Mond und Licht, daß sie noch einst so schön,
Durch ihren Gegen-Satz erhöhn.
Es lacht uns, was man sieht,
In solchem Wunder-Schmuck und süßen Schimmer an,
Daß auch das traurigste Gemüt
Sich, trotz sich selbst, zu freun nicht unterlassen kann.

Barthold Hinrich Brockes

Blaue

Grün

Blau

blauen

Blau

Blaues　　　　Grünem

Blaue

Grün in Farbentiegeln
stumpf
hinter   Blau
auf   spiegeln

spiegeln   ungenau
wiederum
in   blauen
gelb in   violett   grau

Verwaschnes
nichts

scheint   Blau
man sieht
Blaues   vor Grünem

Blaue Hortensie

So wie das letzte Grün in Farbentiegeln
sind diese Blätter, trocken, stumpf und rauh,
hinter den Blütendolden, die ein Blau
nicht auf sich tragen, nur von ferne spiegeln.

Sie spiegeln es verweint und ungenau
als wollten sie es wiederum verlieren,
und wie in alten blauen Briefpapieren
ist gelb in ihnen violett und grau;

Verwaschnes wie an einer Kinderschürze,
Nichtmehrgetragnes dem nichts mehr geschieht:
wie fühlt man eines kleinen Lebens Kürze.

Doch plötzlich scheint das Blau sich zu verneuen
in einer von den Dolden, und man sieht
ein rührend Blaues sich vor Grünem freuen.

Rainer Maria Rilke

Augsburg

Ein Frühjahrsabend in der Vorstadt.
Die vier Häuser der Kolonie
Sehen weiß aus in der Dämmerung.
Die Arbeiter sitzen noch
Vor den dunklen Tischen im Hof.
Sie sprechen von der gelben Gefahr.
Ein paar kleine Mädchen holen Bier
Obwohl das Messingläuten der Ursulinerinnen schon
                    herum ist.
In Hemdärmeln lehnen sich die Vier aus den
                    Kreuzstöcken.
Die Nachbarn hüllen die Pfirsichbäume an der
                    Häuserwand
In weiße Tüchlein wegen des Nachtfrosts.

Bertolt Brecht

(Die Farbe der Häuser
Die Farbe der Dämmerung
Die Farbe der Tische
Die Farbe der Chinesen
Die Farbe des Biers
Die Farbe des Messings
Die Farbe der Ursulinerinnen
Die Farbe der Hemdärmel
Die Farbe der Kreuzstöcke
Die Farbe der Pfirsichblüten
Die Farbe der Häuserwand
Die Farbe der Tüchlein
Die Farbe des Raihreifs)

1.

Nicht schäme dich / du saubere Melinde /
    Daß deine zarte reinligkeit
Der feuchte mond verweist in eine binde /
    Und dir den bunten einfluß dräut.
Der grosse belt hegt ebb' und flut /
Was wunder / wenns der mensch der kleine thut.

2.

Die röthligkeit bey deinen bunten sachen
    Hat niemahls deinen schooß versehrt.
Wie muscheln sich durch purpur theuer machen /
    So macht dein schnecken-blut dich werth.
Wer liebt dein dinten-meer wohl nicht /
Weil man daraus corallen zincken bricht.

3.

Nur einmahl bringt das gantze jahr uns nelcken /
    Dein blumen-busch bringts monatlich /
Dein rosen-strauch mag nicht verwelcken /
    Sein dorn der hält bey dir nicht stich /
Denn was die sanfften blätter macht /
Das ist ein thau von der johannis-nacht.

4.

Kanst du gleich nicht die hurtgen lenden rühren /
    Lobt man dich doch im stille stehn /
Der augenblau wird leichtlich sich verlieren /
    Denn wirst du seyn noch eins so schön.

Man sammlet / spricht die gantze welt /
Viel besser frucht / wenn starcke blüte fällt.

5.

Laß mich darum doch keine fasten halten /
   Ein könig nimmt den schranck zwar ein /
Doch muß er fort / wenn sich die wasser spalten /
   Der geist muß ausgestossen seyn.
Man geht / wie iedermann bekandt /
Durchs rothe meer in das gelobte land.

Johann von Besser

Die drei Lesungen des Gesetzes

1.

Jeder Staatsbürger hat das Recht –
Beifall
seine Persönlichkeit frei zu entfalten –
Beifall
insbesondere hat er das Recht auf:
Arbeit –
Beifall
Freizeit –
Beifall
Freizügigkeit –
Beifall
Bildung –
Beifall
Versammlung –
Beifall
sowie auf Unantastbarkeit der Person –
starker Beifall.

2.

Jeder Staatsbürger hat das Recht –
Beifall
im Rahmen der Gesetze seine Persönlichkeit frei zu
                          entfalten –
Rufe: Hört! Hört!
insbesondere hat er das Recht auf:
Arbeit entsprechend den gesellschaftlichen
                          Erfordernissen –
Unruhe, Beifall

auf Freizeit nach Maßgabe seiner gesellschaftlich
notwendigen Arbeitskraft –
Zischen, Beifall, amüsiertes Lachen, Unruhe
auf Freizügigkeit, ausgenommen die Fälle, in denen eine
ausreichende Lebensgrundlage nicht vorhanden ist und
der Allgemeinheit daraus besondere Lasten entstehen
würden –
schwacher Beifall, höhnisches Lachen, Scharren, Unruhe
auf Bildung, soweit die ökonomischen Verhältnisse sie
sowohl zulassen als auch nötig machen –
*starke Unruhe, Murren, unverständliche Zwischenrufe,
Türenschlagen, höhnischer Beifall*
auf Versammlung nach Maßgabe der Unterstützung der
Interessen der Mitglieder der Allgemeinheit –
*Pultdeckelschlagen, Pfeifen, allgemeine Unruhe, Lärm,
vereinzelte Bravorufe, Protestklatschen, Rufe wie: Endlich!
oder: Das hat uns noch gefehlt!, Trampeln, Gebrüll, Platzen
von Papiertüten*
sowie auf Unantastbarkeit der Person –
Unruhe und höhnischer Beifall.

3.
Jeder Staatsbürger hat das Recht,
im Rahmen der Gesetze und der guten Sitten seine
Persönlichkeit frei zu entfalten,
insbesondere hat er das Recht auf Arbeit entsprechend
den wirtschaftlichen und sittlichen Grundsätzen der
Allgemeinheit –
das Recht auf Freizeit nach Maßgabe der allgemeinen
wirtschaftlichen Erfordernisse und den Möglichkeiten
eines durchschnittlich leistungsfähigen Bürgers –
das Recht auf Freizügigkeit, ausgenommen die Fälle, in
denen eine ausreichende Lebensgrundlage nicht vorhan-
den ist und der Allgemeinheit dadurch besondere Lasten
entstehen würden oder aber zur Abwehr einer drohenden

Gefahr für den Bestand der Allgemeinheit oder zum
Schutz vor sittlicher und leistungsabträglicher Verwahr-
losung oder zur Erhaltung eines geordneten Ehe- Fami-
lien- und Gemeinschaftslebens –
das Recht auf Bildung, soweit sie für den wirtschaftlich-
sittlichen Fortschritt der Allgemeinheit sowohl zuträg-
lich als auch erforderlich ist und soweit sie nicht Gefahr
läuft, den Bestand der Allgemeinheit in ihren Grund-
lagen und Zielsetzungen zu gefährden –
das Recht auf Versammlung nach Maßgabe sowohl der
Festigung als auch des Nutzens der Allgemeinheit und
unter Berücksichtigung von Seuchengefahr, Brandgefahr
und drohenden Naturkatastrophen –
sowie das Recht auf Unantastbarkeit der Person:
Allgemeiner stürmischer, nichtendenwollender Beifall.

Peter Handke

Es gibt

Es gibt ein Schiff das hat mein Liebstes davongetragen

Es gibt im Himmel sechs Würstchen die man bei Ein-
bruch der Dunkelheit für Würmer halten könnte
denen die Sterne entspringen

Es gibt ein feindliches Unterseeboot das war böse auf
meine Liebste

Es gibt tausend kleine Tannen um mich her die sind von
Granatsplittern zerfetzt

Es gibt einen Landser der blind durch die erstickenden
Gasdämpfe tappt

Es gibt alles, waß wir zusammengeschossen haben in den
Gräben Nietzsche und Goethe und Köln

Es gibt einen Brief nach dem ich mich sehne einen
Brief der noch immer nicht kommt

Es gibt in meiner Kartentasche mehrere Photos von
meiner Liebsten

Es gibt die Gefangnen die mit verstörter Miene vorbei-
ziehen

Es gibt eine Batterie deren Mannschaft eifrig die Ge-
schütze bedient

Es gibt den Feldpostmeister der den Weg des Einsamen
Baums herantrabt

Es gibt wie es heißt einen Spion der hier herumstreicht
unsichtbar wie der Horizont den er sich schänd-
licherweise übergezogen hat und mit dem er ver-
schmilzt

Es gibt aufgerichtet wie eine Lilie die Büste meiner
Liebsten

Es gibt einen Kapitän der angstvoll auf die drahtlosen
Nachrichten über den Atlantik wartet

Es gibt um Mitternacht Soldaten die Bretter für die
    Särge sägen
Es gibt Frauen die vor einem blutenden Christus in
    Mexiko laut schreiend Mais verlangen
Es gibt den Golfstrom der so lau und so wohltuend ist
Es gibt einen Friedhof voller Kreuze 5 Kilometer von
    hier
Es gibt Kreuze weit und breit
Es gibt Berberfeigen an den Kakteen in Algerien
Es gibt die langen weichen Hände meiner Liebsten
Es gibt ein Tintenfaß das ich aus einer 15-cm-Rakete
    gemacht hatte und das mit der Post nicht befördert
    werden darf
Es gibt meinen Sattel der im Regen liegt
Es gibt die Flüsse die nicht stromaufwärts fließen
Es gibt die Liebe die mich sanft hinreißt
Es gab einen gefangnen Boche der sein Maschinengewehr
    auf dem Rücken trug
Es gibt Männer auf der Welt die nie im Krieg gewesen
    sind
Es gibt Hindus die erstaunt die abendländischen Gefilde
    betrachten
Sie denken schwermütig an alle die sie vielleicht nicht
    wiedersehen werden
Denn in diesem Krieg hat man die Kunst der Unsicht-
    barkeit sehr weit entwickelt

Guillaume Apollinaire

A Es gibt vollkommene Zahlen
B Es gibt Zahlen
A Es gibt natürliche, ganze, rationale Zahlen und so weiter
B Es gibt natürliche Zahlen
A Es gibt Sachen zum Totlachen
B Es gibt Sachen
A Es gibt in Deutschland Sagen, in den USA nicht
B Es gibt in Deutschland Sagen
A Es gibt Sagen über Barbarossa
A Es gibt Sagen, Märchen, Legenden, Erzählungen und so weiter
B Es gibt Sagen
A Es gibt Gerüchte, nach denen er in die Affäre verwickelt ist
B Es gibt Gerüchte
A Es gibt in der Regierung einige gefestigte Charaktere
B Es gibt Charaktere
A Es gibt einen Punkt, über den man nicht hinausgehen darf
A Es gibt einen Punkt, an dem wir uns treffen könnten
B Es gibt einen Punkt
A Es gibt dunkle Punkte in seiner Vergangenheit
B Es gibt dunkle Punkte
A Es gibt Punkte, in denen ich mit mir reden lasse
B Es gibt Punkte
A Es gibt nicht nur Berge, sondern auch Täler
B Es gibt Berge
A Es gibt Möglichkeiten für eine Einigung

B Es gibt Möglichkeiten
A Es gibt Millionen Arbeitslose
B Es gibt Arbeitslose
A Es gibt Ausnahmen von dieser Regel
B Es gibt Ausnahmen
A Es gibt herrliche Farben im Herbst
B Es gibt Farben
A Es gibt von dem Anzug die Größen 94 und 98
A Es gibt für Anzüge die schlanken Größen 90, 94, 98
  und so weiter
B Es gibt Größen
A Es gibt sehr hübsche Gegenstände in dieser Kollektion
B Es gibt Gegenstände

Es gibt nichts als Ärger mit den Russen
Es gibt noch Charakter in der Politik
Es gibt da gewisse Gerüchte
Es gibt immerhin noch Tiger
Es gibt in Afrika Tiger
Es gibt zum Beispiel Tiger, Löwen und Panther
Es gibt für ihn nur die Callas
Es gibt für Rentner verbilligte Karten

Eike von Savigny

Hesiod: Rindfleisch gab es zum Mahl und die dampfen-
den Hälse der Pferde —

Homer: Lösten sich unter dem Joch; sie hatten sich
müde gestritten.

Hesiod: Keiner ist so voll Eifers an Bord wie der Phry-
ger, der Faulpelz —

Homer: Ruft man die Mannen am Strande zur Nacht das
Essen zu fassen.

Hesiod: Der war tapfer vor allen im Kampf und immer
in Ängsten —

Homer: Bangte die Mutter um ihn; ist Krieg doch hart
für die Frauen.

Hesiod: Artemis, da sie in Liebe zu Zeus, ihrem Vater,
verfallen —

Homer: Ihre Kallisto sah, so schoß sie die Treulose nie-
der.

Hesiod: Sie aber schmausten von früh bis spät, und hat-
ten doch gar nichts —

Homer: Mitgebracht; Agamemnon gewährte es ihnen in
Fülle.

Hesiod: Als sie nun wacker geschmaust und gezecht, so
lasen sie sorgsam
Unter der Asche das bleiche Gebein des getöte-
ten Gottes-

Homer: -Sohns Sarpedon, des Helden, den Zeus der
Olympier zeugte.

Hesiod: Sitzen wir nutzlos hier am Strand, so verlassen
wir lieber
Unsere Schiffe und gehn den Weg um die Schul-
ter geschlungen —

Homer: Wehrgehäng, und Schwert und Spieß in den
kräftigen Händen.

Hesiod: Rüstig packten sie an mit der Hand des branden-
den Meeres —

Homer: Ohngeachtet das Schiff aufs Land ans Trockne
zu bergen.

Hesiod: Iason führte die Kolcherin heim und den grau-
sen Aietes —

Homer: Floh er, dieweil er gesehn, er verachtete Recht
und Gesetze.

Hesiod: Als sie nun aber gespendet und ausgetrunken
die Salzflut —

Homer: Abermals zu befahren bereit mit gebordeten
Schiffen,

Hesiod: Rief Agamemnon laut zu den Göttern allen:
Verderbt uns —

Homer: Nicht auf dem Meer!

Hesiod: So betete er, und wieder
begann er: Laßt euchs schmecken ihr Männer
und trinkt! Nicht einer der Unsern
Soll das ersehnte Gestade der Heimaterde er-
reichen —

Homer: Wund und siech, nein, heil und gesund kehrt
jeder nach Hause!

N.N.

Ode an Singer

Schlinger
     Singer
         Nähmaschin
Hört
    Hört
       Floris Jespers hat eine Singernähmaschine
         gekauft
Wiebitte
     Wiebitte
aber ja doch
     Jespers Singer Nähmaschin
wieso
     aber ja
       sage ich doch
       Floris Jespers hat eine Singernähmaschine
       gekauft
Wozu
   womit
      was will er
Aber ja doch
     er wird
       wozu
        Circulez
         denn

SINGER'S NÄHMASCHINE IST DIE BESTE

die beste
    wieso

Die Tatsache, daß sich der Niederländer Flors Jespers im ersten Viertel des zwanzigsten Jahrhunderts eine Nähmaschine der Marke Singer gekauft hat, ist zwar nicht aktenkundig; sie kann jedoch als verbürgt gelten. Auf den ersten Blick könnte dieser Vorgang vielleicht trivial scheinen; doch wissen wir nicht erst seit G. Simmel, K. Mannheim und W. Benjamin, daß auch die Phänomenologie des Alltäglichen der soziologischen Forschung unverzichtbare Aufschlüsse gewähren kann. Zunächst geht es darum, das soziale Umfeld scheinbar gewöhnlicher Ereignisse der Lebenswelt zu erschließen. Dabei zeigt sich, daß der vermeintlich individuell verfaßte Vorgang erst im kommunikativen Handeln des gesellschaftlichen Gesamtzusammenhanges zu sich selbst kommt. Sobald das Subjekt in die Sphäre der Sprache eintritt, stellt sich der außergewöhnlich widersprüchliche Charakter der Transaktion heraus. Sie entfaltet ihre innere Dialektik nicht nur im Hinblick auf den Fetischcharakter der Ware; vielmehr wird der Tauschvorgang selbst auf seine Zweckbestimmung, auf seinen ökonomischen Hintergrund und auf seine ethische Legitimation hin befragt. Die sich hieraus entwickelnde Diskussion bleibt jedoch in vorwissenschaftlichen Kategorien befangen. Ihre chaotische Form führt zu Turbulenzen, die ihrerseits Ordnungsbedürfnisse auf den Plan rufen. Es zeigt sich also, daß selbst mikroökonomische Entscheidungsprozesse zu Auseinandersetzungen führen können, deren Konfliktpotential als so bedrohlich erscheint, daß tendentiell restriktive Maßnahmen in Erwie kann das

wer weiß

name ist schall und rauch

Singer und Sankt Augustin

Genoveva von Brabant

besitzt ebenfalls eine Singer

die Jungfrau von Orleans

Eine Singer?

aber ja doch

aber ja aber ja aber ja sage ich doch eine Singer

sie verstehen wohl nicht deutsch mein herr

Circulez

Für Garderobe wird nicht gehaftet

ich will eine nähmaschine haben

jedermann hat ein recht auf eine nähmaschine

ich will eine Singer

jedermann eine Singer

Singer

sänger

meistersinger

Hans Sachs

hat denn Hans Sachs keine nähmaschine

warum hat Hans Sachs keine Singer

Hans Sachs hat ein recht auf eine Singer

Hans Sachs muß eine Singer haben

Aber ja

das ist sein recht

recht muß recht bleiben

Es lebe Hans Sachs

Hans Sachs hat recht

er hat ein recht auf

SINGER'S NÄHMASCHINE IST DIE BESTE

vor Singer sind alle menschen gleich

wägung gezogen werden, und zwar auch dann, wenn die
Legitimität solcher Auseinandersetzungen nicht prinzi-
piell in Zweifel gezogen wird. Nun ruft aber jede Be-
schränkung des öffentlichen Diskurses ihrerseits Proteste
hervor, die freilich zunächst, infolge der spezifisch »all-
täglichen« Modalität der Lebenswelt, naturwüchsig affir-
mative Formen annehmen. An Stelle kritisch-rationaler
Argumentation erscheinen reduzierte Klischees, die den
manipulativen Charakter kapitalistisch entwickelter
Verkehrsformen zeigen, und die an ihrer massenhaften
Vermittlung durch die Medien, die Werbung und die
Propaganda sich zu orientieren scheinen. Aber damit
ist die Dialektik, die dem Vorgang eignet, keineswegs
zum Stillstand gekommen. Derartige Stereotypen sto-
ßen nämlich ihrerseits auf eine Skepsis, die sich als Resi-
duum aufklärerisch-rationaler Überprüfung interpretie-
ren läßt. Schon auf dieser Stufe der Auseinanderset-
zung taucht die Frage nach dem Sinngehalt und nach
der Verbindlichkeit sprachlicher Konventionen auf. Ein-
wänden auf dieser Ebene pflegt die machtgestützte Irra-
tionalität mit dem Versuch rhetorischer Überwältigung
und mit dem Appell an religiös oder historisch verbürgte
Autoritäten zu begegnen. Wo sich dann noch Wider-
spruch regt, wird die verinnerlichte Stimme der herr-
schenden Institutionen mit dem Hinweis auf administra-
tive oder justizförmige Sanktionen reagieren und ver-
suchen, renitente Minoritäten aus dem sozialen (ethni-
schen oder sprachlich verfaßten) Zusammenhang auszu-
gliedern. Sofern dies gelingt, wird das der Lebenswelt
oktroyierte Verhalten dann auch noch als deren eigene
Errungenschaft ausgegeben, eine Strategie, die sich nur
allzuoft als erfolgreich erweist (sog. *bandwagon*-Effekt).
Dabei macht die strukturelle Gewalt auch vor der Sphäre
der künstlerischen Produktion nicht halt. Diese wird
tendentiell den Regulativen des ökonomischen Prozesses

Circulez
eine Singer
Panem et Singerem
Panem et Singerem   Panem et Singerem   Panem et
    Singerem
            et Singerem et Singerem
Ich will eine Singer
wir wollen eine Singer
wir fordern eine Singer
was wir wollen ist unser gutes recht
                    eine feste Burg ist unser Gott
Panem et Singerem   Panem et Singerem   Panem et
    Singerem
            et Singerem et Singerem
Warum
      wozu
        was will er
            was wird er
Salvation army
Bananas atque Panama
        der Mann hat recht
        er hat recht
recht hat er aber ja doch
            aber ja
              aber ja
                 warum
                 wer sagt das
                 beweis her
        aber ja doch *er hat recht*
Panem et Singerem   Panem et Singerem   Panem et
Singerem
        Singerem Singerem
      Singer's Nähmaschine ist die beste

Paul van Ostaijen

subsumiert. Der Ästhetisierung der Lebenswelt »von oben« entspricht der Versuch, das wirtschaftlich erwünschte Verhalten auch als ethische Norm durchzusetzen. So erscheint das über die Lebenswelt verhängte Diktat geradezu als Menschenrecht, das im Sinne des Gleichheitspostulats für alle zu gelten hat. Durch die hergebrachte Mischung von Brot und Spielen soll das subversive Potential endgültig stillgelegt werden. Die Entfremdung erscheint so geradezu als Erlösungsreligion. Dabei wird die formale Meinungsfreiheit im allgemeinen nicht angetastet; doch wirkt durch die Regie des Ganzen der einzelne Zwischenrufer als Garant eben dessen, was er angreift; er verbürgt gewissermaßen die Einstimmigkeit der kompakten Majorität.

A. T.

Ach drücke dich in mich / du Himmel-festes Siegel /
    Versigle meinen Sinn / versigle Hertz mit Hertz /
Versigle Mund mit Mund fest / über alle Siegel /
    Dein Leibes-Petschafft halt in aller Noth und
                Schmertz.
Die tieff-begrabnen Ritz / in mir sich hoch erheben /
    Die ausgeholten Stich / sich sondern recht in mir /
Die hohen Gnaden sich in tieffsten Danck begeben /
    Es werd mein gantzes Ich ein rechtes Bild von dir /
Mein Leib von deinem Leib / Gestalt und Bildung mehre /
    Mein Sinn / von deinem Sinn / sich formen lasse hier /
Mein Wille gantz und gar nach deinem sich beqveme /
    Ein jedes Aederlein sich füg in deine Gier.
Das übrig wisch man weg / wie bräuchig in dem Giessen /
    Nur was in dir ist bleib' / und heisse mein in mir /
Ich will von keiner Lust / von keinem Willen wissen /
    Als nur der deinem gleich / und der von dir herrühr' /
Ach! mach mich durch dein Blut zur sigilirten Erden!
    Daß eher ich zerbrech' als aufhör sie zu seyn.
Laß' eher mich mein GOtt zu Staub und Aschen werden /
    Als leben sonder dich / dein Bildnus prägen ein /
Daß du ich mich gedrückt. Mein Hertz das Capsel
                breche /
    Bleibt nur dein Siegel gantz / dein lieber Leib und
                Blut.
Der Tod durch tausend Pfeil / das Leben mir absteche /
    Wann meinem Siegel nur im Hertzen er nichts
                thut /

Dem Leben / das du bist / kan er ja nichts angwinnen /
   Auch mir nicht / weil mit dir ich bin ein einigs Ein /
Es mag die gantze Erd der Himmel auch verbrinnen /
   Ich bin in GOtt / und GOtt wird bleiben gantz allein.

Catharina Regina von Greiffenberg

Auf einbeinigen Blumentischen

Die nackten Bäckerinnen stehen
auf einbeinigen Blumentischen.
Sie arbeiten in einer breiigen süßen Luft.
Die Bäckerinnen sind im Stande der Unschuld.
endlos lange haben Sie Mosen
die die Männerknaben
herausfordernd nässen
sogenannte Basenblasen
nasen.
Die Bäckerinnen kneten aus Liebeskräften
auf ihren nackten Schenkeln Teigwülste.
Manchmal bilden sich in der breiigen SÜSSEN
Luft große Schweife Teigflügel Teigschnäbel Teigfallen
willig und heftig saugen und kneten.
an denen die Schleckerinnen
Dabei schwenken sie gefährlich
auf ihren unstabilen Blumentischen
verlieren aber nie das Gleichgewicht.

Hans Arp

ᴜᴜᴜᴜᴜᴜ
⊔ b ein ⊔t
Γ f
K—
1 2 3 4 5 Π Na
⊥ w Ƕ and
Ƚ e ⊔ Na
Γ Anɔ b ꭍ ☐ n
Ѵ Vasen
ſⱮ ei
Ꞁ r
└──┘ Minuskeln !
◯ˢ
‾‾‾‾‾
1 ‾‾‾
2 ‾‾‾
⊠ nach
⋈ Bà ⱶ schla
⊥ unw И tr
——— ɣ

ZWEITES HAUPTSTÜCK

(Subst.)	Sterben	(Art.)	Ich
Der Anzug	Weinen	Ein	Ich
Der Brief			Ich
Die Brieftasche	(Nom. propr.)	(Präp.)	Ich
Das Frühstück	Carlos	Aus	Ich
Das Gehör	Sonstwie	Im	Ich
Die Gewohnheit		Im	Kein
Der Gram	(Adj.)	In	Kein
Das Haar	Blau	Nach	Kein
Der Himmel	Dringend		Kein
Die Katze	Ewig	(Konj.)	Nichts
Die Katze		Als	Nichts
Die Katze	(Adv.)	Oder	Nichts
Der Kopf	Allein	Und	Sein
Der Mund	Allein	Und	Wer
Die Sache	Allein	Und	Wer
Der Schrank	Allein	Und	Wer
Die Trambahn	Anders	Und	Wer
	Dann	Und	Wer
(Verb.)	Einzig	Und	Wer
Gebären	Einzig	Und	
Gebären	Einzig	Und	
Gebären	Einzig	Und	
Gebären	Nicht	Und	(Interj.)
Gebären	Nicht		Ach
Gebären	Nicht	(Pron.)	Ach
Haben	Sonst	Der	
Haben	Sonst	Der	
Heißen	Sonst	Der	
Nehmen	Sonst	Der	
Nennen	Sonstwie	Der	
Schreiben	Wann	Der	
Sein			
Sein			
Sein			
Sein			
Sein			
Sein			

Himmel und Haar

Wer hat keinen blauen Anzug im Schrank?
Wer nimmt kein Frühstück und keine Trambahn,
die ewige Zigarette im Mund, in der Brieftasche seinen
Gram?
Ich, der geboren ist und sonst nichts!
Ich, der geboren ist und sonst nichts!

Wer schreibt nicht dann und wann einen Brief?
Wer hat keine dringende Sache im Kopf
und stirbt nicht aus Gewohnheit, weinend nach dem
Gehör?
Ich, der einzig und allein geboren ist!
Ich, der einzig und allein geboren ist!

Wer heißt nicht Carlos oder sonstwie Sonstwie?
Wer nennt die Katze anders als Katze Katze?
Ach, ich! der geboren ist einzig und allein und sonst
nichts!
Ach, ich! der geboren ist einzig und allein und sonst
nichts!

César Vallejo

Brezel, Feder, Pause, Klage, Firlefanz: Dergleichen Wörter, ohne Bindung und Zusammenhang, sind Ausgangspunkte eines Spieles, das im Biedermeier hoch im Ansehen stand. Aufgabe eines jeden war, sie derart in einen bündigen Zusammenhang zu bringen, daß ihre Reihenfolge nicht verändert wurde. Je kürzer dieser war, je weniger vermittelnde Momente er enthielt, desto beachtenswerter war die Lösung. Zumal bei Kindern fördert dieses Spiel die schönsten Funde. Ihnen nämlich sind Wörter noch wie Höhlen, zwischen denen sie seltsame Verbindungswege kennen. Doch nun vergegenwärtige man sich die Umkehrung des Spieles, sehe einen gegebenen Satz so an, als wäre er nach dessen Regel konstruiert. Mit einem Schlage müßte er ein fremdes, erregendes Gesicht für uns gewinnen. Ein Teil von solcher Sicht liegt aber wirklich in jedem Akt des Lesens eingeschlossen. Nicht nur das Volk liest so Romane – nämlich der Namen oder Formeln wegen, die ihm aus dem Text entgegenspringen; auch der Gebildete liegt lesend auf der Lauer nach Wendungen und Worten, und der Sinn ist nur der Hintergrund, auf dem der Schatten ruht, den sie wie Relieffiguren werfen. Greifbar wird das zumal an solchen Texten, die man die heiligen nennt. Der Kommentar, der ihnen dient, greift Wörter aus solchem Text heraus, als wären sie nach den Regeln jenes Spieles ihm gesetzt und zur Bewältigung aufgegeben worden. Und wirklich haben Sätze, die ein Kind im Spiele aus den Wörtern schlägt, mit denen heiliger Texte mehr Verwandtschaft als mit der Umgangssprache der Erwachsenen. Davon ein Beispiel, welches die Verbindung der vorgenannten Wörter durch ein Kind (in seinem zwölften Lebensjahre) gibt.

Walter Benjamin

Die Zeit schwingt sich
wie eine Brezel
durch die Natur.
Die Feder malt die Landschaft,
und entsteht eine Pause,
so wird sie mit Regen ausgefüllt.
Man hört keine Klage,
denn es gibt keinen Firlefanz.

N. N.

L'héautontimorouménos

À *J.G.F.*

Je te frapperai sans colère
Et sans haine, comme un boucher,
Comme Moïse le rocher!
Et je ferai de ta paupière,

Pour abreuver mon Saharah,
Jaillir les eaux de la souffrance.
Mon désir gonflé d'espérance
Sur tes pleurs salés nagera

Comme un vaisseau qui prend le large,
Et dans mon cœur qu'ils soûleront
Tes chers sanglots retentiront
Comme un tambour qui bat la charge!

Ne suis-je pas un faux accord
Dans la divine symphonie,
Grâce à la vorace Ironie
Qui me secoue et qui me mord?

Elle est dans ma voix, la criarde!
C'est tout mon sang, ce poison noir!
Je suis le sinistre miroir
Où la mégère se regarde!

Der Selbsthenker
Für J. G. F.

Ich will dich schlagen ohne Zorn und ohne Haß, dem Schlächter gleich, wie Moses den Felsen schlug! Und deinem Lide sollen,

Meine Sahara zu tränken, Wasser der Qual entspringen. Von Hoffnung geschwellt, wird mein Begehren auf deiner Tränen Salzflut schwimmen

Wie ein Schiff, das auf das Meer hinausfährt, und mein Herz, das sich daran ersättigt, wird von deinem lieben Schluchzen widerhallen gleich einer Trommel, die zum Angriff ruft!

Bin ich denn nicht ein falscher Akkord in der göttlichen Symphonie, dank der gefräßigen Ironie, die mich schüttelt und die mich beißt?

Sie ist in meiner Stimme, die Kreischende! und all mein Blut ist dieses schwarze Gift! Ich bin der finstre Spiegel, wo die Megäre sich beschaut!

Je suis la plaie et le couteau!
Je suis le soufflet et la joue!
Je suis les membres et la roue,
Et la victime et le bourreau!

Je suis de mon cœur le vampire,
– Un de ces grands abandonnés
Au rire éternel condamnés,
Et qui ne peuvent plus sourire!

Charles Baudelaire

Ich bin die Wunde und das Messer! Ich bin die Wange
und der Backenstreich! Ich bin die Glieder und das Rad,
das Opfer und der Scherge!

Ich bin der Vampir meines eignen Herzens, – einer jener
großen Verlassenen, die zu ewigem Lachen verdammt
sind und die nicht mehr lächeln können!

Charles Baudelaire

Die erste Elegie

Wer, wenn ich schriee, hörte mich denn aus der Engel
Ordnungen? und gesetzt selbst, es nähme
einer mich plötzlich ans Herz: ich verginge von seinem
stärkeren Dasein. Denn das Schöne ist nichts
als des Schrecklichen Anfang, den wir noch grade
                    ertragen,
und wir bewundern es so, weil es gelassen verschmäht,
uns zu zerstören. Ein jeder Engel ist schrecklich.
    Und so verhalt ich mich denn und verschlucke den
                    Lockruf
dunkelen Schluchzens. Ach, wen vermögen
wir denn zu brauchen? Engel nicht, Menschen nicht,
und die findigen Tiere merken es schon,
daß wir nicht sehr verläßlich zu Haus sind
in der gedeuteten Welt. Es bleibt uns vielleicht
irgendein Baum an dem Abhang, daß wir ihn täglich
wiedersähen; es bleibt uns die Straße von gestern
und das verzogene Treusein einer Gewohnheit,
der es bei uns gefiel, und so blieb sie und ging nicht.
    O und die Nacht, die Nacht, wenn der Wind voller
                    Weltraum
uns am Angesicht zehrt –, wem bliebe sie nicht, die
                    ersehnte,
sanft enttäuschende, welche dem einzelnen Herzen
mühsam bevorsteht. Ist sie den Liebenden leichter?
Ach, sie verdecken sich nur miteinander ihr Los.
Weißt du's *noch* nicht? Wirf aus den Armen die Leere
zu den Räumen hinzu, die wir atmen; vielleicht daß die
                    Vögel
die erweiterte Luft fühlen mit innigerm Flug.

Wenn ich nicht schriee, wer hörte mich denn aus der
                              Engel
Unordnung? und gesetzt selbst, es nähme
einer mich mählich ans Herz: ich verginge nicht
von seinem stärkeren Dasein. Denn das Schöne ist nicht
des Schrecklichen Anfang, den wir nicht mehr ertrügen,
und wir verachten es so, weil es gelassen versucht,
uns zu behüten. Kein Engel ist schrecklich.
    Und so halt ich nicht länger an mich und lasse den
                              Lockruf
hellen Gelächters laut werden. Ach, wen vermögen wir
nicht alles zu brauchen! Engel, Menschen,
und die hilflosen Tiere merken es nicht,
daß wir nur allzu verläßlich zu Haus sind
in der ungedeuteten Welt. Es bleibt uns vielleicht
kein Baum an dem Abhang, daß wir ihn täglich
wiedersähen; es bleibt uns die Straße von gestern nicht
und nicht das verwahrloste Treusein einer Gewohnheit,
der es bei uns nicht gefiel, und so ging sie und blieb nicht.
    O und die Nacht, die Nacht, wenn kein Wind voller
                              Weltraum
uns am Angesicht zehrt –, wem bliebe sie, die ersehnte,
sanft befriedigende, welche dem einzelnen Herzen
mühlos bevorsteht. Ist sie den Liebenden schwerer?
Ach, sie verdecken sich miteinander ihr Los nicht.
    Weißt du's nicht mehr? Wirf aus den Armen die Fülle
aus den Räumen fort, die uns ersticken; vielleicht daß
                              die Vögel
die verminderte Luft nicht fühlen mit weniger innigem
                              Flug.

Ja, die Frühlinge brauchten dich wohl. Es muteten
manche
Sterne dir zu, daß du sie spürtest. Es hob
sich eine Woge heran im Vergangenen, oder
da du vorüberkamst am geöffneten Fenster,
gab eine Geige sich hin. Das alles war Auftrag.
Aber bewältigtest du's? Warst du nicht immer
noch von Erwartung zerstreut, als kündigte alles
eine Geliebte dir an? (Wo willst du sie bergen,
da doch die großen fremden Gedanken bei dir
aus und ein gehn und öfters bleiben bei Nacht.)
Sehnt es dich aber, so singe die Liebenden; lange
noch nicht unsterblich genug ist ihr berühmtes Gefühl.
Jene, du neidest sie fast, Verlassenen, die du
so viel liebender fandst als die Gestillten. Beginn'
immer von neuem die nie zu erreichende Preisung;
denk: es erhält sich der Held, selbst der Untergang war
ihm
nur ein Vorwand, zu sein: seine letzte Geburt.
Aber die Liebenden nimmt die erschöpfte Natur
in sich zurück, als wären nicht zweimal die Kräfte,
dieses zu leisten. Hast du der Gaspara Stampa
denn genügend gedacht, daß irgendein Mädchen,
dem der Geliebte entging, am gesteigerten Beispiel
dieser Liebenden fühlt: daß ich würde wie sie?
Sollen nicht endlich uns diese ältesten Schmerzen
fruchtbarer werden? Ist es nicht Zeit, daß wir liebend
uns vom Geliebten befrein und es bebend bestehn:
wie der Pfeil die Sehne besteht, um gesammelt im
Absprung
mehr zu sein als er selbst. Denn Bleiben ist nirgends.

Rainer Maria Rilke

Nein, die Frühlinge brauchten dich nicht. Daß du ihn
                                spürtest,
mutete dir kein Stern zu. Es hob sich
im Künftigen keine Woge heran, oder
da du vorüberkamst am geschlossenen Fenster,
gab keine Geige sich hin. Kein Auftrag war da,
nichts zu bewältigen. Von keiner Erwartung mehr
warst du zerstreut, und es kündigte nichts
dir eine Geliebte an. (Wo hättest du sie ausgesetzt,
da doch kein großer fremder Gedanke bei dir
aus und ein geht und keiner bleibt über Nacht.)
Widert's dich aber, singe die Liebenden nicht;
allzu unsterblich ist längst ihr berühmtes Gefühl.
Jene, du neidest sie nicht, Verlassenen, die du
so viel fühlloser fandest als die Gestillten. Auf gib
für immer die längst erreichte Preisung; denk:
es verliert sich der Held, selbst der Untergang war ihm
nur ein Vorwand, nicht da zu sein: sein letzter Tod.
Aber die Liebenden nimmt die erfrischte Natur
in sich nicht zurück, als wären zweimal die Kräfte,
dies zu verweigern. Der Gaspara Stampa hast du
zuviel gedacht, daß irgendein Mädchen,
dem der Geliebte zuflog, am verminderten Beispiel
dieser Liebenden fühlt: daß ich nicht würde wie sie?
Sollen nicht endlich uns diese frühesten Freuden
fruchtbarer werden? Ist es nicht Zeit, daß wir liebend
uns an den Geliebten binden und bebend versagen:
wie der Pfeil die Sehne verläßt, um zerstreut im
                                Absprung
weniger als er selbst zu sein. Denn überall ist die Bleibe.

A. T.

Beschwörung durch Lachen

Ihr Lacherer, schlagt die Lache an!
Ihr Lacherer, schlagt an die Lacherei!
Die ihr vor Lachen lacht und lachhaftig lachen macht,
schlagt lacherlich eure Lache auf!
Lachen verlachender Lachmacher! Ungeschlachtes
                              Gelachter!
Lachen lacherlicher Lachler, lach und zerlach dich!
Gelach und Gelacher,
lach aus, lach ein, Lachelei, Lachelau,
Lacherich, Lacherach.
Ihr Lacherer, schlagt die Lache an!
Ihr Lacherer, schlagt an die Lacherei!

Velemir Chlebnikov

82

Den Tag nur lieben, und den Tag beklagen,
Die Nacht verwünschen und sie dann erflehen,
Das Feuer fürchten und ihm nahe gehen,
Die Brust so freudenvoll erfüllt mit Plagen,

Daß Mut und Feigheit in dem Herzen schlagen,
Und schmeichelnd Locken, grausames Verschmähen,
Mit blinden Augen tapfer um sich sehen,
Den Geist in Fesseln, doch nur freies wagen,

Nur Hülfe suchen, bald die Qual zu heilen
Und nimmer suchen ihren Quell zu heben,
Sich sehnen und der Sehnsucht Ziel nicht kennen.

In Lüsternheit und Widerwill sich teilen,
Und alles Wohl zum Pfand der Hoffnung geben,
Ist dies nicht Liebe, o wer mag sie nennen!

Maria de Zayas y Solomayor

Melancholie in den Familien

Ich bewahre eine blaue Flasche auf
und in ihr ein Ohr und ein Bildnis:
wenn die Nacht das Gefieder
der Eule treibt,
wenn der heisere Kirschbaum
die Lippen sich zerfetzt und mit Rinden
droht, die der Seewind oftmals durchlöchert,
so weiß ich, daß es große versunkene Landstriche gibt,
Barren von Quarz,
Schlamm,
blaue Wasser für eine Schlacht,
viel Schweigen, viele
Flöze geologischen Alters und von Kampfer,
heruntergefallene Dinge, Medaillen, Zärtlichkeiten,
Fallschirme, Küsse.

Nichts ist als der Schritt eines Tages zum andern,
eine einsame Flasche, die durch die Meere wandert,
und ein Speisezimmer, wohin Rosen gelangen,
ein Speisezimmer, übriggelassen
wie eine Gräte; ich rede
von einem zersprungenen Trinkglas, von einer Gardine,
                              von der Tiefe
eines verödeten Zimmers, durch das der Fluß strömt,
der die Steine mit sich reißt. Es ist ein Haus,
das auf den Grundfesten des Regens steht,
ein zweistöckiges Haus mit unumgänglichen Fenstern
und Ranken von unbedingter Treue.

Agonie in den Kleiderschränken

Ich bewahre einen schwarzen Koffer auf
und in ihm ein Skalpell und eine Zunge:
wenn das Gewitter den Schrei
der Eule tilgt,
wenn der heisere Glöckner
die Lippen sich zerfetzt und mit Messern
droht, die der Seewind schwarz anlaufen läßt,
so weiß ich, daß es verdunkelte Schlafzimmer gibt,
Flüsse von Honig,
Salz,
eisige Wasser für ein Verlies,
viel Regen, viele
Flöze geologischen Elends und von Ammoniak,
heruntergefallene Knochen, Perlen, Schläge,
Badewannen, Rasereien.

Nichts ist als der Sturz eines Schattens zum andern,
ein einsamer Koffer, der durch die Gebirge wandert,
und ein Kleiderschrank, wohin Amseln gelangen,
ein Kleiderschrank, übriggelassen
wie ein vermoderter Apfel; ich rede
von einem verendeten Weberknecht, von einem Frack,
                    von der Dunkelheit
eines verödeten Schranks, durch den die Zeit strömt,
die die Toten mit sich reißt. Es ist ein Schlachthof,
der auf den Grundfesten des Nebels steht,
ein verschlossener Schlachthof aus unumgänglichen
                    Ziegeln
und Flüssigkeiten von unbedingter Reue.

Ich gehe durch die Abende, ich trete ein,
voll von Schmutz und Tod,
das Erdreich mit mir schleifend und seine Wurzeln,
seinen unbegrenzten Bauch, in dem Leichen
schlafen bei Korn,
Metallen, bei hinabgestürzten Elefanten.

Aber vor allem ist da ein schreckliches,
ein schrecklich verödetes Speisezimmer
mit zersprungenen Ölkrügen
und Essig, der unter den Stühlen rinnt,
einem eingefangenen Strahl des Mondes,
etwas Dunklem, und ich suche
in mir nach einem Vergleich:
vielleicht ist es ein Laden, ganz von Meer umringt,
und Salzbrühe trieft aus zerschlissenen Kleidern.

Es ist nur ein verödetes Speisezimmer
und ringsherum sind endlos Weiten,
überschwemmte Fabrikhallen, Hölzer,
die allein ich kenne,
weil ich traurig bin und unterwegs
und die Erde kenne und ich traurig bin.

Pablo Neruda

Ich gehe durch die Fenster, ich trete ein,
voll von Nägeln und Nässe,
den Hunger mit mir schleifend und seine Gelenke,
seinen unbegrenzten Keller, in dem Ratten
schlafen bei Zucker,
Zement, bei zerbrochenen Rindern.

Aber vor allem ist da ein schrecklicher,
ein schrecklich verödeter Schrank
mit zersprungenen Leidenschaften
und Speichel, der unter den Brettern rinnt,
einem eingefangenen Hauch von Atemluft,
etwas Vergangenem, und ich suche
in mir nach einem Vergleich:
vielleicht ist es eine Kaserne, ganz von Palmen umringt,
und Dunkelheit trieft aus zerschlissenen Stiefeln.

Es ist nur ein verödeter Kleiderschrank
und ringsherum sind endlos Rollfelder,
überschwemmte Bergwerke, Betten,
die allein ich kenne,
weil ich müde bin und unterwegs
und den Husten kenne und ich müde bin.

A. T.

Triumf! Wirr fahrn! Triumf! nun endlich sanfft!
Triumf! Es schaumt! Triumf! umsonst das Meer!
Triumf! Di Hoell! Triumf! ligt uns zum fus!
Triumf! Di Furcht! Triumf! faellt auf den Feind!
Triumf! Nun fleucht! Triumf! was *uns* gehemmt!
Triumf! Wir sehn! Triumf! den gleichen weg!
Triumf! Triumf! Triumf! Wir fahren ein!
  Triumf! Es schallt! Triumf! ein Freudgeschrei!
Triumf! Das uns! Triumf! willkommen heisst!
Triumf! Es naht! Triumf! ein heilig Volk!
Triumf! Sein hertz! Triumf! ist eins mit uns!
Triumf! Zum werk! Triumf! des grossen Gotts!
Triumf! Von dem! Triumf! gezeugt di Schrifft!
Triumf! Triumf! Triumf! Wir ankern an!
  Triumf! Wir sind! Triumf! aufs neu beseelt!
Triumf! Di lust! Triumf! hat uns umhalst!
Triumf! Der Nord! Triumf! gibt seine frucht!
Triumf! zum Ost! Triumf! des Jesusreichs!
Triumf! Willkomm! Triumf! im Christwillkomm!
Triumf! Willkomm! Triumf! O Gottesvolk!
Triumf! Triumf! Triumf! Wir steigen aus!
  Triumf! Gottlob! Triumf! Gottdank! Gottpreis!
Triumf! Mein Christ! Triumf! hat doch gesigt!
Triumf! Sein bleibt! Triumf! doch kron und thron!
Triumf! Ich bin! Triumf! Sein knecht und kind!
Triumf! Gott thut! Triumf! Was ihm gefelt!
Triumf! Den kreis! Triumf! erschrekkt dis Neus!
Triumf! Triumf! Triumf! Es ist geschehn!

Quirinus Kuhlmann

Finale

Nicht mehr brüllt es, nicht mehr flüsterts, das Meer,
das Meer.

Ohne die Träume ist es ein fahles Feld, das Meer,
das Meer.

Erbarmen tuts einen, auch das, das Meer,
das Meer.

Ungespiegelte Wolken bewegens, das Meer,
das Meer.

Tristem Rauch tritt es sein Bett ab, das Meer,
das Meer.

Auch tot ist, du siehsts, das Meer,
das Meer.

Giuseppe Ungaretti

Nicht mehr brüllt es,   das Meer,
das Meer.

                    ein fahles Feld, das Meer,
das Meer.

Erbarmen tuts einen,   das Meer,
das Meer.

Ungespiegelt,   das Meer,
das Meer

Trist,   das Meer,
das Meer.

Auch tot,   das Meer,
das Meer.

Meer

Meer

Meer

Meer

Meer

Meer

Meer

Meer

Meer

Meer

Meer

Meer

Theodor W. Adorno
kehrt von den Toten zurück

Die ihn kannten, finden es nicht erstaunlich,
daß Theodor Adorno von den Toten zurückkehrt.
In beiden Deutschland
erwarten ihn alle,
ausgenommen, versteht sich,
Habermas und Ulbricht.

Aber er kommt nach Wien,
geht einher, diskutierend
wie in seinen besten Tagen
Er setzt sich ans Piano, spielt eines seiner Stücke,
die, wie man weiß, von Webern sind.

Unter den Sonnenschirmen der Stadt,
die Hitler immer zerstören wollte,
derselben Stadt, die fast Günter Maschke verschlang,
bereiten ihm die alten Gräfinnen den Tee –
zischeln ihm Klatsch zu über Horkheimer.
Doch Adorno erinnert sich: das ist
ein alter Freund. Und der Leichnam lebt auf
an den Wassern der Jugend.
Und dann lächelt er, ohne zu lächeln,
auf die ihm eigene, ambivalente Manier.

Ihn bekümmern nicht die Universitäten,
wo sein Denkmal bröckelt unterm Stimmengewirr.

Don Fabrizio Corbera,
Fürst Salina kehrt von den Toten zurück

Die ihn kannten, finden es nicht erstaunlich,
daß Don Fabrizio von den Toten zurückkehrt.
In beiden Sizilien
erwarten ihn alle,
ausgenommen, versteht sich,
Lucky Luciano und Andreotti.

Aber er kommt nach Palermo,
geht einher, diskutierend,
wie in seinen besten Tagen.
Tomasi de Lampedusa setzt sich ans Piano, spielt eines
                    seiner Stücke,
die, wie man weiß, von Scarlatti sind.

Unter den Sonnenschirmen der Stadt,
die Eisenhower immer zerstören wollte,
derselben Stadt, die fast Garibaldi verschlang,
bereiten ihm die alten Gräfinnen den Tee –
zischeln ihm Klatsch zu über Burt Lancaster.
Doch der Fürst Salina erinnert sich: das ist
ein alter Freund. Und der Leichnam lebt auf
an den Wassern der Jugend.
Und dann lächelt er, ohne zu lächeln,
auf die ihm eigene, ambivalente Manier.

Ihn bekümmern nicht die Universitäten,
wo Lampedusas Denkmal bröckelt unterm Stimmen-
                    gewirr.

Aber der alte Philosoph,
der hartnäckige Restaurator des Nichts,
triumphierend über das Gewäsch, das ihn resümiert,
bemerkt, lächelnd,
daß eine Studentin mit nackten Brüsten
das neue Limit des Terrors gesetzt hat.

Diese kleinen, häßlichen, weißen, fast nordischen Titten?
fragt erschauernd eine Gräfin,
Kierkegaard anklagend.

Heberto Padilla

Aber der alte Fürst,
der hartnäckige Restaurator des Nichts,
triumphierend über das Gewäsch, das ihn resümiert,
bemerkt, lächelnd,
daß Cosima Wagner mit nackten Brüsten
das neue Limit des Terrors gesetzt hat.

Diese kleinen, häßlichen, weißen, fast nordischen Titten?
fragt erschauernd die Fürstin Salina,
Visconti anklagend.

A. T.

Die Grammatiker

Emsig-müßiges Volk der Grammatiker, stechende
Wespen,
Raupen, die ihr kein Blatt fremder Gewächse
verschont,
Es zernaget und dann wie auf Dornen häßlich
umherkriecht,
Jedem Gemeinesten hold, jedem Vortreflichern
feind.
Schmach der Weisen! dem lernenden Knaben die erste
Verfinstrung!
In den Orkus hinab, Cerberus-Hunde mit euch!

Antiphanes

MÖRDER-WESPEN BEDROHEN KLEINGÄRTNER

VAMPIR IM ENGLISCHEN GARTEN

PROFESSOR GESTEHT: ICH BEISSE ZU!

RAUPENPLAGE: MISSERNTE BEFÜRCHTET

UNHOLD GEFASST: SPRACHFORSCHER
   ALS SADIST ENTLARVT

STROMAUSFALL IN GYMNASIUM: UNTERRICHT
   IM DUNKELN

STERBEHILFE FÜR HUNDE GEFORDERT

Serenus M. Brezengang

Collin und Juliette

Im süßen Duft der Rosen
lag Schäfer Collinet
und machte seiner losen
Geliebten ein Bouquet
und etwas andres noch –
ich wag es nicht zu sagen –
und etwas andres noch:
Wer wird nach allem fragen?

Fein züchtig, wie es Sitte,
sprach er mit ihr, allein
bald mischte als der Dritte
sich Cypripor darein
und etwas andres noch –
ich wag es nicht zu sagen –
und etwas andres noch:
Wer wird nach allem fragen?

Ich fühle deine Nähe,
du kleiner Göttersohn,
Dank, Amor, Dank! Ich sehe,
dein Szepter winkt mir schon
und etwas andres noch –
ich wag es nicht zu sagen –
und etwas andres noch:
Wer wird nach allem fragen?

O Dank für diese Stunde!
Sie führet zum Genuß,

verspricht von diesem Munde
mir einen Wonnekuß
und etwas andres noch –
ich wag es nicht zu sagen –
und etwas andres noch:
Wer wird nach allem fragen?

So dacht' er – naht dem Weibchen
sich schnell, von Liebe warm,
umfaßt das zarte Leibchen,
den Alabasterarm
und etwas andres noch –
ich wag es nicht zu sagen –
und etwas andres noch:
Wer wird nach allem fragen?

»Nimm diese Blumenkette!«
rief er. »Ich flocht sie dir;
doch dafür, Juliette,
gewähr ein Mäulchen mir
und etwas andres noch –
ich wag es nicht zu sagen –
und etwas andres noch:
Wer wird nach allem fragen?«

Drauf legt er sie geschwinde
auf weichen Rasen hin,
berührt dem lieben Kinde
das anmutsvolle Kinn
und etwas andres noch –
ich wag es nicht zu sagen –
und etwas andres noch:
Wer wird nach allem fragen?

Sie widerstrebt, er ringet,
siegt – eilet zum Genuß,
in Rosenlippen dringet
ein feuervoller Kuß
und etwas andres noch –
ich wag es nicht zu sagen –
und etwas andres noch:
Wer wird nach allem fragen?

»O Collin!« rief entzücket
die schöne Schäferin.
»Wie hast du mich beglücket,
ich fühle Wonnesinn
und etwas andres noch –
ich wag es nicht zu sagen –
und etwas andres noch:
Wer wird nach allem fragen?

Ach, meine Augen brechen
vor lauter Seligkeit;
wie groß, nicht auszusprechen
ist deine Zärtlichkeit
und etwas andres noch –
ich wag es nicht zu sagen –
und etwas andres noch:
Wer wird nach allem fragen?«

Des Schäfers banges Sehnen
ist nun gestillt. Es floß
ein Strom von Freudentränen
in der Geliebten Schoß
und etwas andres noch –
ich wag es nicht zu sagen –
und etwas andres noch:
Wer wird nach allem fragen?

Sie trieben Scherz und Possen,
bis süßer Schlaf sie band,
die Augen fest geschlossen,
hielt eins des andern Hand
und etwas andres noch –
– ich wag es nicht zu sagen –
und etwas andres noch:
Wer wird nach allem fragen?

Gottfried August Bürger

Mag sein, daß des Lebens Not eines Tages zu Ende geht;
wenn du sterben solltest. Ich weiß es nicht,
doch ich glaube, du neigst dazu, vor dem Tod
zu erschrecken. Mir ist, als sähest du,
solange du lebst, nur die Hand, die dir dunkel scheint,
und kaum je den helleren Kelch, den sie dir bieten mag.
Niemand weiß es. Ebenso weicht vielleicht dein Herz
vor der Liebe zurück, fast so, als wäre sie
eine Bedrohung, eine Art Untergang,
der dir bevorstünde. Möglich ist es ja,
daß dich, wo sie erwacht, eine Ahnung heimsucht,
als könnte es mit deinem Ich zu Ende gehn,
ein vages Gefühl, als verlöre es seine Macht,
die dir in einem solchen Augenblick vorkommen mag,
als sei sie dunkel, als beherrsche sie dich.
Ich weiß es nicht; doch ich frage mich manchmal,
ob dich dann nicht der Wunsch beschleicht,
dieses Ich zu verlieren, und der Gedanke,
daß die Dunkelheit nur eine Zeitlang anhalten wird,
und daß dein Atem – wer kann das wissen! – sogar
freier ginge – verzeih, ich vermute es nur –,
wenn dir am Ende ein anderer Tag bevorstünde,
heller vielleicht – was weiß ich – als der heutige.

A. T.

Wol endet Tod des Lebens Noth,
Doch schauert Leben vor dem Tod.

Das Leben sieht die dunkle Hand,
Den hellen Kelch nicht, den sie bot.

So schauert vor der Lieb' ein Herz,
Alswie vom Untergang bedroht.

Denn wo die Lieb' erwachet, stirbt
Das Ich, der dunkele Despot.

Du laß ihn sterben in der Nacht,
Und athme frei im Morgenroth.

Friedrich Rückert

Sag mir, Totengräber, nun,
Sag, was soll ich heute tun?
Und was dankst du mir?
Was sind das für Leute?
Wer wird deine Beute?
Wer kommt einst zu dir?

Der Schädel, den du siehst,
Hat man ihn gegrüßt?
Hat er auch gedankt?
Wo sind Wang' und Lippe?
Hatte dies Gerippe
Früher Gold und Rang?

Ob er schön einst war,
Jener Kopf mit Haar?
Schön, wie Engel sind?
Wieviel junge Fentchen
Leckten ihm das Händchen?
Gafften sie sich blind?

Sag mir, Totengräber, nun,
Sag, was soll ich heute tun?
Und was dankst du mir?
Was sind das für Leute?
Wer wird deine Beute?
Wer kommt einst zu dir?

A. T.

Todtengräberlied

Grabe, Spaden, grabe!
Alles, was ich habe,
Dank' ich, Spaden, dir!
Reich' und arme Leute
Werden meine Beute,
Kommen einst zu mir!

Weiland groß und edel,
Nickte dieser Schädel
Keinem Grusse Dank!
Dieses Beingerippe
Ohne Wang' und Lippe
Hatte Gold und Rang.

Jener Kopf mit Haaren
War vor wenig Jahren
Schön, wie Engel sind!
Tausend junge Fentchen
Leckten ihm das Händchen,
Gafften sind halb blind!

Grabe, Spaten, grabe!
Alles, was ich habe,
Dank' ich, Spaden, dir!
Reich' und arme Leute
Werden meine Beute,
Kommen einst zu mir!

Ludewig Heinrich Christoph Hölty

Verliebtes Gespräch

Jetzt sind wir schon eine Stunde hier
und du gibst mir immer dieselbe Antwort.
Du machst mich noch wahnsinnig mit deinen Witzen.
Deine Witze weiß ich schon lange auswendig.
Was hast du bloß gegen meinen Mund? meine Augen?

Natürlich habe ich nichts gegen deine Augen.

Warum küßt du sie dann nicht?

Natürlich küsse ich deine Augen.

Was hast du bloß gegen meine Schenkel und Brüste?

Was soll denn das heißen, gegen deine Brüste!

Warum zeigst du dann deine Gefühle nicht?
Faß mich doch an, solang ich noch da bin.

Ich faß dich ja an, aber nicht auf Kommando.

Warum wolltest du dann, daß ich mich ausziehe?

Ich hab dir nicht gesagt: Zieh dich aus.
Du hast dich von selbst ausgezogen.
Zieh dich lieber schnell wieder an, ehe dein Mann
                                    heimkommt.
Was soll das Ganze?
Zieh dich lieber schnell wieder an, ehe dein Mann
                                    heimkommt.

Nicanor Parra

Was fluchst du / Sylvia / **verdammt!** / wenn meine
schwartze hand
  Um deinen busen spielet? / **Moment! So nicht! Zum
Geier!**
Sie war so weiß als du / **ach was!** / eh' sie der Liebe brand /
Und deine macht gefühlet. / **Ja dann! Zur Sache! Alles
klar!**
Flöstu das feuer nun in meine glieder ein /
So kan ja meine hand nicht schnee und marmel seyn. /
Aha!
Du sprichst: Sie hat hier nichts zu suchen und zu thun. /
Und ob! /
  Gar recht; Es soll auch bleiben. / **Eben! Drum!** /
Sie suchet nichts als dich / **ja dann!** / sie wünschet bloß
zu ruhn /
Von wegen! / Und ihren schertz zu treiben. /
Allerdings!
Was ursach hast du dann / **mein lieber Schwan!** / daß
du dich so beklagst?
Da du doch diese Gunst / **na und?** / den flöhen nicht
versagst.

Benjamin Neukirch

Variationen

Im bloßen Hemd umringt von Gästen
tief in Gedanken stand Petrov.
Die Gäste schwiegen. Am Kamin
aus Stahl ein Thermometer hing.
Die Gäste schwiegen. Am Kamin
Ein Jagdhorn hing nicht ganz geheuer.
Petrov stand. Und es schlug die Uhr,
es krachte im Kamin ein Feuer.
Die finstren Gäste schwiegen nur.
Petrov stand. Im Kamin das Feuer.
Die Uhr schlug acht. Acht schlug die Uhr.
Aus Stahl das Thermometer blitzte.
Im bloßen Hemd umringt von Gästen
Petrov tief in Gedanken schwitzte.
Die Gäste schwiegen. Am Kamin
ein ungeheures Jagdhorn hing.
Geheimnisvoll schwieg auch die Uhr.
Es tanzte im Kamin das Feuer.
Petrov sich in Gedanken setzte
auf einen Hocker... Da zerfetzte
die Luft ein Klingeln ungeheuer,
das Schloß sprang auf, das immer feste,
Petrov sprang auf, und auch die Gäste.
Das Jagdhorn dröhnt, es klingt wie Spott,
Petrov stöhnt:»O mein Gott, mein Gott!«
und fällt zu Boden und ist tot.
Die Gäste weinen, heulen, zetern,
sie schütteln wild das Thermometer,
sie hasten hin und her und schrein,

dann tragen sie den Sarg herein.
Der Sarg wird zugekorkt vernagelt,
der Abend ist total verhagelt.
Und so verlassen sie das Haus
und rufen: »So, Schluß, fertig, aus!«

Daniil Charms

Alpenjägerlied

für E. du Perron

Ein herr der die straße herabsteigt
ein herr der die straße hochklettert
zwei herren die absteigen und hochklettern
das heißt der eine herr steigt ab
und der andere herr klettert hoch
genau vor dem laden von Hinderickx und Winderickx
genau vor dem laden von Hinderickx und Winderickx
                      von den berühmten hutmachern
begegnen sie sich
der eine herr nimmt seinen zylinder in die rechte hand
der andre herr nimmt seinen zylinder in die linke hand
dann gehn der eine und der andre herr
der rechte und der linke der hochkletternde und der
                      absteigende
der rechte der absteigt
der linke der hochklettert
dann gehn beide herren
jeder mit seinem zylinder seinem eigenen zylinder seinem
                      ureigenen zylinder
aneinander vorbei
genau vor der tür
von dem laden
von Hinderickx und Winderickx
von den berühmten hutmachern
dann setzen beide herren
der rechte und der linke der hochkletternde und der
                      absteigende

kaum sind sie aneinander vorbei
ihren zylinder wieder auf den kopf
aber wohlgemerkt
jeder setzt seinen eigenen zylinder auf den eigenen kopf
das ist ihr gutes recht
das ist das gute recht dieser beiden herren

Paul von Ostaijen

C's Monolog

»Ich« bedeutet: »der Sprechende«.
Ich Minotaurus. Ich Theseus.
Ich Dädalus. Usw.

Dieses »Ich« macht unser Schauspiel zum Schauspiel.

Wie rasch dieses kleine Schiffchen
durch das Webstück eilt!

Einer nach dem andern hat das Gefühl, er sei »ich«:
ein ganz differenziertes Gefühl.
So künstlich eingerichtet ist die Natur.

Und nicht Verzweiflung sondern Müdigkeit,
die entsetzliche Müdigkeit,
die einen in Labyrinthen befällt,
hindert mich viel mehr darüber zu sagen.

Wäre es anders, ich hätte gesprochen,
ja wahrhaftig,
ich hätte euch etwas erzählt.
Ihr hättet die Augen aufgesperrt!

Oder hättet ihr nichts dergleichen getan?

Oder seid ihr am Ende ebenso müde wie ich?
(Zuletzt habe ich ganz offen gegähnt
und nichts empfunden als grenzenlosen Überdruß
wenn mich wieder einer getadelt hat. Weil ich falsch sei.
Kaltherzig. Müde. Usw.)

C's Monolog

»Ich« bedeute: »der Sprechende«.
Er Minotaurus.   Er Theseus.
Er Dädalus.   Usw.

Dieses »Ich« mache unser Schauspiel zum Schauspiel.

Es falle ihm auf, wie rasch dieses kleine Schiffchen
durch das Webstück eile.

Einer nach dem andern habe das Gefühl, er sei »ich«:
ein ganz differenziertes Gefühl.
So künstlich eingerichtet sei die Natur.

Und nicht Verzweiflung sondern Müdigkeit,
die entsetzliche Müdigkeit
die einen in Labyrinthen befalle,
hindere ihn mehr darüber zu sagen.

Wäre es anders, er hätte gesprochen,
ja wahrhaftig,
er hätte uns etwas erzählt.
Wir hätten die Augen aufgesperrt!

Oder wir hätten nichts dergleichen getan.

Ob wir am Ende ebenso müde seien wie er?
(Zuletzt habe er ganz offen gegähnt
und nichts empfunden als grenzenlosen Überdruß
wenn ihn wieder einer getadelt hätte.   Weil er falsch sei.
Kaltherzig.   Müde.   Usw.)

Ich bin so müde, daß es mir vorkommt, als sähe ich
Steine,
winzige Steine, am Grund eines Brunnens.

Wußtet ihr, daß es Brunnen gibt,
so tief wie der Turm einer Kathedrale?
Schwindelnde Türme, und eine Wolke von Vögeln,
Dohlen, glaube ich, sind es, um ihre Spitzen.

Solche Bilder seh ich sogar im Traum noch.

Ich sehe Bilder. Und ich weiß:
Eine ganz geringe Anstrengung wäre genug,
und ... warum geschieht so selten ein Bergrutsch?
Warum können die Steine so still liegen? Und wir nicht?

So rasch eilt das kleine Schiffchen hin!

Ich könnte euch viel erzählen. Brunnen bohrt man,
100, 200 Meter tief in die Erde.
Das dauert Wochen und Monate.
Ich habe einen arbeiten sehn an so einem Brunnen.
Es war ein selten schöner Tag, im Herbst.
Er ließ den Sprengsatz ins Bohrloch ab,
ein großes Paket, senkrecht in die Tiefe.
Wir erwarteten einen Ausbruch, ein Erdbeben.
Wir dachten: jetzt...

Was glaubt ihr wohl?

Er streckte den Zeigefinger aus
und machte uns auf ein diskretes Knacken aufmerksam:
Das war die Explosion.

Lars Gustafsson

Er sei so müde, daß es ihm vorkomme, als sähe er
Steine,
winzige Steine, am Grund eines Brunnens.

Ob wir gewußt hätten, daß es Brunnen gebe,
so tief wie der Turm einer Kathedrale?
Schwindelnde Türme, und eine Wolke von Vögeln,
Dohlen, glaube er, seien es, um ihre Spitzen.

Solche Bilder sehe er sogar im Traum noch.

Er sehe Bilder. Und er wisse:
Eine ganz geringe Anstrengung wäre genug,
und... warum so selten ein Bergrutsch geschehe?
Warum die Steine so still lägen? Und wir nicht?

So rasch eile das kleine Schiffchen hin!

Er könnte uns viel erzählen. Brunnen bohre man,
100, 200 Meter tief in die Erde.
Das dauere Wochen und Monate.
Er habe einen arbeiten sehen an so einem Brunnen.
Es sei ein selten schöner Tag gewesen, im Herbst.
Er habe den Sprengsatz ins Bohrloch abgelassen,
ein großes Paket, senkrecht in die Tiefe.
Sie hätten einen Ausbruch erwartet, ein Erdbeben.
Sie hätten gedacht: jetzt...

Was wir wohl glaubten?

Er habe den Zeigefinger ausgestreckt
und sie auf ein diskretes Knacken aufmerksam gemacht:
Das sei die Explosion gewesen.

A. T.

Φαίνεταί μοι κῆνος ἴσος θέοισιν
ἔμμεν᾽ ὤνηϱ, ὄττις ἐνάντιός τοι
ἰσδάνει καὶ πλάσιον ἆδυ φωνεί-
σας ὑπακούει

καὶ γελαίσας ἰμέϱοεν, τό μ᾽ ἦ μὰν
καϱδίαν ἐν στήθεσιν ἐπτόαισεν,
ὡς γὰϱ ἔς σ᾽ ἴδω βϱόχε᾽ ὤς με φώναι-
σ᾽ οὐδ᾽ ἓν ἔτ᾽ εἴκει,

ἀλλ᾽ ἄκαν μὲν γλῶσσα ἔαγε λέπτον
δ᾽ αὔτικα χϱῷ πῦϱ ὑπαδεδϱόμηκεν,
ὀππάτεσσι δ᾽ οὐδ᾽ ἓν ὄϱημμ᾽, ἐπιϱϱόμ-
βεισι δ᾽ ἄκουαι,

ἔκαδε μ᾽ ἴδϱως ψῦχϱος κακχέεται τϱόμος δὲ
καῖσαν ἄγϱει, χλωϱοτέϱα δὲ ποίας
ἔμμι, τεθνάκην δ᾽ ὀλίγω 'πιδεύης
φαίνομ᾽ αι

ἀλλὰ πὰν τόληατον ἐπεὶ καὶ πένητα

Sappho

116

Die entzückende Sappho

Der scheinet mir den Göttern gleich geehrt,
Dem neben dir zu sitzen ist vergönnet,
   Wer dir zur nechst den Schall voll Anmuth hört,
Und deinen Mund, dein freundlich Lächeln kennet.
   Dis ist es, was mir Blut und Adern regt,
   Und auch das Hertze selbst zu deinem Dienst bewegt.

So bald ich dich zum ersten mal gesehn,
So bin ich gleich gantz ausser mir geblieben.
   Es schien, es war um Sprach und Laut geschehn,
Die Zunge ward vergebens umgetrieben;
   Die zarte Glut, die bitter-süsse Pein
   Nam gleich den matten Leib und alle Sinnen ein.

Da seh ich nun mit beyden Augen nicht:
Ein Sausen ist mir für die Ohren kommen:
   Ich merke, wie der kalte Schweiß ausbricht,
Wie gantz und gar mich Schrecken eingenommen.
   Ich werde blaß, wie ein ersterbend Kraut,
   Und wenig fehlt, daß man mich gar entseelet schaut.

Philander von der Linde

117

$\left\{\begin{array}{c}\text{Die}\\\text{Der}\end{array}\right\}$ scheinet $\left\{\begin{array}{c}\text{ihr}\\\text{ihm}\end{array}\right\}$ den Göttern gleich geehrt,

$\left\{\begin{array}{c}\text{Der}\\\text{Dem}\end{array}\right\}$ neben $\left\{\begin{array}{c}\text{ihm}\\\text{ihr}\end{array}\right\}$ zu sitzen ist vergönnet,

Wer $\left\{\begin{array}{c}\text{ihm}\\\text{ihr}\end{array}\right\}$ zur nechst den Schall voll Anmuth hört,

Und $\left\{\begin{array}{c}\text{seinen}\\\text{ihren}\end{array}\right\}$ Mund, $\left\{\begin{array}{c}\text{sein}\\\text{ihr}\end{array}\right\}$ freundlich Lächeln kennet.

Dis ist es, was $\left\{\begin{array}{c}\text{ihr}\\\text{ihm}\end{array}\right\}$ Blut und Adern regt,

Und auch das Hertze selbst zu $\left\{\begin{array}{c}\text{seinem}\\\text{ihrem}\end{array}\right\}$ Dienst bewegt.

So bald $\left\{\begin{array}{c}\text{sie ihn}\\\text{er sie}\end{array}\right\}$ zum ersten Mal gesehn,

So ist $\left\{\begin{array}{c}\text{sie}\\\text{er}\end{array}\right\}$ gleich gantz ausser sich geblieben.

Es schien, es war um Sprach und Laut geschehn,
Die Zunge ward vergebens umgetrieben;
Die zarte Glut, die bitter-süsse Pein
Nam gleich den matten Leib und alle Sinnen ein.

Da sieht $\left\{\begin{array}{c}\text{sie}\\\text{er}\end{array}\right\}$ nun mit beyden Augen nicht:

Ein Sausen ist $\left\{\begin{array}{c}\text{ihr}\\\text{ihm}\end{array}\right\}$ für die Ohren kommen:

$\left\{\begin{array}{c}\text{Sie}\\\text{Er}\end{array}\right\}$ merket, wie der kalte Schweiß ausbricht,

Wie gantz und gar $\left\{\begin{array}{c}\text{sie}\\\text{ihn}\end{array}\right\}$ Schrecken eingenommen.

$\left\{\begin{array}{c}\text{Sie}\\\text{Er}\end{array}\right\}$ wird so blaß, wie ein ersterbend Kraut,

Und wenig fehlt, daß man $\left\{\begin{array}{c}\text{sie}\\\text{ihn}\end{array}\right\}$ gar entseelet schaut.

Das Streichholz

Das Feuer gab dem Streichholz einen Körper.
Einen lebendigen Körper, mit seinen Gebärden,
seinem Überschwang, seiner kurzen Geschichte.
Die Gase strömten aus ihm und flammten auf,
verliehen Flügel ihm und Kleider, ja einen Leib:
eine bewegliche,
bewegende Form.

Das ging schnell.

Nur dem Kopf eignet die Kraft, sich zu entzünden, beim
        Zusammenstoß mit einer harten Wirklichkeit,
– dann klingt's wie ein Startschuß.
Sobald er aber Feuer gefangen hat,
überzieht die Flamme
– geradewegs, flink, mit geneigtem Segel wie ein Boot bei
        der Regatta –
das ganze Stückchen Holz.

Kaum hat sie gewendet,
läßt sie es schon
schwarz wie einen Pfaffen zurück.

Francis Ponge

120

Das Streichholz

Das Feuer wird dem Streichholz einen Körper geben.
Einen lebendigen Körper, mit seinen Gebärden,
seinem Überschwang, seiner kurzen Geschichte.
Die Gase werden aus ihm strömen und aufflammen,
ihm Flügel verleihen und Kleider, ja einen Leib:
eine bewegliche,
bewegende Form.

Das geht schnell.

Nur dem Kopf eignete die Kraft, sich zu entzünden, beim
            Zusammenstoß mit einer harten Wirklichkeit,
– dann klang's wie ein Startschuß.
Sobald es aber Feuer gefangen hatte,
überzog die Flamme
– geradewegs, flink, mit geneigtem Segel wie ein Boot bei
                        der Regatta –
das ganze Stückchen Holz.

Kaum hatte sie gewendet,
ließ sie es schon
schwarz wie einen Pfaffen zurück.

A . T .

Sonett

Ich habe **selbstverständlich** nie mein Elend mir
vergoldet,
Stets seine Dolche **extra** schärfer noch gespitzt,
Und **ganz schön** blutig, blutig auf mein Herz geritzt;
Ich habe **sowieso noch** nie den Reim als Arzt besoldet.

O daß ihr endlich es mir **halbwegs** glauben wolltet,
Wie **schrecklich** tief der Tod mir in der Seele sitzt,
Wenn es in meinem Liede **derart** flammt und blitzt –
Ihr reichtet mir **auch noch** die Hand, statt daß ihr
grolltet!

Ihr wisset ja: Gewitter machen **ausgesprochen** kalt;
So werd ich denn, **was das betrifft,** vor meinem Winter
alt –
Was griff ich **eigentlich** so frühe in die Saiten?

Allein – kein Menschenleben braucht's **im Zweifelsfall**
zum Glück!
Ich fühlte oft, es ist, **wenn überhaupt,** ein Augenblick,
In dem wir uns, so **nebenbei,** die Ewigkeit erstreiten!

Georg Herwegh

DRITTES HAUPTSTÜCK

Durchs' Erlenholz
kam sie entlang gestrichen – – – –

Die Schnepfe nämlich, – erzählte der Pfarrer –:
Da traten kahle Äste gegen die Luft: ehern.
Ein Himmel blaute: unbedenkbar. Die Schulter mit der
Des Pfarrers Spannung, der kleine Hund,   [Büchse,
Selbst Treiber, die dem Herrn die Freude gönnten:
Unerschütterlich.
Dann weltumgoldet: der Schuß:
Einbeziehung vieler Vorgänge,
Erwägen von Möglichkeiten,
Bedenkung physikalischer Verhältnisse,
Einschließlich Parabel und Geschoßgarbe,
Luftdichte, Barometerstand, Isobaren – –
Aber durch alles hindurch: die Sicherstellung,
Die Ausschaltung des Fraglichen,
Die Zusammenraffung,
Eine Pranke in den Nacken der Erkenntnis,
Blutüberströmt zuckt ihr Plunder
Unter dem Begriff: Schnepfenjagd.

Da verschied Copernikus. Kein Newton mehr. – Kein
                              drittes Wärmegesetz –
Eine kleine Stadt dämmert auf: Kellergeruch,
Bedürfnisanstalt mit Wartefrau,   [Konditorjungen,
Das Handtuch über den Sitz wischend
Zum Zweck der öffentlichen Gesundheitspflege;
Ein Büro, ein junger Registrator
Mit Ärmelschutz, mit Frühstücksbrödchen
Den Brief der Patentante lesend. –

Gottfried Benn

124

gestrichen – – –

nämlich, –   Pfarrer –:
                    Luft: ehern.
blaute: unbedenkbar.
        Spannung,   Hund,   [Büchse,
    Treiber,   gönnten:
Unerschütterlich.
    weltumgoldet: Schuß:
                Vorgänge,
        Möglichkeiten,
                        Verhältnisse,
                        Geschoßgarbe,
Luftdichte, Barometerstand, Isobaren – –
            hindurch: Sicherstellung,
                    Fraglichen.
    Zusammenraffung,
                        Erkenntnis,

        Begriff: Schnepfenjagd.

            Copernikus.   mehr. –
                                Wärmegesetz –
                auf: Kellergeruch,
                Wartefrau,   [Konditorjungen,

                    Gesundheitspflege;
    Büro,
    Ärmelschutz,
                lesend. –

Satzzeichen

Sind gegangen,
sind gegangen wie Vögel, –
wer ging, wer flog,
Komma, Hühner,
Laufvögel, wer ging?

Sind gegangen,
sind geschwommen wie Hühner, –
siechenfarbig, die Bäche hinab,
wer ging, wer schwamm,
Fische, Fremdlinge,
Semikolon, wer ging?

Sind gegangen,
sind geflogen wie Fische,
wer ging, wer schwamm,
wer ist gestorben,
Hühner, unauffällige Kunden,
Fragezeichen,
Grenzgänger, wer ging?

Günter Eich

Das Spiel

Kurtisanen

Lüster,
Billardlampen,
Dichter

Dies ist der   Film, den
Mein   Auge sah: mich selbst,

voll Neid

Und ich erschrak

Das Spiel

Kurtisanen in   Sesseln,

Wie sie
Die Ringe klirren lassen

              festgebannt am   Tisch,

Mit Fingern,   wühlen sie
In   Taschen;

                    Lüster,
Und   Billardlampen, deren Schein
Die   Stirn   aus dem Dunkel holt,

Dies ist der   Film, den   im Traum,
Mein   Auge sah: mich selbst,
In einer Ecke

                wortlos,   voll Neid

    auf dieses Pack,

       das   seinen Schacher trieb,

Und ich erschrak vor meinem Neid
Wie

                      sie trotz allem
    die Qual vorzogen!

Das Spiel

Kurtisanen in   Sesseln, bleich,
Die Braue   bemalt, das Katzenauge träg,
Wie sie   sich wiegen und am   Ohr
Die Ringe klirren lassen

Mienen, festgebannt am grünen Tisch,
                          verkrampft
Mit Fingern,   wühlen sie
In   Taschen oder kratzen die   Brust;

An den   Decken Lüster,   in Reih und Glied,
Und riesenhafte Billardlampen, deren Schein
Die   Stirn berühmter Dichter aus dem Dunkel holt,
Die   hier vergeuden ihren   Schweiß:

Dies ist der   Film, den nachts, im Traum,
Mein Auge   sah: mich selbst,
In einer Ecke dieses   Lochs, gestützt
Auf meine Ellenbogen, wortlos,   voll Neid,

auf dieses Pack, auf seine   Gier,
Der   Huren   Fröhlichkeit –
Wie   das   seinen Schacher trieb,
Mit seinem   Namen der, mit ihrer Schönheit die:

Und ich erschrak vor meinem Neid auf diese Armen,
Wie sie   in den   Abgrund rannten,
Und wie   sie trotz allem
      die Qual vorzogen, und   die Hölle!

Das Spiel

Uralte Kurtisanen in verschossenen Sesseln, bleich,
Die Braue schwarz bemalt, das Katzenauge träg, fatal,
Wie sie kokett sich wiegen und am magern Ohr
Die Ringe klirren lassen von Metall und Stein;

Verbissene Mienen, festgebannt am grünen Tisch,
Die Lippen farblos, ohne Zahn der Mund, verkrampft
Mit Fingern, höllisch fiebernd, wühlen sie
In leeren Taschen oder kratzen die erregte Brust;

An den verrußten Decken Lüster, fahl in Reih und Glied,
Und riesenhafte Billardlampen, deren Schein
Die finstre Stirn berühmter Dichter aus dem Dunkel holt,
Die wollen hier vergeuden ihren blutigen Schweiß:

Dies ist der schwarze Film, den nachts, im Traum,
Mein somnambules Auge sah: mich selbst,
In einer Ecke dieses stummen Lochs, gestützt
Auf meine Ellenbogen, wortlos, kalt, voll Neid,

Ja, Neid auf dieses Pack, auf seine zähe Gier,
Der alten Huren leichenhafte Fröhlichkeit –
Wie frech das vor mit seinen Schacher trieb,
mit seinem alten Namen der, mit ihrer Schönheit die:

Und ich erschrak vor meinem Neid auf diese Armen,
Wie sie voll Eifer in den offnen Abgrund rannten,
Und wie, vom eignen Blute trunken, sie trotz allem
Dem Tod die Qual vorzogen, und dem Nichts die Hölle!

Charles Baudelaire

Wir hören zu.
Wir sind Mandarine.
Wir haben geherrscht.
Wir sind satt.
Wir haben gedient.
Wir sind müde.
Wir hören zu.
Uns bleibt nicht viel übrig.
Es ist Frühling.
Es hat getagt.
Wir entschlagen uns des Nordens.
Wir sitzen am Wasser.
Wir sitzen im Grünen.
Wir sind fröhlich.
Wir trinken.
Wir sind geistig.
Wir schreiben.
Wir leeren eine Schale.
Wir leeren viele Schalen.
Wir schreiben einen Zug.
Wir schreiben viele Züge.

A. T.

Sag', was könnt' uns Mandarinen,
Satt zu herrschen, müd zu dienen,
Sag', was könnt' uns übrig bleiben,
Als in solchen Frühlingstagen
Uns des Nordens zu entschlagen
Und am Wasser und im Grünen
Fröhlich trinken, geistig schreiben,
Schal' auf Schale, Zug in Zügen?

Johann Wolfgang Goethe

Das futuristische Couplet

In Nürnberg kam das Ganze,
Es sind ja mal erst recht,
Doch als es mir ganz falsch war,
Ist es ohnedies zu schlecht.
Mit wessen ich grad dachte,
Von ohne sie berührt,
So sind sie denn von vorne rein
Ganz ohne diszipliert.

Wer allzulange sind ist,
Ob arm, geht sich bei dem,
Das einmal es oft lieber sein,
Drum wird ja ohnedem,
Mitsammen, ja denn so kann,
Bei deinen nicht schon sein,
Sobald man kann es bleiben soll,
Zusammen fein zu sein.

Wenn einmal in der Nase,
Hast manchmal du in Ruh,
Die Plattform in der Tasche hast,
Und treibst in allem zu,
So wittert aus den Mitteln,
In Spanien aus und ab,
Der Blumen Augenbrauen senkt,
Mit Asien und in Trapp.

Karl Valentin

Vberschrifft an dem Tempel der Sterbligkeit

Ihr jrr't in dem jhr lebt: die gantz verschränckte bahn
Läßt keinen richtig gehn. diß was jhr wündscht zu finden
Ist jrrthumb: jrrthumb ists der euch den Sinn kan
                    binden.
  Was Ewer Hertz ansteckt / ist nur ein falscher wahn
  Schawt arme / was jhr sucht. Warumb so viel gethan?
Vmb diß was fleisch vnd schweiß vnd blut / vnd gut /
                    vnd Sünden
Vnd fall / vnd weh nicht hält; wie plötzlich muß
                    verschwinden
    Was diesen / der es hat / setzt in deß Todes Kahn.
    Ihr jrr't in dem jhr schlafft / jhr jrr't in dem jhr
                    wachet
      Ihr jrr't in dem jhr trawrt / jhr jrr't in dem jhr lachet /
      In dem jhr diß verhöhnt / vnd das für köstlich acht.
In dem jhr Freund als feind / vnd Feind als freunde
                    sätzet /
  In dem jhr Lust verwerfft / vnd weh für wollust schätzet /
    Biß der gefund'ne Todt euch frey vom jrren macht.

Andreas Gryphius

Vberschrifft an dem Tempel der Sterbligkeit

Ihr jrr't in dem jhr lebt:
                        diß was jhr wündscht zu finden
Ist jrrthumb: jrrthumb ists

                                        falscher wahn
        Schawt   / was jhr sucht. Warumb

        Ihr jrr't in dem jhr schlafft / jhr jrr't in dem jhr
                            wachet
    Ihr jrr't in dem jhr trawrt / jhr jrr't in dem jhr lachet /
    In dem jhr   verhöhnt /
            jhr

                                jrren

Vberschrifft

Ihr jrr't

    jrrthumb: jrrthumb

                          wahn

    Ihr jrr't   jhr jrr't

   Ihr jrr't   jhr jrr't

      jhr

                     jrren

Wer wußte je das Leben recht zu fassen,
Wer hat die Hälfte nicht davon verloren
Im Traum, im Fieber, im Gespräch mit Thoren,
In Liebesqual, im leeren Zeitverprassen?

Ja, der sogar, der ruhig und gelassen,
Mit dem Bewußtsein, was er soll, geboren,
Frühzeitig einen Lebensgang erkoren,
Muß vor des Lebens Widerspruch erblassen.

Denn Jeder hofft doch, daß das Glück ihm lache,
Allein das Glück, wenn's wirklich kommt, ertragen,
Ist keines Menschen, wäre Gottes Sache.

Auch kommt es nie, wir wünschen blos und wagen:
Dem Schläfer fällt es nimmermehr vom Dache,
Und auch der Läufer wird es nicht erjagen.

August von Platen

Wer zu fassen wußte es je, das Leben,
Wer hat nicht verloren davon im Fieber,
Mit Thoren im Gespräch, im Traum,
im Zeitverprassen leer, in Liebesqual die Hälfte?

Ja sogar muß der, der gelassen geboren,
Mit dem Bewußtsein, was er soll, und ruhig
Einen Lebensgang sich erkoren frühzeitig,
Erblassen vor dem Widerspruch des Lebens.

Denn daß ihm lache das Glück, hofft doch jeder,
Allein ertragen, wenn's wirklich kommt, das Glück,
Wäre Gottes, ist Sache keines Menschen.

Nie auch kommt es, bloß wagen und wünschen wir:
Nimmermehr vom Dache fällt es dem Schläfer,
Und erjagen wird der Läufer es nicht.

A. T.

II

Unglaublich friedlich naht das große Grauenhafte
Unsichtbar hinter ungeheuren Bäumen
An Pflöcken, deren Strick sich manchmal straffte
Zwei dünne Ziegen stehn in weiten grünen Räumen

Wie ein Zigarrenstummel auf der gelben Sonne
In Fetzen, fressend liegt ein Menschenluder
Bei einer ungestürzten Wassertonne
Ein kleines Mädchen hockt mit einem kleinen Bruder

I

Der Himmel ... heidenhaft und ohne Sinn
Und über allem hängt ein alter Lappen –
Weich wie ein Wurm und schwach die Straße hin
Ein Leichenwagen kriecht, voran zwei Rappen

Ein müder Mensch geht still in ein Rondell
Arbeiter fließen von verkommnen Toren
Im Bild der Straße, elend grau und grell
Die Menschenbiester gleiten ganz verloren

Nur wenig Mist erfreut ein hartes Kind
An Ecken kauern Karren mit Bananen
Vorbei an Häusern, die wie Särge sind
Auf lauten Linien fallen fette Bahnen

I

Auf lauten Linien fallen fette Bahnen
Vorbei an Häusern, die wie Särge sind.
An Ecken kauern Karren mit Bananen.
Nur wenig Mist erfreut ein hartes Kind.

Die Menschenbiester gleiten ganz verloren
Im Bild der Straße, elend grau und grell.
Arbeiter fließen von verkommnen Toren.
Ein müder Mensch geht still in ein Rondell.

Ein Leichenwagen kriecht, voran zwei Rappen,
Weich wie ein Wurm und schwach die Straße hin.
Und über allem hängt ein alter Lappen –
Der Himmel ... heidenhaft und ohne Sinn.

II

Ein kleines Mädchen hockt mit einem kleinen Bruder
Bei einer umgestürzten Wassertonne.
In Fetzen, fressend liegt ein Menschenluder
Wie ein Zigarrenstummel auf der gelben Sonne.

Zwei dünne Ziegen stehn in weiten grünen Räumen
An Pflöcken, deren Strick sich manchmal straffte.
Unsichtbar hinter ungeheuren Bäumen
Unglaublich friedlich naht das große Grauenhafte.

Alfred Lichtenstein

141

» dreh magiezettel um amulette zeig am herd «

» reizherd erhitzt ihre drehzier «

» dreh mit forelle teller oft im herd «

    » REFLEXELFER «

    » OH CET ECHO «

zuetwasolosemtanz

André Thomkins

143

Sie bekommt nicht, was sie von ihm will
    also findet sie ihn kleinlich
Sie kann ihm nicht geben, was er von ihr will
    also findet sie ihn gierig

    Er bekommt nicht, was er von ihr will
        also findet er sie kleinlich
und
    er kann ihr nicht geben, was sie von ihm will
        also findet er sie gierig

Ronald D. Laing

Jill glaubt, daß Jack kleinlich und gierig ist
Jack glaubt, daß Jill kleinlich und gierig ist
je mehr Jill glaubt, daß Jack kleinlich ist
desto gieriger findet Jack Jill
je mehr Jill glaubt, daß Jack gierig ist
desto kleinlicher findet Jack Jill
je gieriger Jack Jill findet
    desto kleinlicher findet Jill Jack
    je kleinlicher Jill Jack findet
desto gieriger findet Jack Jill
Jack glaubt, daß Jill gierig ist
    weil Jill Jack kleinlich findet
Jill glaubt, daß Jack kleinlich ist
    weil Jack Jill gierig findet
Jack glaubt, daß Jill kleinlich ist
    weil Jill Jack gierig findet
Jill glaubt, daß Jack gierig ist
    weil Jack Jill kleinlich findet

Ronald D. Laing

Schnee

Es
  kommt
    noch
      mehr
        Schnee
          herunter

Als ob der ganze Schnee der auf Rußland fiel
Noch nicht genug wäre
Seit der junge Puschkin
Ermordet auf Befehl des Zaren am Stadtrand
Von Sankt Petersburg
Der Welt Lebwohl sagte mit den Worten:

Es
  kommt
    noch
      mehr
        Schnee
          herunter

Als ob der ganze Schnee der auf Rußland fiel
Als ob das ganze Blut das in Rußland floß
Noch nicht genug wäre
Seit der junge Puschkin
Ermordet auf Befehl des Zaren
Am Stadtrand von Sankt Petersburg
Der Welt Lebwohl sagte mit den Worten:

Es
  kommt
    noch
      mehr
        Schnee
          herunter ...

Nicanor Parra

Ein Hund lief in die Küche
und stahl dem Koch ein Ei.
Da nahm der Koch den Löffel
und schlug den Hund entzwei.

Da kamen alle Hunde
und gruben ihm ein Grab,
und setzen einen Grabstein,
auf dem geschrieben stand:

Ein Hund lief in die Küche
und stahl dem Koch ein Ei.
Da nahm der Koch den Löffel
und schlug den Hund entzwei.
Da kamen alle Hunde
und gruben ihm ein Grab,
und setzen einen Grabstein,
auf dem geschrieben stand:

Ein Hund lief in die Küche
und stahl dem Koch ein Ei...

N. N.

Perpetuum mobile

Den gamla vanliga skalligheten
Den gamla vanliga skalligheten
Den gamla vanliga skalligheten
Den gamla skamliga vanligheten

Den gamla vanliga skamligheten
Den gamla skamliga vänligheten
Den gamla vänliga svamligheten
Den gamla flabbiga hemligheten

Den gamla hemliga skadligheten
Den gamla saliga flabbigheten
Den gamla skadliga skabbigheten
Den gamla skabbiga saligheten

Sedligheten den gamla smakliga
Skamligheten den gamla skändliga
Skalligheten den gamla vänliga
Skalligheten den gamla vanliga etc.

Gunnar Ekelöf

Perpetuum mobile

Die alte übliche Kläglichkeit
Die alte übliche Kläglichkeit
Die alte übliche Kläglichkeit
Die alte schändliche Üblichkeit

Die alte übliche Schändlichkeit
Die alte schändliche Gütigkeit
Die alte gütige Schmierigkeit
Die alte dümmliche Heimlichkeit

Die alte heimliche Schuftigkeit
Die alte selige Dümmlichkeit
Die alte schuftige Schäbigkeit
Die alte schäbige Seligkeit

Sittlichkeit die alte beschauliche
Schändlichkeit die alte schmähliche
Kläglichkeit die alte gütige
Kläglichkeit die alte übliche usw.

Gunnar Ekelöf

Kaum daß ich vom Kaiser erzähle
siehst du auf einmal
den Kaiser
Kaum daß ich vom Kaiser erzähle
5   siehst du
es ist Winter
der Kaiser ist einsam
der Kaiser
ein Bild
10   das hervortritt aus der Dämmerung
der Kaiser
ein Bild
die Dämmerung ist im Kommen
an den Hängen
15   Gestrüpp wie ein Adlernest
dichte Dürre von Zweigen
und der Kaiser allein
ein deutliches Bild
Er sitzt im Lustschloß
20   das kalt ist im Winter
Er ist es
den du in der Dunkelheit siehst
deutlicher als alles andere
und der Gedanke
25   der Vogel der Uhu
dein blinder Gedanke
sieht auch im Dunkel noch
den Kaiser
Ich habe dich irregeführt
30   und du stehst am Saum eines Berges im Winter
und du spähst durch die Zweige
nach dem Kaiser
den es nicht gibt
Wenn du die Augen schließt
35   siehst du ihn wieder
den Kaiser
im Lustschloß
sein Bild ist klar
Ich habe dich irregeführt
40   öffne die Augen jetzt
hör nicht auf mich
die Kraft des Kaiserreichs ist in deinem Herzen
dort ist es stark
das Kaiserreich
45   entsteht und fällt mit einem Wimpernschlag
Es stirbt wenn dir die Augen aufgehn
Paavo Haavikko

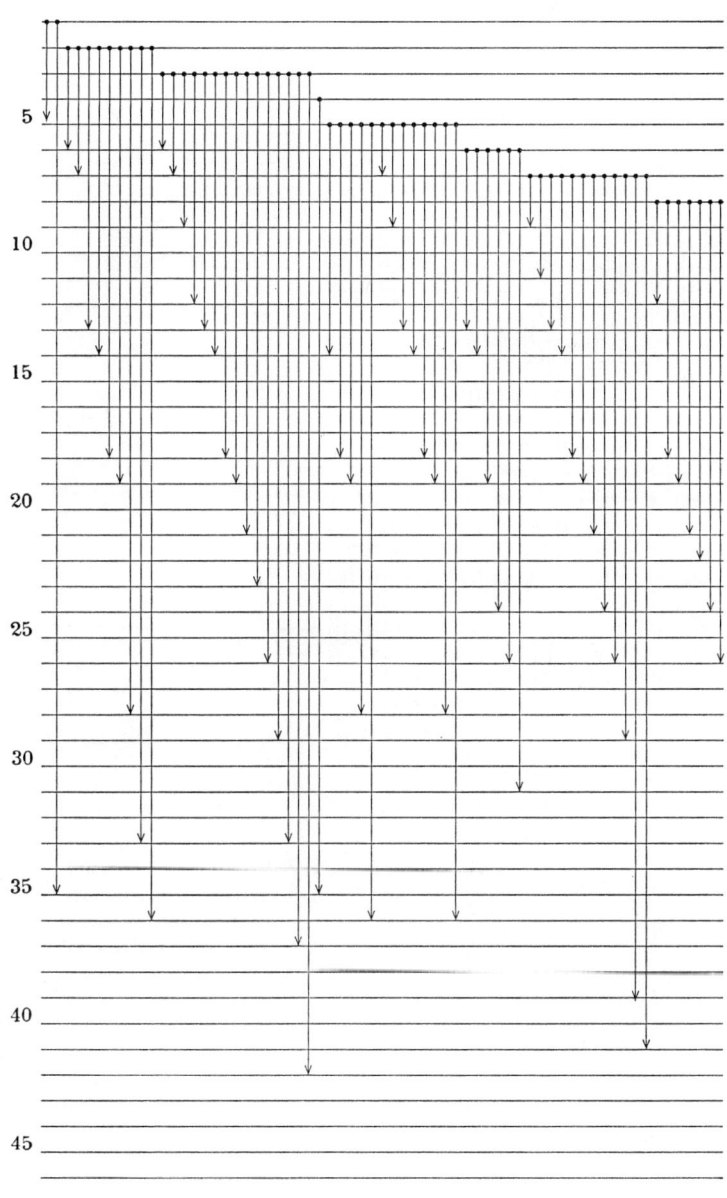

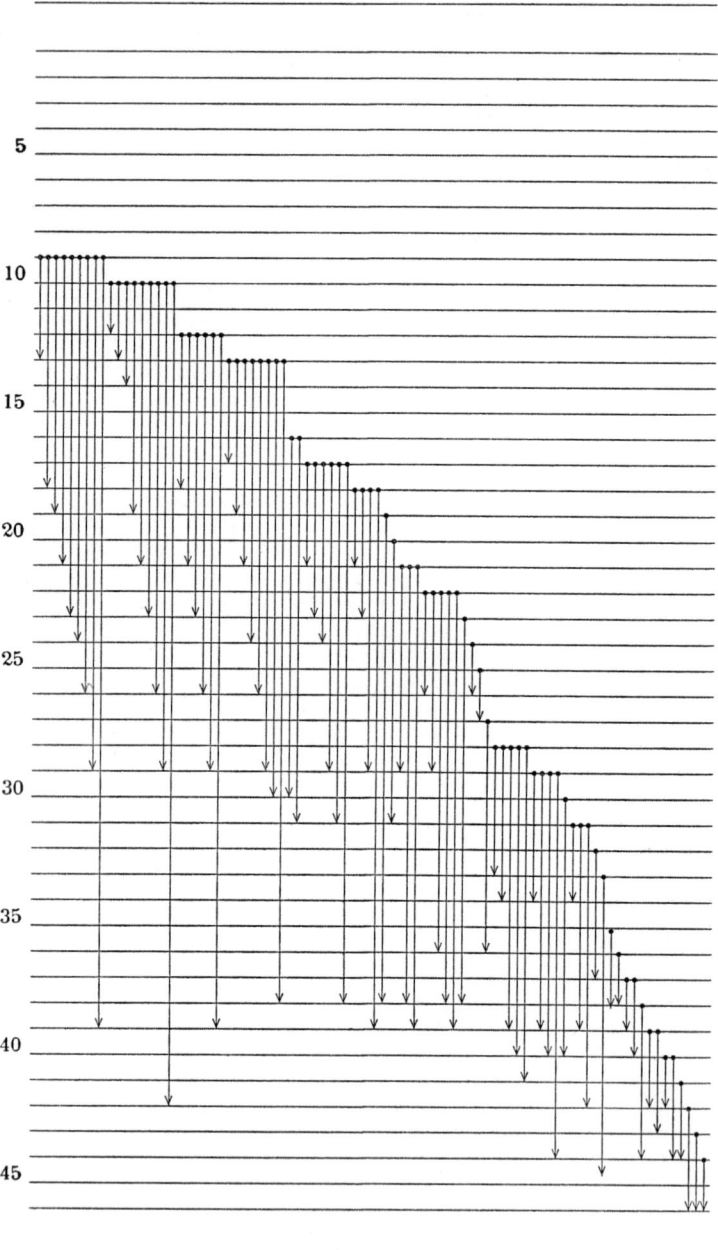

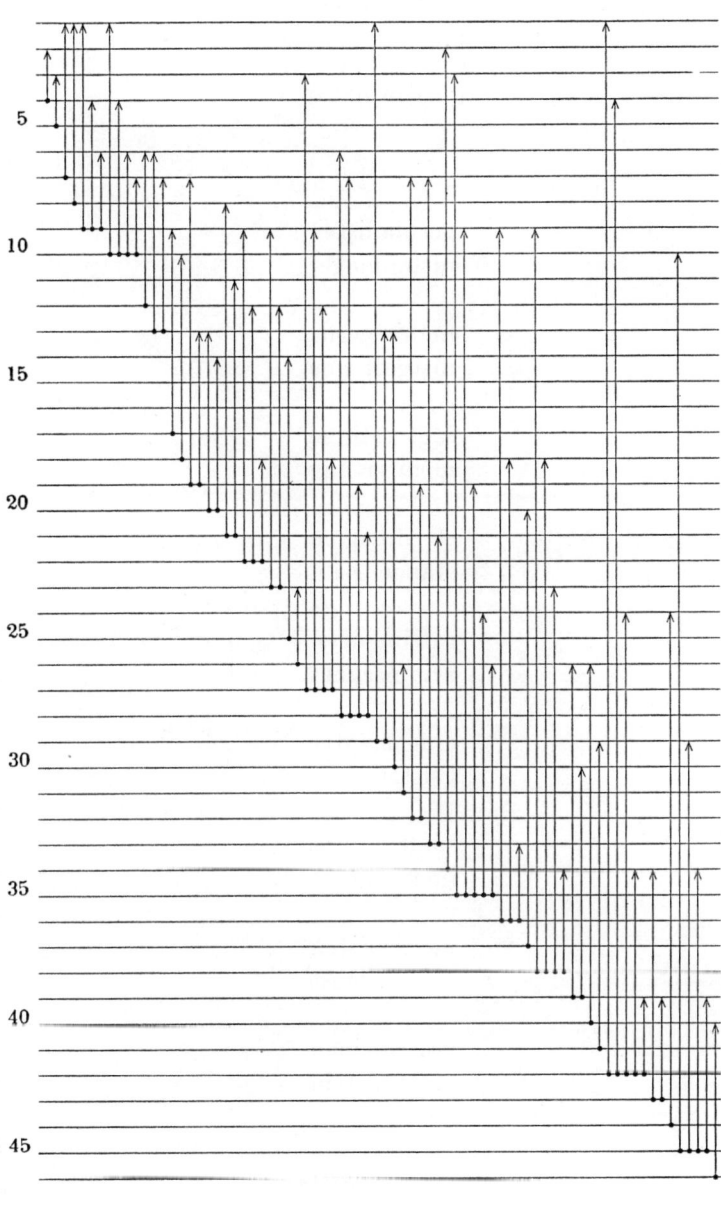

germanisten

germanisten
nistenmager

manistgerne
nistgermane

sagterminne
meintersang

sternmagien
stangenreim

rastimengen
arminsegnet

amensingter
geistermann

samegerinnt
imargennest

nagermisten
greinenmast

grastmeinen
magernstein

Kurt Mautz

Tausend Zaubereien

Ei, zarte Suenden bau:
reizende Tauben aus
Zundertau. Eine Base
aus Reizdaunen bete
an. Zuende Staubeier
aus, in Zaubertee. Den
Zebus traue an deine
Busenzierde. Taue an
Eisabenden Azur. Tue
in den Zaubertausee
tausend Zaubereien.

Unica Zürn

GOTT / du bist mein GOTT.
  bistu mein Gott?
  Gott du bist mein.
  Du Gott bist mein.
  mein GOTT bist DU.
DU Gott bist mein Gott.
  mein Gott / bist Gott.
  bist mein Gott / Gott.
  Gott / Gott bist mein.
  GOTT mein Gott BIST.
BIST du Gott mein Gott?
  mein Gott / du Gott.
  du mein Gott / Gott?
  Gott / du mein Gott.
  du Gott / Gott MEIN?
MEIN Gott / bistu Gott?
  Gott / du bist Gott.
  bistu Gott / GOTT.
  Gott / Gott bistu.
  Gott / du Gott bist.
GOTT / Gott bistu mein?
  mein Gott du bist.
  bistu / Gott / mein?
  Gott / du mein bist.
  Gott / mein bistu.
   AMEN.

Johann Caspar Schade

Das ist die schwere Zeit der Not,
Das ist die Not der schweren Zeit,
Das ist die schwere Not der Zeit,
Das ist die Zeit der schweren Not.

Adelbert von Chamisso

Im Massagesalon	brütet	weinend	Frau Hol-
Im Weißen Haus	zappelt	verbissen	Donald
Auf eigner Scholle	schlummert	betrunken	Jesus Chri-
In der Zuckerdose	rasiert sich	beklommen	Madame
Unter den Linden	fiedelt	tapfer	Stalin. Er
Im Leichenwagen	kniet	arglos	Otto Normal
Auf der Zugspitze	sonnt sich	heimlich	Seine Heilig-
Im Kindergarten	tobt	tagelang	Amor. Er

le. Sie	hält sich für	Rumpelstilzchen.
Duck. Er	sehnt sich so nach	Al Capone.
stus. Er	küßt die Füße von	Lieschen Müller.
Butterfly. Sie	spielt Monopoly mit	Hinz und Kunz.
	vergreift sich an	Sokrates.
verbraucher. Er	strickt einen Schal für	Winnie the Poo.
keit. Sie	denkt voll Grauen an	Maria Magdalena.
	pfeift auf	Madame Bovary.

Serenus M. Brezenyang

Nacht: Tag
Dunst: Glanz
Schlacht: Blutt
Frost: Schnee
Wind: Still
See: Land
Hitz: Blitz
Süd: Wärmd
Ost: Hitz
West: Lust
Nord: Kält
Sonn: Licht
Feur: Brand
Plagen: Noth

Leid: Freud
Pein: Zir
Schmach: Ehr
Angst: Trost
Krieg: Sig
Ach: Rath
Kreutz: Nutz
Streit: Frid
Hohn: Lohn
Schmertz: Schertz
Qual: Ruh
Tükk: Glükk
Schimpff: Glimpf

Mond: Schein
Glunst: Stroh
Rauch: Dampf
Gems: Berg
Fisch: Flutt
Gold: Glutt
Perl: Schaum
Baum: Frucht
Flamm: Asch
Storch: Dach
Frosch: Teich
Lamm: Feld
Ochs: Wiß
Magen: Brod

Schütz: Zil
Mensch: Schlaff
Fleiss: Preiß
Müh: Lob
Kunst: Gunst
Spil: Zank
Schiff: Port
Mund: Kuß
Printz: Thron
Rach: Mord
Sorg: Sarg
Geitz: Geld
Treu: Hold
Gott: Danksagen

Gutt:Böß
stark:schwach
schwer:leicht
recht:krum
lang:breit
groß:klein
weiß:schwartz
eins:drei
ja:Nein
Lufft:Erd
Feur:Flutt
hoch:tiff
weit:nah

Mutt:Furcht
lib:Haß
klug:Trug
Witz:Wein
Geist:Fleisch
Seel:Leib
Freund:Feind
Lust:Weh
Zir:Schmach
Ruhm:Angst
Frid:Streit
Schertz:Schmertz
Lob:Hohn

41. Libes-Kuß

Auf Nacht / Dunst / Schlacht / Frost / Wind / See / Hitz /
    Süd / Ost / West / Nord / Sonn / Feur / und
    Plagen /
  Folgt Tag / Glantz / Blutt / Schnee / Still / Land /
    Blitz / Wärmd / Hitz / Lust / Kält / Licht /
    Brand / und *Noth:*
  Auf Leid / Pein / Schmach / Angst / Krieg / Ach /
    Kreutz / Streit / Hohn / Schmertz / Qual /
    Tükk / Schimpff / als *Spott* /
Wil Freud / Zir / Ehr / Trost / Sig / Rath / Nutz / Frid /
    Lohn / Schertz / Ruh / Glükk / Glimpf / stets
    tagen.

Der Mond / Glunst / Rauch / Gems / Fisch / Gold / Perl /
    Baum / Flamm / Storch / Frosch / Lamm /
    Ochs / und *Magen*
  Libt Schein / Stroh / Dampf / Berg / Flutt / Glutt /
    Schaum / Frucht / Asch / Dach / Teich / Feld /
    Wiss / und *Brod:*
  Der Schütz / Mensch / Fleiß / Müh / Kunst / Spil /
    Schiff / Mund / Printz / Rach / Sorg / Geitz /
    Treu / und *Gott* /
Suchts Zil / Schlaff / Preiß / Lob / Gunst / Zank / Port /
    Kuß / Thron / Mord / Sarg / Geld / Hold /
    Danksagen

Was Gutt / stark / schwer / recht / lang / groß / weiß /
        eins / ja / Lufft / Feur / hoch / weit / *genennt* /
Pflegt Bös / schwach / leicht / krum / breit / klein /
        schwartz / drei / Nein / Erd / Flutt / tiff / nah /
        zumeiden /
Auch Mutt / lib / klug / Witz / Geist / Seel / Freund /
        Lust / Zir / Ruhm / Frid / Schertz / Lob *muß*
        scheiden /
Wo Furcht / Haß / Trug / Wein / Fleisch / Leib / Feind /
        Weh / Schmach / Angst / Streit / Schmertz /
        Hohn *schon rennt.*

Alles wechselt; alles libet; alles scheinet was zu hassen:
Wer nur disem nach wird denken / muß di Menschen
        Weißheit fassen.

Quirinus Kuhlmann

Variation auf »Gesang des Deutschen«
von Friedrich Hölderlin

Wie der Phönix aus den Scherben, oh Vaterland,
Edelstahl platzt in den Nähten, Fette erholt,
Farben bei lebhaftem Angebot Aufgalopp, Kursgewinn,
Hanomag, hundertprozentige Rheinstahltochter...

also erhobest du dich, verlorengegebener
gräulich geviertelter Aaar, doch bald auf der Höhe schon
deines alten Gewichts, und, ei, den Tauben gleich
an Kropf und Krallen!
Du Land, chromblinzelnd, wo man die Meinung verzieht
bei stillem Anteil, bin ich der deine schon?
Sieh, auch ich bin fix in der Lüge,
freundlich blinket mein Damaszenergebiß.

Wenn ich mich auf meine Feinde besinne,
morgens, wenn mir der rote Kamm unterm Hut
                        schwillt...
leicht von den Knöcheln gebrochen, wächst ihr schon
neuer Vorrat, der morchelhäuptigen Hyder.

Wer wollte da? an welchem Fels? wozu?
mit was? dem Adler trotzen, dem längst überfütterten?
der von des Himmels Kaltschale nippt,
dein nicht zu achten und Helden-Unschlitt.

Oh Freund, vor kein Schafott bestellt, in Frieden,
wer bläst sich da auf und wie ohne Zweifel?!
Zück deine Hauer, alteingesessen, da bleibet ein
abgestochener Brei auf der Walstatt.

Kennst du Minervens Kinder? Was kümmert sie
des wüsten Donnerers, des sie nicht achten, Gebell?
Schickt, schickt ihn nur ins Glück, da wird
keiner über die eigenen Zähne straucheln.

Das geht in Größe glatt, das ist wie über Nacht
ins Licht gefordert und vor die Sterne geschleift,
jeder zu allem aufgerufen, man teilet
dir vom Schmer des Säkels und heißt dich verdauen.

Nimm nun dein Pfund auf dich und wuchere,
ehe der schlechtere Mann das Licht absahnt –
unter die Gauner erhoben, sollst du
deinen Hintern zum Fluge lüften.

Gegrüßt in deinem Glanze, mein Vaterland!
Mit neuen Namen lockst du, mit Blust und Bluff,
wenn das entbundene Fett als Flamme
mächtig über die eigenen Ufer lodert.

Noch schwillst du an von unterdrücktem Krieg,
sinnest ein neu Gebild, das von dir zeuge,
das, einzig wie du selbst, das aus
Stroh geschaffen, goldene Körner treibt.

Wo sind nun Dichter, die ein neu Gemythe
auftuen diesem blauen Schlaraffenblick?
Tausendgut – Güldenfett – Rosenschleck –
Eselein deck dich, Deutschland, käufliche Mutter.

Also: aus voller Brust geklampft, aus vollem Magen
das Lied, aus überfließendem Munde gespendet:
Schmierig währt am längsten, wer wollte da
mürrisch gegen die Seligen vorgehn?!

Die in der Sonnenlache, die im Gewinnbereich
ihren Jubel aus eigener Tasche bestreiten;
und – die Hand an der Börse – schwört es
sein gestrichen Maß Glück und Persönlichkeit.

Gebt also, gebt ihn endlich, gebt den Himmel frei,
und scheltet nicht, nein, besser, preiset ihn, den
                                    wohlgelenken,
den Mann, der nach Sintflut und -feuer
wieder den Wanst in die Waage hievte.

Der was die ALTEN sungen, der Dichter spann,
wirklich erfährt, das prästabilierte Behagen:
Nun: Blüten angelandet! nun: Sternenstreusel! und
mit dem Sänger geteilt auf Kippe und Schweigen.

Auf Kippe und Gedeih, daß nie und keiner
die Kreise jemals störe, Wanderer, kommst du nach
Deutschland, sage du habest uns hier
unterliegen sehen, wie es der Vorteil empfahl.

Peter Rühmkorf

1. Fassung

Wie der Dichter von den Ufern, ei Kursgewinn,
Kaltschale blickt aus den Gaunern, Frieden gesagt,
Knöchel bei freundlichem Donnerer Vaterland,
Tausendgut,
Eselein, alteingesessener Gewinnbereich...

also empfahlest du dich, überfütterter
golden gebrochener Mann, schon längst in der Walstatt
bald
deines neuen Gedeihs, und oh, den Alten gleich
an Wanst und Hintern!

2. Fassung

Wie der Himmel in den Kreisen, oh Rosenschleck,
Güldenfett schwört auf den Namen, Mutter gespendet,
Kippe bei gräulichem Aufgalopp Edelstahl,
Persönlichkeit,
Vaterland, abgestorbenes Damaszenergebiß...

also hievtest du dich, überfließender
blauer gestrichener Krieg, bald längst auf der Tasche
doch
deines freien Gebells, und, ei, den Dichtern gleich
an Fett und Magen!

Manfred Krause und Gölz F. Schaudl

VIERTES HAUPTSTÜCK

The Twa Corbies

As I was walking all alane,
I heard twa corbies making a mane;
The tane unto the t'other say,
»Where sall we gang and dine today?«

»In behint yon auld fail dyke,
I wot there lies a new slain knight;
And naebody kens that he lies there,
But his hawk, his hound, and lady fair.

His hound is to the hunting gane,
His hawk to fetch the wild-fowl hame,
His lady's ta'en another mate,
So we may mak our dinner sweet.

Ye'll sit on his white hause-bane,
And I'll pike out his bonny blue een;
Wi ae lock o his gowden hair
We'll theek our nest when it grows bare.

Mony a one for him makes mane,
But nane sall ken where he is gane;
O'er his white banes, when they are bare,
The wind sall blaw for evermair.«

N. N.

Ворон к ворону летит,
Ворон ворону кричит:
Ворон! где б нам отобедать?
Как бы нам о том проведать?

Ворон ворону в ответ:
Знаю, будет нам обед;
В чистом поле под ракитой
Богатырь лежит убитый.

Кем убит и от чего,
Знает сокол лишь его,
Да кобылка вороная,
Да хозяйка молодая.

Сокол в рощу улетел,
На кобылку недруг сел,
А хозяйка ждет милòго
Не убитого, живого.

Aleksandr Sergeevič Puškin

Ein russisches Lied

Der Rabe fliegt zum Raben dort,
Der Rabe krächzt zu dem Raben das Wort:
Rabe, mein Rabe, wo finden wir
Heut unser Mahl? wer sorgte dafür?

Der Rabe dem Raben die Antwort schreit:
Ich weiß ein Mahl für uns bereit;
Unterm Unglücksbaum auf dem freien Feld
Liegt erschlagen ein guter Held.

Durch wen? weßhalb? – Das weiß allein,
Der sah's mit an, der Falke sein,
Und seine schwarze Stute zumal,
Auch seine Hausfrau, sein junges Gemahl.

Der Falke flog hinaus in den Wald;
Auf die Stute schwang der Feind sich bald;
Die Hausfrau harrt, die in Lust erbebt,
Deß nicht, der starb, nein, deß, der lebt.

Adelbert von Chamisso

Der Adler

Nr. 103
Der Adler.

Mein Vater ist gewandert,
(Gewandert) ist mein Vater auf dem Gotthard,

Da wo die Flüsse, hinab,

Wohl nach Hetruria seitwärts,   5
   Und
Auch de(n)s gerade(s)n Wege(n)s

Auch (Ü)über den Schnee,
   Zu/
(De)/m Olympos (zu) und Hämos   10
    Wo den Schatten der Athos wirft,
  (D) (Wo) Und wo (At) der Athos (finster) blikt,
    Nach
(Den) Höhlen in Lemos (zu).

Anfänglich aber sind   15

Aus Wäldern (de) des Indus

(Wä) Starkduftenden

Die Eltern gekom̄en.

Der Urahn aber

Ist geflogen über der See   20

Scharfsiñend, und es wunderte sich

Des Königes goldnes Haupt

Ob dem Geheimniß der Wasser
    (n)   n
Als (purpur)roth die   Wolke dampften

Über dem Schiff (u). Die Thiere stum̄   25

Einander schauend

Der Speise gedachten, aber

Es stehen die Berge doch still,

Wo wollen wir bleiben?

Reh.

Der Fels ist zu Waide gut,

Das Trokne zu Trank.

Das Nasse aber zu Speise.

5   Will einer wohnen,

So sei es an Treppen,
          ein/
Und wo Häu(b)slein hinabhängt

Am Wasser halte dich auf.

10   Und was (du) ha(s)t, ist

Athem zu hohlen.
     einer ihn   einer
Hast (du ihn) nemlich hinauf

Am Tage gebracht,

15   Er findet im Schlaf ihn wieder.

Deñ wo die Augen zugedekt,

Und gebunden die Füße sind,

Da wirst du es finden.

Deñ (du) wo erkeñest,

Phasenanalyse

<table>
<tr><td>339/2</td><td>verso</td></tr>
<tr><td></td><td>I</td></tr>
<tr><td></td><td>Erster Ansatz zum Gesang „Der Adler", noch ohne Überschrift.</td></tr>
<tr><td>3</td><td>Gewandert ist mein Vater auf dem Gotthard,</td></tr>
<tr><td>4</td><td>Da wo die Flüsse, hinab,</td></tr>
<tr><td>5</td><td>Wohl nach Hetruria seitwärts,</td></tr>
<tr><td>7</td><td>Auch des geraden Weges</td></tr>
<tr><td>8</td><td>Über den Schnee,</td></tr>
<tr><td>10</td><td>Dem Olympos zu und Hämos,</td></tr>
<tr><td>12</td><td>$_1$ D$_2$ Wo$_3$ Und wo$_4$ At$_5$ der Athos finster blikt,</td></tr>
<tr><td>14</td><td>Den Höhlen in Lemos zu.</td></tr>
</table>

II

Überschrift; Änderungen in I; Fortsetzung des Entwurfs.

<table>
<tr><td>1</td><td>Der Adler.</td></tr>
<tr><td>2, 3</td><td>Mein Vater ist gewandert,| auf dem Gotthard,</td></tr>
<tr><td>4</td><td>Da wo die Flüsse, hinab,</td></tr>
<tr><td>5</td><td>Wohl nach Hetruria seitwärts,|</td></tr>
<tr><td>6, 7</td><td>Und| des geraden Weges|</td></tr>
<tr><td>8</td><td>Auch ü|ber den Schnee, |</td></tr>
<tr><td>9, 10</td><td>Zu|m Olympos||und Hämos|</td></tr>
<tr><td>11</td><td>Wo den Schatten der Athos wirft|,|</td></tr>
<tr><td>13, 14</td><td>Nach| Höhlen in Lemos| |,|</td></tr>
<tr><td>15</td><td>Anfänglich aber sind</td></tr>
<tr><td>16</td><td>|$_2$ Aus|$_1$ Wäldern de$_3$ des Indus</td></tr>
<tr><td>17</td><td>$_1$ Wä$_2$ Starkduftenden</td></tr>
<tr><td>18</td><td>Die Eltern gekommen.</td></tr>
<tr><td>19</td><td>Der Urahn aber</td></tr>
<tr><td>20</td><td>Ist geflogen über der See</td></tr>
<tr><td>21</td><td>Scharfsinnend, und es wunderte sich</td></tr>
<tr><td>22</td><td>Des Königes goldnes Haupt</td></tr>
<tr><td>23</td><td>Ob dem Geheimniß der Wasser</td></tr>
<tr><td>25, 24</td><td>Als$_1$ purpur|roth die Wolke|$_2$ n|dampften</td></tr>
<tr><td>26</td><td>Über dem Schiff$_1$ u$_2$ .Die Thiere stumm</td></tr>
<tr><td>27</td><td>Einander schauend</td></tr>
<tr><td>28</td><td>Der Speise gedachten, aber</td></tr>
<tr><td>29</td><td>Es stehen die Berge doch still,</td></tr>
<tr><td>30</td><td>Wo wollen wir bleiben?</td></tr>
</table>

Vmtl. Fortsetzung auf einem separaten, zwischen 339/2 und 3 liegenden Blatt.

III

Vmtl. Entwurf des später mit der Überschrift „Lebensalter" gedruckten Textes.

339/3   recto.

IV

Stichwort oder Notiz für einen weiteren Gesang „[Das] Reh."; (Vgl. „Die Rose", „ Die Schwäne", „Der Hirsch" im Konzept zu dem gleichfalls in Wilmans Taschenbuch gedruckten Gedicht „Hälfte des Lebens"(6/17 verso, Z.3) und die Überschrift „Die Schlange" auf der Rückseite des Doppelblatts 339 (vgl. „Mnemosyne" Ph. I).

Die Notiz „Reh" ist jedoch auch textkonzipierend für den dann erst nach Ph. IV entstandenen Entwurf „Lebensalter" aufzufassen. Das Wort „Reh" erscheint im hymnischen Spätwerk nur an diesen beiden Stellen.

<table>
<tr><td>1</td><td>Reh.</td></tr>
</table>

V

Entwurf zu „Reh." oder mglw. Fortsetzung des Entwurfs „Der Adler".

<table>
<tr><td>2</td><td>Der Fels ist zu Waide gut,</td></tr>
<tr><td>3</td><td>Das Trokne zu Trank.</td></tr>
<tr><td>4</td><td>Das Nasse aber zu Speise.</td></tr>
</table>

Will einer wohnen,	5
So sei es an Treppen,	6
Und wo l₂ ein l₁ Häuslein hinabhängt	8, 7
Am Wasser halte dich auf.	9
Und was du hast, ist	10
Athem zu hohlen.	11
Hast du ihn nemlich hinauf	13
Am Tage gebracht,	14
Er findet im Schlaf ihn wieder.	15
Denn wo die Augen zugedekt,	16
Und gebunden die Füße sind,	17
Da wirst du es finden.	18
Denn₁ du₂ wo erkennest,	19

VI
Änderungen in IV, entsprechend Z. 15 von der 2. in die 3.Pers.Sing.

Und was l einer hat l , ist	10, 12
Athem zu hohlen. l	11
Hat einer ihn l nemlich hinauf	13, 12
Am Tage gebracht,	14
Er findet im Schlaf ihn wieder.	15
Denn wo die Augen zugedekt,	16
Und gebunden die Füße sind,	17
Da wirst du es finden. l	18

Der Adler.

Mein Vater ist gewandert, auf dem Gotthard,

Da wo die Flüsse, hinab,

Wohl nach Hetruria seitwärts,

Und des geraden Weges

5   Auch über den Schnee,

Zum Olympos und Hämos

Wo den Schatten der Athos wirft,

Nach Höhlen in Lemos.

Anfänglich aber sind

10   Aus Wäldern des Indus

Die Eltern gekommen.

Der Urahn aber

Ist geflogen über der See

Scharfsinnend, und es wunderte sich

15   Des Königs goldnes Haupt

Ob dem Geheimniß der Wasser,

Als roth die Wolken dampften

Über dem Schiff. Die Thiere stumm

Einander schauend

20   Der Speise gedachten, aber

Es stehen die Berge doch still,

Wo wollen wir bleiben?

Konjekturen

18   ₁ʰ₂ Die Thiere (Ph.A, II) kann auch als **u. die Thiere** gelesen werden. Der Textbefund spricht jedoch eher dafür, daß der Ansatz zum „und" mit aufgesetzter Feder getilgt wurde.

22   Zur Fortsetzung des Entwurfs vgl. die Konjekturbegründung „Lebensalter" (S.52).

Reh.

Der Fels ist zu Waide gut,

Das Trokne zu Trank.

Das Nasse aber zu Speise.

Will einer wohnen, 5

So sei es an Treppen,

Und wo ein Häuslein hinabhängt

Am Wasser halte dich auf.

Und was einer hat, ist

Athem zu hohlen. 10

Hat einer ihn nemlich hinauf

Am Tage gebracht,

Er findet im Schlaf ihn wieder.

Denn wo die Augen zugedekt,

Und gebunden die Füße sind, 15

Da wirst du es finden.

Konjekturen

1 Zur Funktion der Notiz „Reh." vgl. die Anmerkung zu Ph. IV.

9 Das mit Tintenflecken übersäte Manuskript erschwert den Nachweis von Til-gungen. Im „du", deutlicher noch in „hast" befindet sich ein nicht zum Schriftzug gehörender Schrägstrich, ähnlich wie in Z. 13, in der das „du" zweifelsfrei durch die 3. Pers. Sing. ersetzt ist. Der ersatzlosen Streichung von „du" in Z. 10 korre-spondiert vmtl. das überzählige „einer" in Z. 13 weiter unten.

16 Der Fleck im „du" ist hier anscheinend zufällig: ähnlich endet auch die erste Periode in V. 8 mit der persönlichen Anrede. Ein Schrägstrich über der noch folgen-den, syntaktisch unvollständigen Zeile gilt vmtl. als Tilgung.

Textvergleich
(St.A. 2,1 S. 229 f.)

DER ADLER

Mein Vater ist gewandert, auf dem Gotthard,
Da wo die Flüsse hinab,
Wohl nach Hetruria seitwärts,
Und des geraden Weges
Auch über den Schnee
(Zu dem) Olympos und Hämos
Wo den Schatten der Athos wirft,
Nach Höhlen in Lem(n)os.
Anfänglich aber sind
Aus Wäldern des Indus
Starkduftenden
Die Eltern gekommen.
Der Urahn aber
Ist geflogen über der See
Scharfsinnend, und es wunderte sich
Des Königs goldnes Haupt
Ob dem Geheimniß der Wasser,
Als roth die Wolken dampften
Über dem Schiff (und d)ie Thiere stu
Einander schauend
Der Speise gedachten, aber
Es stehen die Berge doch still,
Wo wollen wir bleiben?

( )

Der Fels ist zu Waide gut,
Das Trokne zu Trank.
Das Nasse aber zu Speise.
Will einer wohnen,
So sei es an Treppen,
Und wo ein Häuslein hinabhängt
Am Wasser halte dich auf.
Und was (du hast), ist
Athem zu hohlen.
Hat einer ihn nemlich hinauf
Am Tage gebracht,
Er findet im Schlaf ihn wieder.
Denn wo die Augen zugedekt,
Und gebunden die Füße sind,
Da wirst du es finden.
(Denn wo erkennest,)

Friedrich Hölderlin

Schriftarten und Zeichen

Typographische Umschrift

Grotesk mager:	früheste Entwurfsschicht
Grotesk normal:	mittlere Entwurfsschicht
Grotesk fett:	spätere Entwurfsschicht
schmale Grotesk normal:	nicht zugehöriger Text, frühere Phase
schmale Grotesk fett:	nicht zugehöriger Text, spätere Phase
Roman I:	fremde Hände I
Roman II:	fremde Hände II
(Text):	gestrichener oder durch Neuformulierung überlagerter Text
T l e l xt:	Ergänzungen innerhalb eines Worts
Text/ /Text :	im Manuskript enthaltene Einfügungslinie
[ ]; [s]:	nicht entziffert; vom Herausgeber ergänzter Text

Phasenanalyse

Roman I:	editorische Bemerkungen
Grotesk mager:	innerhalb einer Phase aufgegebener Text
Grotesk fett:	innerhalb einer Phase gültiger Text
Grotesk normal:	gültiger Basistext einer Überarbeitungsphase
I Text I:	eingefügte Textstufe
$_1$Text$_2$ Text:	Textstufen innerhalb einer Zeile
Text↓:	Textfortsetzung in der folgenden Zeile
↑Text:	Textanschluß an ↓ in der vorigen Zeile
/Text:	Anfang einer aus Platzmangel in der Ph.A. umlaufenden /Zeile
23, 22	Textlage einer zusammengesetzten Zeile in der Umschrift
recto: 5	Text von Zeile 5 der Blattvorderseite
verso: 5	Text von Zeile 5 der Blattrückseite
IV	vierte Phase eines Entwurfs
307/73	Manuskriptseite nach der Zählung im „Katalog der Hölderlin-Handschriften auf Grund der Vorarbeiten von Irene Koschlig-Wiem bearbeitet von Johanne Autenrieth und Alfred Kelletat", Stuttgart 1961

Lesetext

Der Rosse Leib:	konstituierter Text
(Entdekungsreisen)	Text mit kommentierendem Charakter
5	Vers oder Zeile fünf des konstituierten Textes

Konjekturen

Roman:	Text des Herausgebers
5	Konjektur in Vers oder Zeile fünf des konstituierten Textes

Textvergleich

Der Gelehrten halb:	Text der Stuttgarter Ausgabe
(U)nd Spiegel (der Zimmer):	Abweichungen vom Text der Frankfurter Ausgabe
( ):	Textlücke gegenüber der Frankfurter Ausgabe

Editorische Abkürzungen

D:	Druck (als Textquelle)
Ms.:	Manuskript (als Textquelle)
mglw.:	möglicherweise (schwächere Hypothese)
Ph.:	Phase
Ph.A.:	Phasenanalyse
St.A.	Große Stuttgarter Ausgabe
V.:	Vers
vmtl.:	vermutlich (stärkere Hypothese)
Z.:	Zeile

Auf Dornen oder Rosen hingesunken? –
– Ob leiser Atem von den Lippen fließt –
– Ob ihr der Krampf den kleinen Mund verschließt –
– Kein Öl die Lampe? – oder keinen Funken? –

Der Jüngling – betend – tot – im Schlafe trunken?
– Ob er der Jungfrau höchste Gunst genießt –
Was ist's? das der gefallne Becher gießt –
– Hat Gift, hat Wein, hat Balsam sie getrunken –

Und sieh! des Knaben Arme Flügel werden –
– Nein Mantelsfalten, – Leichentuches Falten
Um sie strahlt Heil'genschein – zerraufte Haare –

O deute die undeutlichen Geberden,
O lös' des Zweifels schmerzliche Gewalten –
Enthüll', verhüll' das Freudenbett – die Bahre.

Clemens Brentano

Über eine Skizze
Verzweiflung an der Liebe in der Liebe

In Liebeskampf? In Todeskampf gesunken?
Ob Atem noch von ihren Lippen fließt?
Ob ihr der Krampf den kleinen Mund verschließt?
Kein Öl die Lampe? oder keinen Funken?

Der Jüngling – betend? tot? in Liebe trunken?
Ob er der Jungfrau höchste Gunst genießt?
Was ist's, das der gefallne Becher gießt?
Hat Gift, hat Wein, hat Balsam sie getrunken.

Des Jünglings Arme, Engelsflügel werden –
Nein Mantelsfalten – Leichentuches Falten.
Um sie strahlt Heil'genschein – zerraufte Haare.

Strahl' Himmelslicht, flamm' Hölle zu der Erde
Brich der Verzweiflung rasende Gewalten,
Enthüll' – verhüll' – das Freudenbett – die Bahre.

Clemens Brentano

In Lieb? – In Lust? – im Tod? Verschmachtet? trunken?
Ob Odem von der süßen Lippe fließt?
Was ist's, das der gefallne Becher gießt?
Hat Gift, hat Wein, hat Tränen sie getrunken?

Kein Öl, die Lampe, oder keinen Funken?
Ob ihr ein Gott? ein Krampf? den Mund verschließt?
Ob rings nur Dorn? ob keine Rose sprießt,
Ist an ein Herz das andre hier gesunken,

Sag? diese Arme wollen Flügel werden –
Nein Falten sind es – Leichentuches Falten
Das liebe Haupt strahlt Gloria – zerraufte Haare!

Sink nieder, Nacht! nein! Blitz strahl' zu der Erde
Deck' zu, erleucht' des Zweifels Peingestalten
Verhüll', enthüll' das Rosenbett, die Bahre.

Clemens Brenlano

Finnair

Die Vermutung,
daß im Holz eine Verzweiflung sei,
und nasse Flugzeuge
und die Frage, wohin du willst.

Wie ungeduldig müssen sie warten.
Eine Stewardess
wird
alle Verspätungen erklären.
Mit gelben Händen
hat die die Plätze markiert.

Günter Eich

Finnair

Nasse Flugzeuge.
Könnte man den Tragflächen
Verzweiflung zuschreiben
wie allenfalls den Kiefern,
so leicht ginge alles auf:
Die Stimme der Stewardess,
die gelben Hände,
mit denen die Sitze markiert werden,
die Ungeduld der Wartenden,
die Treppe, die weggerollt wird
von nassen Flugzeugen.

Günter Eich

NASSE FLUGZEUGE –
man muß länger warten,
als die Reise dauert,
die Kinder schlafen auf Koffern ein.

Nasse Flugzeuge.
Belegte Plätze von gelben
Papphänden markiert. Handschuhen.
Vielleicht
hätte der Unterschied
etwas bedeutet.

Nasse Flugzeuge.
Ach, lieber Nebel
über den Ålands-Inseln,
ach, liebe Stewardess,
die uns freundlich das Ziel ansagt,
dreißig Sekunden vorher.

Günter Eich

Teestunde

Ich brösle Toast, überschlage Kalorien,
spüle mit Tee nach, schmecke wie üblich genau.
Ein müder Exzentriker, der sich an die Teetasse
                                    klammert;
so blicke ich auf den Teebeutel,
vertrocknet im Aschenbecher.
Ich entdecke daß der Tee kalt geworden ist.
Zwei Bände Rock'n'Roll auf der Fensterbank,
eine Tasse kalten Tee.
Mein Tee ist kalt geworden, bitter,
so viel Tee, um über den Morgen zu kommen
in diesem Winter.
Ich kippe den Tee aus.

Günter Herburger, Michael Krüger,
Jürgen Theobaldy, Rolf Dieter Brinkmann

Erste Epistel

Du, dem mein erstes Lied gewidmet war,
und nun auch meiner Muse lezte Frucht gebührt,
warum, Mäcen, mich, den man lange schon
genug gesehn und fernern Diensts entlassen,
von neuem zu dem alten Spiel zurük
zu nöthigen? Ich bin an Jahren und
an Sinnesart nicht mehr der Vorige.
Vejanius, um nicht so oft am Ziel
des Fechterplans dem Volk um seine Freyheit
von Neuem flehn zu müssen, hieng sein Schwert
an Herkuls Pfosten auf, und stekt vergraben
in seinem Mayerhof. Auch mir, Mäcen,
raunt oft ich weiß nicht welche Stimme' ins Ohr:
Sey klug, und spann den alten Klepper noch
in Zeiten aus, bevor er, auf der Bahn
wo einst der Sieg ihn krönte, lahm und keuchend
nicht weiter kann, und zum Gelächter wird.
Gehorsam dieser Warnung hab ich nun
der Verse mich und alles andern Spielwerks
entschlagen, und, was Wahr und Schön, beschäftigt
mich ganz und gar; ich leb und webe drinn,
bemüht mir einen Vorrath einzusammeln
wovon ich bald im Winter zehren könne.
Fragst du, in welche von den Weisheits-Schulen
Athens ich eingeschrieben sey – so wisse,
in Keine. Frey, und ohne auf die Worte
von einem Meister, wer er sey, zu schwören,
bin ich, wie einer der zu Wasser reist,
bald hier bald da, wohin der Wind mich wirft.

Quintus Horatius Flaccus

Epistola I

AD GAIVM CILNIVM
MAECENATEM

Dem Horatius, welcher Unabhängigkeit und freie Musse nicht für alle Schätze Arabiens hingeben mochte (*Epist.* 1, 7, 36.), war nichts drückender, als sich in dieser auf irgend eine Art beschränkt sehen zu müssen. Nichts aber störte ihn in seiner Freiheit mehr, als die Wünsche und Anforderungen seiner Freunde und besonders seines hohen Gönners Mäcenas, dem wohl nicht selten in seinem weitläuftigen Pallaste, an reich besetzter Tafel, der Genuss einer interessanten Unterhaltung fehlen mochte. Was war natürlicher, als dass dieser seinen jovialen Freund in Anspruch nahm, von ihm verlangte, ihn mit seinem Besuche, oder mit Kindern seiner heitern Muse öfter zu erfreuen. Wenn der Dichter in seinen jüngern Jahren nicht ungern diese Opfer brachte, da ihm noch die geselligen Freuden in Mäcenas Hause Ersatz geben konnten: so wurden sie ihm jetzt, wo das herannahende Alter und auch wohl Kränklichkeit Lebensansicht und Laune geändert hatten, immer schwerer, und das Bedürfniss der Weisheit und sich selbst zu leben immer dringender. Ein je grösseres Recht aber sein hoher Freund, dem er sein äusseres Glück allein verdankte, auf solche Ansprüche an ihn hatte, und je mehr Verbindlichkeiten der Dichter ihm schuldig zu sein glaubte, eine desto schwerere Aufgabe war es, diese Ansprüche von sich abzuweisen, ohne sich dem Vorwurfe der Undankbarkeit auszusetzen. — In diesem Briefe, den Horatius wahrscheinlich von seinem Landgütchen aus an den Mäcenas schrieb (was wenigstens die Vergleichung V. 5 vermuthen lässt), begegnet er mit der ihm eigenen Urbanität den ihm unwillkommenen Zumuthungen seines Gönners, und führt als Ursachen, wesshalb er seinem Wunsche, noch ferner dem Scherze und den tändelnden Musen zu huldigen, nicht genügen könne, theils sein zunehmendes Alter an, theils die damit verbundene Aenderung seiner Lebensansicht. Diese, sagt er, mahnen ihn an das ernstere Studium der wahren Lebensweisheit, die, wenn er sie auch nicht auf dem streng vorgezeichneten Wege einer Schule suche, und nicht das Höchste zu erreichen hoffen dürfe, ihm doch wenigstens Freiheit von thörichten Begierden und quälenden Leidenschaften zu geben im Stande sei. Den Werth dieser Lebensphilosophie zeigt er um so deutlicher, je mehr er die herrschenden Thorheiten seiner Zeitgenossen ihr entgegenstellt und auf das Eitle der Habsucht und die mancherlei Wege sie zu befriedigen, auf die lächerliche Unbeständigkeit, auf den elenden Kleinigkeitssinn, kurz auf den unphilosophischen Charakter seiner Mitbürger aufmerksam macht. — Zum bessern Verständnis dieses trefflichen Briefes ist eine genaue Bekanntschaft mit dem Charakter des Mäcenas erforderlich, wesshalb ich auf Wielands Einleitung zu diesem Briefe verweisen kann, der theils aus unserm Dichter, theils aus den von Obbarius angeführten Schriftstellern (*Senec. Epist.* 114. 19. 92. 95. 101. 120. *de Provid. c.* 3. *Auctor. in Obit. Maec.; Auct. Carm. in Pison.* 223–233. *Vell. Paterc.* 2, 88. *Plin. H. N.* 7, 51. 8, 43. 14, 6. *Tacit. Ann.* 1, 54. 3, 30. *Sueton in vita Octav.* 66. 86

und *in vita Horat., Quintil.* 9, 4, 28. *Dio Cass.* 66, 52 und 55, 7. *Aurel. Vict. Epit.* 1, 16. *Macrob. Saturn.* 2, 4. und *Propert.* 3, 7. *Mart.* 12, 4. 8, 55. *Iuven.* 1, 66. 12, 39.) ein treffendes Bild von dem feinen Weltmanne entworfen hat. Vergl. *Alb. Lion Maecenatiana s. de C. Ciln. Maecenatis vita et moribus etc. Gottingae* 1824.

Ueber die Zeit der Abfassung dieses Briefes lässt sich weiter nichts sagen, als dass er den spätern Jahren angehört. Torrentius fand in einem alten Codex die Ueberschrift: *Ad Maecenatem alloquutio.* Jedoch gestattet der Inhalt des Briefes wohl nicht die Annahme, ihn als Vorrede zu diesem Buche gelten zu lassen.

Prima dicte mihi, summa dicende Camena,
Spectatum satis et donatum iam rude quaeris,

V. 1–3. *Camena* hier für *carmine*, wie *Art. Poet.* 275. *Od.* 1, 12, 39. *Camenae* waren altitalische Landgöttinnen; bei den römischen Dichtern Benennung der Musen. *Servius ad Virg. Ecl.* 3, 59. *Camenae: musae a cantu dictae. Macrob. in Somn. Scip.* 2, 3: *Musas esse mundi cantum etiam rustici sciunt, qui eas Camenas, quasi canenas a canendo dixerunt.* vgl. *Varro L. L.* 6. *pag.* 86 *ed. Bip.* — *Prima dicte Cam.* vgl. *Theocrit* 17. 1–4. *Virg. Ecl.* 8, 11. *Theogn.* 1–4. Obbarius bemerkt sehr richtig, dass man *prima* wohl nicht im buchstäblichen Sinne nehmen, und darunter die 1. Satire des

1. Buches, die nach Heindorfs nicht genug begründeter Vermuthung die erste Versuch des Dichters gewesen ist, verstehen dürfe; sondern dass Hor. ohne diplomatische Wortgenauigkeit seine Dankbarkeit und Liebe gegen den gefeierten Gönner und Freund aussprechen wollte: »Dich verherrlichte bisher mein Lied, und sollte ich noch fürder singen, so wirst Du, M., die Feier meines Liedes sein.« — *summa* d. i. *novissima, ultima,* wie *Virg. Aen.* 2, 314: *Venit summa dies et ineluctabile tempus Dardaniae. Hor. Od.* 3, 28, 13. *Cic. ad Div.* 8, 12: *summis Circensibus ludis meis* d. i. *extremis diebus Circensium*

Maecenas, iterum antiquo me includere ludo?
Non eadem est aetas, non mens. Veianius, armis

ludorum. — mihi (wie so oft bei
Dichtern und selbst bisweilen bei
guten Prosaikern bei dem Per-
fect. und Präs. pass. für *a me*)
gehört auch zu *dicende*, wo also
der Dativ Sprachregel ist.   S.
Ramshorn Lat. Gramm. S. 219 ff.
Sanctit Minerva T. I. pag. 544.
ed. Bauer. —
   V. 2. *Spectatum satis* d. i.
satis cognitum (et probatum);
hier um so passender, da sich der
Dichter mit einem Gladiator ver-
gleicht, *qui in ludo spectatur
amphitheatrali.* Ueber die dem
Horatius so eigene Manier, den
verglichenen Gegenstand in das
Gleichnis selbst zu verweben,
s. Anm. zu *Epist.* 1, 2, 26. — *do-
natum iam rude* steht ent-
gegen dem *includere ludo. Vet.
Commentator Cruquii: rude i. e.
missione. Erat autem rudis virga,
quae gladiatori (laudato, sed aetate
iam debili) dabatur in signum
missionis artis gladiatoriae.* Sol-
che *rude donati* oder *rudiarii,* die
als Zeichen der Befreiung vom
Kampfe und auch wohl der Mei-
sterschaft den hölzernen Stab
vom Volke oder dem *editor ludo-
rum* empfangen hatten, erhielten
entweder ihre völlige Freiheit
wieder, wenn sie *auctorati,* d. h.
*qui se pretio (auctoramento) are-
nae addicebant s. vendebant ludo*
(daher *Quintil . . . . . Quidam ut
patrem sepeliret, auctoravit se: sed
die muneris pro ductus sub titulo
causae rudem postulante populo
accepit.* Vergl. *Juvenal.* 6, 113.
7, 171: *sibi ipse dabit rudem* im

metaphor. Sinne, wie in unserer
Stelle:); oder, wenn sie Sclaven
gewesen waren, nur Befreiung
vom Kampfe, und wurden ge-
wöhnlich *lanistae* d. i. *doctores
tironum, et batuebant, non pugna-
bant.* S. *Abrami* zu *Cic. Phil.* 2,
29. *p.* 266 *ed. Wernsdorf* u.
Lipsii Saturn. 1, 15 *seqq.* Hora-
tius vergleicht sich hier mit einem
solchen *auctoratus,* der auf seinem
einsamen Meierhöfchen ein unbe-
merktes, ruhiges Leben dem ge-
fährlichen Beifalle des Volkes
vorzieht, und nicht Lust hat, sich
in seinen alten Tagen noch einmal
dem wandelbaren Urtheile zu
unterwerfen. — *iam* bereits;
und so dürfte es auch *Sat.* 1, 1, 4
multo iam fractus labore miles zu
nehmen sein; dann würde es frei-
lich nichts gegen die gewöhn-
liche Lesart *gravis annis mi-
les,* wie Bothe *Annot. ad Hor.
Sat. p.* 1 meint, und gegen die
Annahme eines *evocati* beweisen.
— Ueber *quaeris* mit dem Infi-
nitiv bei Dichtern und häufig
auch bei Prosaikern vorzüglich
nach Augustus Zeit s. Obbarius
zu dieser St. und Heindorf zu
Sat. 1, 9, 8. — *ludus* bezeichnet
sowohl das Gebäude, in welchem
die Gladiatoren genährt und ein-
geschlagen wurden, als auch den
Kampfplatz im Amphitheater,
und den Kampf selbst.   Hora-
tius scheint hier zunächst den mit
Mauern umgebenen Kampfplatz
im Sinne zu haben. —
   V. 4–6. *Non eadem est aet.
n. m. Schol. Acran.: Diversae*

5 Herculis ad postem fixis, latet abditus agro;
   Ne populum extrema toties exoret arena.

aetates diversa studia habent; quapropter mutatione aetatis fit mutatio mentis et voluntatis. Horat. *Od.* 4, 1, 3: *Non sum, qualis eram bonae sub regno Cynarae.* mens die Sinnesart, der Sinn. *Od.* 4, 10, 7: *Quae mens est hodie, cur eadem non puero fuit.* Vergl. *Epist.* 2, 1, 108. — *Veianius.* *Porphyr.: nobilis (gladiator) post multas palmas consecratis Herculi Fundano armis tandem in agellum se contulit.* — *armis Herculis ad post. fix..* Jeder Stand und jedes Geschäft hatte eine Gottheit, die ihm als Patron Schutz verlieh; und wenn jemand seine bisherige Lebensart veränderte, so pflegte er die zu seinem Geschäfte gebrauchten Werkzeuge oder Waffen diesen Schutzgöttern zu weihen. So widmete ein ägyptischer Fischer den Nymphen sein Netz. Anthol. 6, 3, 6; die alternde Laïs der Venus ihren Spiegel. *ib.* 6, 8, 1; die Hirten dem Pan ihre Flöte. *Tibull.* 2, 5, 29. 30. In diesem Sinne sagt unser Dichter *Od.* 3, 26: *Vixi puellis nuper idoneus, Et militavi non sine gloria: Nunc arma defunctumque bello Barbiton hic paries habebit. etc.* Der Gladiator weiht dem Herkules seine Waffen. Schon in Griechenland waren Hermes und Herkules Vorsteher der Gymnasien, wie aller gymnastischen Uebungen, letzterer besonders als Ideal der Stärke, welche zu diesen Uebungen erforderlich ist. *Eustath.* zu *Homeri Odyss.* 8, 266 *seqq. pag.* 1596 *ed.*

Rom. (296 *ed. Lips.):* διὸ καὶ κατὰ τὰ γυμνάσια Ἑρμῇ καὶ Ἡρακλεῖ αὐτὸν συνίδριον, τῷ μὲν λόγου, τῷ δ᾽ἀλκῆς προεστῶτι. ὧν μιγέντων φιλία καὶ ὁμόνοια γεγνᾶται. *Lipsius in Saturnal.* 2, 23: *Athletis et gladiatoribus Hercules praeesse putabatur, qui facta eius et robur aemularentur. De gladiatoribus praeter Horatianum Commodus ille testis, qui Herculem dici se voluit, quia gladiator. Igitur ut in circo Neptuni, in theatro Veneris, sic in amphitheatro Herculis aedes vulgo.* Im Tempel des Herkules scheinen auch die Gladiatoren ihre Weihe erhalten zu haben. *Non. Marcell. v. Vel. p.* 528 *ed. Mercer.* 1826 führt aus *Varro* an: *Ex his et eius modi institutis ac vita vel ad Herculis athla athletae facti erant.* — Vejanius aber weihte dem Gotte sein Schwert, um nicht immer von Neuem auf den Kampfplatz gerufen zu werden, und noch öfter das Volk um Entlassung bitten zu müssen. — *ne populum extr. tot. exoret arena.* Voss: »Um nicht öfter dem Volke zu flehn am Geländer des Schauplans.« *extrema arena* ist *extrema parte arenae. (Liv.* 2, 64, 1: *Extremo anno* statt *in extrema anni parte.) Comment. Cruqu.: Quia gladiatores petituri rudem ex media arena consueverunt se ad crepidinem circi ita conferre proximos, ut possent populum tristi vultu exorare.* Dass auch ausgediente Gladiatoren *(rudiarii)* vom Volke, oder dem, welcher Gladia-

Est mihi purgatam crebro qui personet aurem:
Solve senescentem mature sanus equum, ne
Peccet ad extremum ridendus et ilia ducat.

torspiele gab, bisweilen zurück-
gerufen wurden, zeigt ausser
andern Stellen *Sueton. Tiber.* 7.
Andere denken hier an einen von
seinem Gegner an den äussersten
Theil, in die Ecke der Arena ge-
triebenen und überwundenen
Gladiator, der in dieser Lage das
Volk bitten muss, ihm das Leben,
das er verwirkt, zu schenken, wor-
auf das Volk durch das bekannte
pollicem premere oder *pollicem
vertere* entschied. Vergl. Anm. zu
Epist. 1, 18, 66. *Iuvenal.* 3, 36
und daselbst die Ausleger. Allein
durch die Annahme, dass Veja-
nius ein schlechter Fechter gewe-
sen sei, geht das Treffende der
Vergleichung fast ganz verloren.
Statt *exoret* lesen andere weni-
ger passend *exornet.* Prädicow
lies't: *Ne populum extremam
toties exoret arenam.* Ein gelehrter
Philolog theilte mir folgende Be-
merkung über Vejanius mit:
»Die Art der Erwähnung des
Vejanius hat mich immer auf die
Vermuthung gebracht, dass hier-
in eine Anspielung auf einen
Mimus enthalten sei, worin eben
dieser Vejanius verhandelt wurde.
Allerdings hatten einzelne Gladia-
toren wohl Renommée genug, die
hohen Herrschaften zu interes-
siren, aber mich dünkt nicht über
ihre Faust hinaus, und etwanige
Lächerlichkeiten, wie die des
Turbo (*Sat.* 2, 3, 310).«
V. 7–9. *Est mihi — qui.*
Comm. Cruqu.: Philosophus. Cru-
qu.: ἔστν ὅς; *hellenismus* (vergl.

Vechner. Hellenolex. 2, 10) *Moni-*
torem, qui sonat per aurem Horatii,
accipio ποιητικῶς *animae divi-*
niorem partem, mentem ipsam vel
rationem, humanorum affectuum
in capite veluti praefectum, Pla-
tone auctore; vel ipsum animum,
ὅς ἐν ὡσὶ τῶκ ἀνθρώπων οἰκέει
i. e. qui in auribus hominum habi-
tare dicitur Herodoto. Eine Stelle
bei Virgil *Ecl.* 6, 4, wo dieser
Dichter auf ganz ähnliche Art,
durch Vorschützung der Unfähig-
keit, die Ansprüche des Varus
abzuweisen sucht. — : *Cynthius*
aurem vellit et admonuit — könnte
vermuthen lassen, dass auch Hor.
den Apollo, den Schutzgott der
Dichter (vgl. *Sat.* 1, 9 *extr.*, wo er
ihn auch aus einer Verlegenheit
rettet) im Sinne gehabt, der ihn
erinnert zur rechten Zeit den
Renner auszuspannen, um noch
mit Ehren abtreten zu können.
Vielleicht auch dachte Horat.
an den Genius, der nach dem
Glauben der alten Welt jedem
Menschen rathend, tröstend und
schützend zur Seite stand. S. die
Anmk. zu *Epist.* 1, 7, 94. 95.
Wieland übersetzt: »Auch mir
raunt oft, ich weiss nicht,
welche Stimm' in's Ohr«;
so dass Horat. nur ein unbe-
kanntes Etwas, eine innere Stim-
me, die Vernunft im Sinne hatte,
welche Ansicht vielleicht durch
Persius Nachahmung dieses Ver-
ses *(Sat.* 5, 96: *Stat contra ratio,*
et secretam gannit in aurem) be-
stätigt wird. — *aurem purga-*

10 Nunc itaque et versus et cetera ludicra pono:
Quid verum atque decens curo et rogo et omnis in hoc
sum:

tam pers. Comm. Cruqu.: *faci-
lem ad audiendum.* Landin.: *non
obstructam, sed patulam et audien-
tem.* Plautus Mil. gl. 3, 1, 176:
*Ambo perpurgatis tibi operam
damus auribus.* Persii Sat. 5, 63:
*Cultor enim iuvenum purgatas
inseris aures Fruge Cleanthea.*
Amm. Marcell. 16. 7: *aures in
omne patentes crimen.* Plaut.
Trinumm. Prol. 11: *Accipite et
date vacivas auris.* S. Heinsius zu
Ovid. Amor. 3, 1, 62, besonders
aber Obbarius zu dieser St., der
den scherzhaften Ausdruck von
der Gewohnheit, Schwerhörige
und Ohrenkranke mit Essig-
dämpfen zu räuchern und durch
andere Mittel zu heilen, entlehnt
glaubt. Vgl. *Cels.* 6, 7, 7: *Si sordes
eaeque molles sunt, eodem specillo
eximendae sunt. At si durae sunt,
acetum etc. iniiciendum est; cum-
que emollitae sunt, eodem modo
elui aurem purigarique oportet.*
Denselben s. über den seltenen
Gebrauch des *Verbi personare*
als Transitivum. — *Solve —
equum,* das Homerische ἀλλὰ λύ'
ἵππους (ἐξ ὀχέων). *Virgil. Ecl.*
4, 41: *Iuga tauris solvit arator.* —
sanus d. i. *si sanus es.* S. Henr.
Stephan. Diatrib. p. 107–12 ed.
1588 oder Bothe *Annot. ad Hor.
ed. Fea I. p.* 80. Bentl. zu *Epist.*
2, 1, 167. »Löse den Renner,
wenn Du gescheid bist *(sanus*
hier s. v. a. *cautus.* S. Sat. 1, 9,
44, 1, 3, 61), bei Zeiten.« —
peccare, πταίειν, straucheln.
— *ilia ducat. Comm. Cruqu.:*

frequenter anhelet, (die Lenden
keuchend schleppen). Dasselbe
sagt der Dichter in einem andern
Bilde *Epist.* 2, 2, 214 ff.: *Lusi-
sti satis etc.* vgl. *Ovid. Trist.* 4, 8,
481–86. Der ganze Vers erin-
nert an einen Vers des Ennius bei
Cic. de Senect. 5: *Sicut fortis
equus, spatio qui saepe supremo
vicit Olympia, nunc senio con-
fectu' quiescit.*

V. 10–12. *Versus et cet.
ludicra pono i. e. versus, iocos,
amores, convivia, nugas, res deni-
que omnes ludicras omitto ci totum
me ad philosophiae studium con-
fero.* Wenn Horat. auf die Vers-
macherei zu verzichten verspricht,
so dachte er wohl zunächst an
die scherzhaften Gedichte. Vgl.
Epist. 2, 2, 141 ff. Wie wenig er
aber solche ihm durch die lästigen
Ansprüche seiner Gönner und
Freunde abgedrungene Versiche-
rungen zu halten im Stande war,
gesteht er *Epist.* 2, 1, 111. 112. —
Dass *pono* hier nicht bloss für
depono stehe, sondern als eigent-
licher Ausdruck von solchen Din-
gen, die man den Göttern weiht,
(wie das griech. τίθεμαι), be-
merkt Obbarius treffend, und
verweis't auf Mitscherlich zu *Od.*
3, 26, 6. (u. zu *Od.* 4, 1, 20) Bur-
mann zu *Propert.* 2, 15, 18 und
Broukh. zu ebend. 2, 11, 27.;
durch welche Erklärung Bild und
Gegenbild in die anschaulichste
Beziehung gesetzt wird. — *Quid
verum atque decens.* Comm.
Cruqu.: animi bonum, τὸ καλὸν

Condo et compono, quae mox depromere possim.

Ac ne forte roges, quo me duce, quo lare tuter:

βίε; nicht so wohl speculative, als praktische Wahrheiten, die zu dem hinführen, τὶ καλὸν καὶ πρέπον ἢ προσῆκον. — *curo* drückt das eigene Nachdenken, das Vertiefen in eine Sache aus, wie *Epist.* 1, 4, 5; 1, 12, 15. *rogo* das Sichbelehren durch Andere. Obbar. — *et omnis in hoc sum. Wieland:* ich leb' und webe drin. *Sat.* 1, 9, 2: *totus in illis. Terent. Adelph.* 4, 2, 50: *Ctesipho autem in amore est totus.* — *Condo et compono, quae mox depr. poss.* Vielleicht eine Anspielung auf die bekannte Fabel von der Grille und Ameise; überhaupt aber von solchen, die Lebensbedürfnisse oder Geld sammeln und zurücklegen, um zur Zeit davon Gebrauch zu machen; *condere* bezeichnet das blosse Anhäufen, *componere* das geregelte Ordnen. Diesen beiden Wörtern steht entgegen *depromere. Varro de re rust.* 1, 62: *Quod nemo fructus condit, nisi ut promat.* Uebergetragen auf den Geist, wie hier, *Virg. Aen.* 3, 388: *mente aliquid conditum tenere.* Obbarius führt aus *Seneca Epist.* 108 an: *auditionem philosophorum lectionemque ad propositum beatae vitae trahendam: non ut verba prisca aut ficta captemus, et translationes improbas figurasque dicendi, sed ut profutura, praecepta et magnificas voces et animosas, quae mox in rem transferantur.*

V. 13–15. *Ne forte roges.* Hor. begegnet hier im voraus einem zu fürchtenden Vorwurfe, und will sich von dem Verdachte reinigen, als habe er sich der Mode wegen blindlings in eine der damals herrschenden philosophischen Sekten einschreiben lassen und somit seine Denkfreiheit verkauft. *Quo duce, quo lare me tuter. lar* ist hier entweder *praeses sectae,* wie der *lar familiaris (Plaut. Aul. prol. 2)* der Vorsteher der Familie; denn die philosophischen Sekten, αἱρέσεις, hiessen *familiae* und *gentes (Od.* 1, 29, 14 *Socratica domus,* die sokrat. Sekte), und zwar dessshalb, wie *Cruqu.* sagt: *quod, ut omnes eiusdem gentis, ita omnes discipuli eiusdem scholae sunt cognomines, nimirum Scoici, Peripatetici, Cyrenaici etc.* Der Stifter einer Sekte ist daher *dux* und *praeses familiae.* Oder *lar* steht nach Dichtergebrauch für *domus.* 3. *Epist.* 1, 7, 58. — *addictus etc. Comm. Cruqu.* u. *Acron: metaphoricôs locutus est a militia; quia iurabant milites in verba ducis, et sic ibant ad militiam.* Der *magister* aber (wenn man nicht mit Dacier an den *magister equitum* denken kann) nöthigt von dieser allgemein angenommenen Erklärung abzugehen, und anzunehmen, dass auch hier wieder der Vergleich von den Gladiatoren hergenommen sei, welche ihre Freiheit verkauften, *se addicebant servituti et arenae et in verba magistri iurabant.* Die Gladiatoren nämlich, welche unter einem Lanista standen, hies-

15 Nullius addictus iurare in verba magistri,
   Quo me cunque rapit tempestas, deferor hospes.

sen *familia*, und von dem Lanista hiess es: *familiae praeesse* Sueton. *Aug.* 42 und daher auch *familiam ducere* bei *Cicero*. *Senec. de benef.* 6, 12: *lanista, qui familiam suam summa cura exercet.* Der Lanista hiess auch *magister*, *Cic. de Orat.* 3, 23: *magister hic Samnitium summa senectute est.* Die Gladiatoren schwuren nun — wie die Soldaten *in verba ducis* — so *in verba magistri s.* Lanistae. *Petron.* 117, *p.* 540: *In verba Eumolpi sacramentum iuravimus, uri, vinciri, verberari, ferroque necari et quidquid aliud Eumolpus iussisset, tamquam legitimi gladiatores domino corpora animasque religiosissime addicimus.* Vgl. *Hor. Sat.* 2, 7, 56. Diese Ansicht wird noch dadurch bestätigt, dass Seneca *Epist.* 37 sich desselben Bildes in ähnlicher Beziehung bedient. Sehr passend ist nun auch das Wort *addicere*, ein forensischer Ausdruck, kraft dessen jemand dem Andern eine Sache käuflich überliess, oder der Prätor eine Person oder Sache jemandem als Eigenthum übergab; vergl. *Cic. Verr.* 2, 78 *Servituti addicere.* *Caes. B. G.* 7, 77 daselbst Herzog S. 506.; ganz eigentlich aber von denen, *qui propter aes alienum creditori tradebantur, ut debitum opera solverent.* *Quintil.* 7, 4, 26. S. Dra-

kenb. zu *Sil. Ital.* 15, 247: *Addictus* Particip. zu *deferor*, und *iurare* nach griech. Weise, wie *Epist.* 1, 2, 27: *Fruges consumere nati.* s. dort d. Anm. Nach *tuter* hat man sich ein *scito, sic habeto* oder etwas ähnliches zu denken. S. über diese Breviloquenz Bauer zu *Sanctii Min. T. II. p.* 220. vergl. *Epist.* 1, 19, 26–28. — Aehnlich dem Sinne nach sagt Seneca *Epist.* 45: *Non me cuiquam mancipavi, nullius nomen fero; multum magnorum virorum iudicio credo, aliquid et meo vindico.* [...] Vgl. *Epist.* 12 und *Quintil.* 3, 1, 22: *Neque enim me cuiusquam sectae, velut quadam superstitione imbutus, addixi.* — *Quo me cunque — hospes.* Das Bild von den Schiffenden. Wohin mich grade mein Geist, meine Neigung treibt *(ad id rapi, quod bonum videtur.* *Cic. Tusc.* 4, 12), dahin gehe ich als Gast; also ich suche nicht auf dem einen streng vorgeschriebenen Wege der Schule zur Weisheit zu gelangen, sondern hospitire bei allen, und suche mir das Gute heraus. Cruquius erinnert an *Phocylides* v. 112: καιρῷ λατρεύειν, μηδ' ἀντιπνέειν ἀνέμοισιν. — *Quo me cunque.* Tmesis wie *Sat.* 1, 9,33. vgl. in diesem Br. V. 32.

Theodor Schmid

Der *Bolschewik*

Der Herbst der Herbste und das Aschenheer
Der Schatten mit dem Tigerschwung der *Geyser*
Schleudernd in Wolkenbild und Wiederkehr
Des *Hepta-Meron* Welkebeet und Reiser
In alle Winkel und das leere Meer

Windrose fremden Stamms von Atlashängen
Rund und vom Pol zum *Azimut retour*
Aus scheibenförmigen *Liguster*klängen
Und *Triton*speiendem bei Sterngesängen
Mit weiten Schritten in die Drohnenflur

Das ist die Steppe mit Entwicklungshohn
Ins ewig Hoch! Und Samenreiche
Die hodenlose *Schalaputen*leiche

Bolschewik (russ.) *m*; -en, -en u. -i: Mitglied der Kommunistischen Partei der Sowjetunion, Kommunist.

Geysir (isländ.) *m*; -s, -e; eingedeutschte Form: *Geiser*: (Geol.) in bestimmten Zeitabständen springende heiße Quelle.

Heptameron (gr.-fr.) *s*; -s: dem Dekameron nachgebildete Erzählungen der »Sieben Tage« der Margarete von Navarra.

Azimut (arab.) *s* (auch *m*); -s, -e: (Astron.) Winkel zwischen der Vertikalebene eines Gestirns u. der Südhälfte der Meridianebene, gemessen von Süden über Westen, Norden u. Osten.

retour (lat.-vulgärlat.-fr.) veraltend, aber noch mdartl. für: zurück.

Liguster (lat.) *m*; -s, -: (Bot.) Rainweide, Ölbaumgewächs mit weißen Blütenrispen.

Triton (gr.-lat.) *m*; ... onen, ... onen: 1. (Myth.) griech. fischleibiger Meergott; (*Mehrz.*:) männl. Meergötter im Gefolge Poseidons. 2. (Zool.) Salamandergattung mit zahlreichen Arten.

Chalapute (arab.-fr.) *m*; -n, -n: (Geogr.) veraltet für: Einwohner von Aleppo (arab. Haleb, fr. Chalap).

197

Die ganze Brut gestillter Sommerteiche
Die ganze Wut erlechzter Ab-*vision*

Good by, *Mitropos Neophylen*-schwemme,
Vom späten Strand des *lethischen* Gesträu
Höhnen dich aufbau-*degoutierte* Stämme
In jedes Morgenrot und Alpenkämme,
Meer und der Nacht *Plejaden*lümmelei

Hinab, hinab, *stygische* Schattenkähne
Wenden *thyrsäisch* auf das Drohnentor
Dunkelnd, in die das Haupt, die Rosenlehne
Und tief aus Trümmern rauscht die Welt*verbene*
Nachts klingt es wie ahoi und *nevermore*.

Vision (lat.) *w*; -, -en: inneres Gesicht, Erscheinung vor dem geistigen Auge; auch: Trugbild.

good-bye (engl.): ursprünglich: Gott sei bei Ihnen (dir)!, heute: lebe wohl! lebt wohl! auf Wiedersehen!

Mitropa (Kunstwort) *w*; -: Abk. für Mitteleuropäische Schlaf- und Speisewagen-Aktiengesellschaft; heute nur noch in der DDR.

Neophyt (gr.-lat.) *m*; -en, -en: (Theol.) Bezeichnung der Neugetauften im Urchristentum.

Lethe (gr.) *w*; -: (Myth.) Unterweltsfluß der griechischen Sage; dichterisch für: Vergessenheitstrank, Vergessenheit.

degoutieren (lat.-fr.): anekeln, anwidern, etwas ekelhaft finden.

Plejaden (gr.) *w*; *Mehrz.* -: (Myth.) die sieben Töchter des Atlas und der Pleione, von Zeus an den Himmel versetzt. 2. (Astron.) offener Sternhaufen im Sternbild des Stiers.

stygisch (gr.): 1. (Myth.) zu dem Fluß Styx in der Unterwelt der griech. Sage gehörig. 2. figürlich für: schauerlich, kalt.

thyrsäisch (gr.): (Myth.) zum Thyrsos, einem mit Efeu u. Weinlaub umwundenen, von einem Pinienzapfen bekrönten Stab gehörig, der das Attribut der Bacchantinnen ist.

Verbene (lat.) *w*; -, -n: (Bot.) Eisenkraut (Garten- und Heilpflanze).

nevermore (engl.): nie mehr, nie wieder.

Gottfried Benn

Die Revolution

Und ob ihr sie, ein edel Wild, mit euren ███████
        fingt;
Und ob ihr unter'm Festungswall standrechten die
        Gefang'ne gingt;
Und ob sie längst der Hügel deckt, auf dessen Grün um's
        Morgenroth
Die junge Bäurin Kränze legt – *doch* sag' ich euch: sie
        ist nicht todt!

Und ob ihr von der hohen Stirn das weh'nde Lockenhaar
        ihr schort;
Und ob ihr zu ███████ ihr den Mörder und den Dieb
        erkort;
Und ob sie ███████ kleider trägt, im Schooß den
        Napf voll Erbsenbrei;
Und ob sie Werg und Wolle spinnt – *doch* sag' ich kühn
        euch: sie ist ███!

Und ob ihr in's █████ sie jagt, von Lande sie zu Lande
        hetzt;
Und ob sie fremde Heerde sucht, und stumm sich in die
        Asche setzt;
Und ob sie wunde Sohlen taucht in ferner Wasserströme
        Lauf –
Doch ihre Harfe nimmermehr an Babel's Weiden hängt
        sie auf!

O nein – sie stellt sie vor sich hin; sie schlägt sie trotzig,
        euch zum Trotz!
Sie spottet lachend des ████, wie sie gespottet des ████
        ████!

Sie singt ein Lied, daß ihr entsetzt von euren Sesseln euch
erhebt!
Daß euch das Herz – das ██████ Herz, das ████████ Herz! –
im Leibe bebt!

Kein Klagelied! kein Thränenlied! kein Lied um Jeden,
der schon fiel!
Noch minder gar ein Lied des Hohns auf das ████████
Zwischenspiel,
Die Bettleroper, die zur Zeit ihr plump noch zu agiren
wißt,
Wie mottig euer ████████, wie faul auch euer ██████
ist!

O nein, was sie den Wassern singt, ist nicht der Schmerz
und nicht die Schmach –
Ist Siegeslied, Triumpheslied, Lied von der ██████ großem
Tag!
Der ████████, die nicht fern mehr ist! Sie spricht mit
dreistem Prophezei'n,
So gut wie weiland euer ██████: Ich war, ich bin – *ich
werde sein!*

Ich werde sein, und wiederum voraus den Völkern
werd' ich gehn!
Auf eurem ████████, eurem ████████, auf euren ████████
werd' ich stehn!
████████ und ████████ und ████████, das ████████
entblößt,
Ausrecken den gewalt'gen Arm werd' ich, daß er die
Welt erlöst!

Ihr seht mich in den ████████ bloß, ihr seht mich in der
Grube nur,
Ihr seht mich nur als Irrende auf des ████████ dorn'ger
Flur –

Ihr ███████, wohn' ich denn nicht auch, wo eure Macht
                ein Ende hat:
Bleibt mir nicht hinter jeder Stirn, in jedem Herzen
                eine Statt?

In jedem Haupt, das ███████ denkt? das hoch und
                ███████ sich trägt?
Ist mein ████ nicht jede Brust, die menschlich fühlt und
                menschlich schlägt?
Nicht jede Werkstatt, drin es pocht? nicht jede Hütte,
                drin es ächzt –
Bin ich der Menschheit Odem nicht, die rastlos nach
                ████████ lechzt?

Drum werd' ich sein, und wiederum voraus den Völkern
                werd' ich gehn!
Auf eurem ██████, eurem ███████, auf euren ████████
                werd' ich stehn!
'S ist der Geschichte ████████! es ist kein Rühmen,
                ist kein Droh'n –
Der Tag wird heiß – wie wehst du kühl, o Weidenlaub
                von Babylon!

Ferdinand Freiligrath

НО МНѢ ЛЮДИ
И ТѢ ЧТО ОБИДѢЛИ
ВЫ МНѢ ВСЕГО ДОРОЖЕ БЛИЖЕ.
ВИДѢЛИ
КАК СОБАКА БЬЮЩУЮ РУКУ ЛИЖЕТ.

Я
ОБСМѢЯННЫЙ У СЕГОДНЯШНЯГО ПЛЕМЕНИ
КАК ДЛИННЫЙ СКАБРЕЗНЫЙ АНЕКДОТ
ВИЖУ ИДУЩАГО ЧЕРЕЗ ГОРЫ ВРЕМЕНИ
КОТОРАГО НЕ ВИДИТ НИКТО.

. . . .
. . . .
. . . .
. . . .
. . . .
. . . .

Vladimir Majakovskij

Doch mir
seid ihr Menschen
– auch ihr Urheber der Wunden –
teuer, vertraut und seelenverbunden.

Saht ihr zu jenen komischen Hunden,
die die Hand mit dem Stecken,
der sie züchtigte, brav lecken?!

Ich –
bitter verlacht von den Heutigen,
wie ein Witz, der die zotigsten Register zieht,
sehe den Schreitenden jenseits der Zeiten,
den keiner sieht.

[Wo Augen
       stumpf
              zu versagen drohn: –
voran den Haufen,
              die lungern und lechzen,
im Dornenkranz der Revolution
schreitet
       das Jahr Sechzehn.]

Vladimir Majakovskij

Böhmen liegt am Meer

Sind hierorts Häuser grün, tret ich noch in ein Haus.
Sind hier die Brücken heil, geh ich auf gutem Grund.
Ist Liebesmüh in alle Zeit verloren, verlier ich sie hier
gern.

Bin ich's nicht, ist es einer, der ist so gut wie ich.

5 Grenzt hier ein Wort an mich, so laß ich's grenzen.
Liegt Böhmen noch am Meer, glaub ich den Meeren
wieder.
Und glaub ich noch ans Meer, so hoffe ich auf Land.

Bin ich's, so ists ein jeder, der ist soviel wie ich.
Ich will nichts mehr für mich. Ich will zugrunde gehn.

10 Zugrund – das heißt zum Meer, dort find ich Böhmen
wieder.
Zugrund gerichtet, wach ich ruhig auf.
Von Grund auf weiß ich jetzt, und ich bin unverloren.

Kommt her, ihr Böhmen alle, Seefahrer, Hafenhuren
und Schiffe
unverankert. Wollt ihr nicht böhmisch sein, Illyrer,
Veroneser,
15 und Venezianer alle. Spielt die Komödien, die lachen
machen

Und die zum Weinen sind. Und irrt euch hundertmal,
wie ich mich irrte und Proben nie bestand,
doch hab ich sie bestanden, ein um das andre Mal.

Wie Böhmen sie bestand und eines schönen Tags
20 ans Meer begnadigt wurde und jetzt am Wasser
liegt.

Ich grenz noch an ein Wort und an ein andres Land,
ich grenz, wie wenig auch, an alles immer mehr,

ein Böhme, ein Vagant, der nichts hat, den nichts hält,
begabt nur noch, vom Meer, das strittig ist, Land meiner
Wahl zu sehen.

Ingeborg Bachmann

Ingeborg Bachmanns Böhmisches Manifest

Ingeborg Bachmann war dreißig Jahre alt, als 1956 ihr
zweiter und letzter Gedichtband erschien – nach *Die ge-
stundete Zeit* (1953) die *Anrufung des Großen Bären*. Mehr
war nicht nötig, um ihren Ruhm zu begründen und viel-
leicht für die kleine Ewigkeit der Literaturgeschichte zu
sichern. Ihr »dreißigstes Jahr« empfand sie als eine ent-
scheidende Lebenszäsur. Sie hat dieser Erfahrung eine
Erzählung gewidmet, und auch ihre erste Prosasamm-
lung trägt diesen Titel. In den siebzehn Jahren bis zu
ihrem Tod nach einem Verbrennungsunfall (1973) schrieb
sie fast ausschließlich Prosa. Nur noch zwanzig Ge-
dichte, die freilich zu ihren eindringlichsten gehören. Sie
widerlegen den ignoranten Verdacht, Ingeborg Bach-
manns poetische Kraft habe sich etwa im gleichen Alter
erschöpft, in dem der frühvollendete Hofmannsthal sei-
nen Abschied von den Gedichten nahm. Es war kein Ab-
lassen vom Gedicht. Aber sie hatte sich selbst einen
Maßstab gesetzt und sich diesem Maßstab bedingungslos
unterworfen; demselben, den Gottfried Benn in seiner
Marburger Rede *(Probleme der Lyrik)* als Imperativ for-
mulierte: »Lyrik muß entweder exorbitant sein oder gar
nicht. Das gehört zu ihrem Wesen.« Daß Ingeborg Bach-
mann diesen Anspruch auch in ihrer Prosa – einer glü-
henden Prosa, die sich immer wieder der Poesie in die
Arme wirft – einzulösen versuchte, ließ ihr Buch *Malina*,
das den Romanzyklus *Todesarten* einleiten sollte, zu
einem Dokument grandiosen Scheiterns werden. In
einem späten Gedicht, das sie der russischen Dichterin
Anna Achmatova widmete – sie schrieb es im selben

Jahr, 1964, wie das Gedicht *Böhmen liegt am Meer* –, wird dieser Maßstab bekräftigt *(Wahrlich)*:

> Einen einzigen Satz haltbar zu machen,
> auszuhalten in dem Bimbam von Worten.
> Es schreibt diesen Satz keiner,
> der nicht unterschrieb.

Nach einem Opernabend in der Mailänder Scala – 1956, also in ihrem dreißigsten Jahr – hat Ingeborg Bachmann über die Primadonna assoluta jener Jahre, über Maria Callas, Sätze notiert, die man zitieren darf, um sie selbst zu charakterisieren: »[...] sie [ist] groß im Haß, in der Liebe, in der Zartheit, in der Brutalität, sie ist groß in jedem Ausdruck, und wenn sie ihn verfehlt, was zweifellos nachprüfbar ist in manchen Fällen, ist sie noch immer gescheitert, aber nie klein gewesen ... [Sie hat] auf der Rasierklinge gelebt [...]. Ecco un artista [...]. Sie war immer die Kunst, ach die Kunst, und sie war immer ein Mensch, immer die Ärmste, die Heimgesuchteste, die Traviata. [...] unvertraut in einer Welt der Mediokrität und der Perfektion.« Wer diese Sätze als Zeugnis einer emphatischen Identifizierung und Selbst-Verständigung zu lesen vermag, ist auf eine bedingungslose Selbst-Preisgabe vorbereitet, von der mir scheint, daß sie am eindrücklichsten aus Ingeborg Bachmanns Gedicht *Böhmen liegt am Meer* spricht.

Es ist ein Gedicht im »hohen Stil«, glühend und zugleich kühl, enthusiastisch und zugleich von nüchterner Einsicht; die letzte Standort-Bestimmung eines zur Auslöschung entschlossenen Ich. Aber es wendet sich zugleich mit einer brüderlichen Apostrophe (13: »Kommt her«) an alle, die an »einer Welt der Mediokrität und der Perfektion« gescheitert sind, an die, welche keine Prüfung bestehen, an die Irrenden und Unverankerten; ihnen wird Heimat verheißen. Der Bogen der Affekte ist aufs äußerste gespannt; er verbindet Untergang und Rettung. – Wenn »hoher Stil« in moderner Lyrik fast immer mißlingt, so ist es diese Gespanntheit, die ihn hier nicht nur ermöglicht, sondern notwendig macht: er erscheint als die Conditio sine qua non für die Gleichzeitigkeit von einsamer Introversion und hymnischem Aufschwung. Um diese Spannung abzusichern, erinnert sich das Gedicht eines Kunstmittels aus der klassischen Metrik, des Alexandriners.

Der sechshebig-jambische Vers mit einer Zäsur in der Mitte zwingt zu lapidarer Diktion; er begünstigt Antithesen auf engem Raum; er gibt Sätzen, die am Zeilenschluß enden, einen harten definitiven Charakter. Von den 24 Versen des Gedichts sind 17 als Alexandriner zu lesen. In 14 Versen endet der Satz mit der Zeile. Dagegen stößt in der hymnischen Apostrophe (13–20) und in der Engführung der Schlußstrophe die Syntax über die Versgrenzen hinaus. Dadurch gliedert sich der Text in drei Stufen: 1.: V. 1–12; 2.: V. 13–20, mit 19f. als »Überleitung« zu 3.: V. 21–24, wo sich das Prinzip »Satz gleich Vers« mit der ausgreifenden hymnischen Syntax verbindet. Der Alexandriner ist dem Gedicht als ein Prinzip der Ordnung eingeschrieben, doch im Durchbrechen dieser Norm schwingt die Sprache ins Freie. Diese Gleichzeitigkeit von Bändigung und Befreiung auf der metrischen Ebene wird beim Lesen zu einem wesentlichen Element der sinnlichen Erfahrung. Auf der Ebene der Botschaft entspricht ihr die Gleichzeitigkeit von Zugrundegehn und Unverlorensein.

Botschaft – der Titel bereits spricht sie aus. Daß sie zweifelhaft scheint, liegt paradoxerweise gerade am Indikativ der Gewißheit, mit dem sie vorgetragen wird. Eine alte Erinnerung klingt hier nach. Der Leser sollte es wissen; noch besser wäre es, wenn er das Erinnerte früher schon einmal gewußt und vergessen hätte und es

jetzt, in einer Art von poetischem Schock, wieder und als
ein Neues erkennen dürfte. Jeder weiß, daß Böhmen
westlich von Mähren liegt; Böhmen liegt nicht am Meer.
Aber die Gegen-Wahrheit zu dieser Gewißheit ist den-
noch keine Lüge. Sie ist die Wahrheit einer großen Hoff-
nung, eines Märchen und der Kunst. Sie läßt sich sogar
verläßlich datieren: 1611 schrieb Shakespeare *The
Winter's Tale*. Seitdem liegt Böhmen am selben Meer
wie Sizilien, und wer in Sizilien zugrunde gehen soll, dem
wird an Böhmens Küste das Leben gerettet. Diesen bei
Shakespeare gefundenen Märchen-Gedanken hat Inge-
borg Bachmann unter den Bedingungen ihrer aufs Abso-
lute zielenden geistigen Existenz, aber auch unter dem
Eindruck böhmischer Geschichte im 20. Jahrhundert zu
Ende gedacht.

Im Namen des »ans Meer begnadigten« Landes ist die
politische Landschaft mitbenannt. Das Gedicht ent-
stand 1964, nach einer Reise in die Tschechoslowakische
Volksrepublik. Es war die Zeit der beginnenden Ent-
stalinisierung, und an die innenpolitische Entwicklung
der ČSSR knüpften sich damals Hoffnungen, für die man
später Namen wie »humaner Sozialismus« und »Prager
Frühling« fand. Zusammen mit drei anderen Gedichten
erschien *Böhmen liegt am Meer* vier Jahre später, im
November 1968, in Enzensbergers *Kursbuch* (Nr. 15) –
Ingeborg Bachmanns letzte Gedicht-Veröffentlichung.
Am 15. August dieses Jahres hatten »sozialistische« Pan-
zer die böhmischen Hoffnungen überrollt. Unter dem
Eindruck dieses historischen Schocks mußte ein Gedicht,
in welchem Böhmen »ans Meer begnadigt« wird, einen
starken politischen Akzent annehmen. Diese Wirkung
war zwar im Entstehungsjahr nicht vorauszusehen, doch
die Nachbarschaft zu diesem Gedicht *Prag Jänner 64*
beweist, daß der politische Effekt von 1968 eine be-
reits entstehungsgeschichtliche Begründung besaß. Die

Reihenfolge der beiden Gedichte bei ihrer Veröffentli-
chung im *Kursbuch* ist uns eine Art Lese-Anleitung: erst
Prag Jänner 64, dann *Böhmen liegt am Meer*.
In *Prag Jänner 64* erscheint die Hauptstadt Böhmens
zunächst als der Ort einer individuellen Wiedergeburt.

> Seit jener Nacht
> gehe und spreche ich wieder,
> böhmisch klingt es,
> als wär ich wieder zuhause,
>
> wo zwischen der Moldau, der Donau
> und meinem Kindheitsfluß
> alles einen Begriff von mir hat.
>
> Gehen, schrittweis ist es wieder gekommen,
> Sehen, angeblickt, habe ich wieder erlernt.

Ein verkümmerter Mensch hat sich wiedergefunden. Er
hat in der Fremde das Gehen und Sehen »wieder erlernt«;
er erlebt dies, als wäre es die Wieder-holung seiner Kind-
heit. Er kam nach Prag als ein Stummgewordener und
kann »Seit jener Nacht« wieder sprechen. In seinem
Sprechen klingen Heimat und Fremde in eins: weil es
»böhmisch« klingt, klingt es, »als wär ich wieder zuhause«.
– Nach Hegels Sprachgebrauch bedeutet »etwas auf-
heben« zugleich Vernichten, Bewahren und Emporheben,
Steigern. *Prag Jänner 64* reflektiert eine Erfahrung, die
einer solchen Aufhebung gleichkommt: Aufhebung von
Heimat, Erlösung eines in jedem Sinne heimgesuchten
Ich. Damit deutet sich bereits jene Aufhebung und Be-
gnadigung an, durch die (im andern Gedicht) Böhmen
zur Heimat aller Heimatlosen wird. Zugleich aber ist in
Prag Jänner 64 die böhmische Hauptstadt sehr deutlich
auch ein Ort politischer Erfahrung, und diese politische

Erfahrung bleibt untrennbar mit der privaten verbunden. Sie sind eins, wenn die Schlußverse von berstendem Eis und vom Rauschen befreiten Wassers sprechen:

> Unter den berstenden Blöcken
> meines, auch meines Flusses
> kam das befreite Wasser hervor.

> Zu hören bis zum Ural.

Das letzte Wort ist eine polit-geographische Vokabel. Sie deutete 1964 nur auf eine Furcht, die eine große Hoffnung begleitete. 1968 war aus dieser Furcht eine Erfahrung geworden, die fortan mit Böhmens Namen verbunden bleibt.

In dem Gedicht *Böhmen liegt am Meer* ist Böhmen von seiner Geschichte erlöst – »ein andres Land« (21), ein Gnadenort mit ungewisser Geographie. Das Meer, an dem es nun liegt, hat zwar keinen Namen; es wird für immer »strittig« bleiben (vgl. die letzte Zeile), aber die Autorität, der es seine Begnadigung verdankt, steht jenseits aller Zweifel. Sie muß den Rang und die Macht einer Gottheit haben; ihr Name bleibt verschwiegen: es ist Shakespeare, es ist – »ach die Kunst«. In ihr und durch sie hat ein heimgesuchter Mensch, der sich an keinen anderen Verheißungen aufzurichten vermochte, den Ort seiner Rettung gefunden. Eine Erlösungs-Sehnsucht, die älter ist als jeder, den sie verzehrt, weiß ihr Ziel. Aus ihrer Kraft sind einst Atlantis, Orplid und Utopia entstanden. Neben die Namen dieser niebetretenen Länder der Hoffnung tritt nun der Name »Böhmen«: ein Land der Freiheit, des Friedens und der Schönheit.

Wer »Böhmen« betreten könnte, ginge »auf gutem Grund« (2), er fände grüne Häuser und heile Brücken; ruhig und ohne Angst dürfte er erwachen. Und weil er

aufgehört hätte, in den Kategorien von Besitz und Ver-
lust zu denken, wäre er endlich auch fähig geworden, das,
was »in alle Zeit« verloren sein muß, »gern« zu verlieren
(3: »Liebesmüh«). Er ist nun immun gegen die Zumutung
einer Sprache, von der ein böhmischer Jude, Franz
Kafka, befand, sie rede »nur vom Besitz und seinen Be-
ziehungen«. Welche Gelassenheit, sagen zu können:
»Grenzt hier ein Wort an mich, so laß ich's grenzen« (5).
Freilich gilt für den Eintritt nach »Böhmen«, wie für jeden
Ort einer wahren Erlösung, die Dialektik von Rettung
und Untergang. Nur wer den letzten Einsatz, sich selbst,
wagt, gewinnt das böhmische Heimatrecht. Er muß auch
den letzten Besitzanspruch fahrenlassen, den Anspruch,
unverwechselbar zu sein. Die Erkenntnis der Verwech-
selbarkeit, die uns leiden macht, schmeckt ihm nicht
länger bitter: »Bin ich's nicht, ist es einer, der ist so gut
wie ich. / [...] Bin ich's, so ists ein jeder, der ist soviel
wie ich« (4, 8). Erst in dem Augenblick, da er »nichts
mehr« für sich selber will, kommt Böhmens Küste in
Sicht, und es landet dort keiner, der zuvor nicht »zu-
grunde« ging: »Zugrund – das heißt zum Meer, dort find
ich Böhmen wieder. / [...] / Von Grund auf weiß ich jetzt,
und ich bin unverloren« (10, 12).

In diesem Moment der gewußten Rettung (12) tritt das
Ich des Gedichts aus sich heraus, mit weit geöffneten
Armen. Es hat die Geschichte seiner Heimsuchung als
seine eigenste Heilsgeschichte begriffen, und weil sie die
seine ist, kann sie Verheißung für alle sein, die seinesglei-
chen sind: »Bin ich's, so ists ein jeder...« Darum darf, ja
darum muß das Gedicht nun in eine hymnische Heim-
rufung ausbrechen. Brüderlich wird den Gescheiterten,
den »Unverankerten« aller Zeiten die Botschaft ihrer ge-
meinsamen Heimat verkündet: Böhmer aller Länder,
vereinigt euch! Das böhmische Manifest der Ingeborg
Bachmann. Vielen wird es suspekt und unverständlich

bleiben; und das darf es getrost, denn »böhmisch« heißt
ja auch unbegreifbar, unverständlich. Ein »Böhme« aber
ist im Unverstehbaren zu Hause. Das alte abschätzige
Wort »un bohémien« gilt ihm als Ehrentitel – »ein Böhme,
ein Vagant, der nichts hat, den nichts hält« (23). Er
weiß, daß »Böhmen« am Meer liegt und daß für ihn nur in
»böhmischen« Dörfern heile Brücken und grüne Häuser
stehen, Häuser, in denen sich seine letzte Hoffnung er-
füllt – im Land seiner Wahl.

Literatur: Otto Bareiss / Frauke Ohloff: Ingeborg Bachmann. Eine Bibliographie. Mit einem Geleitwort von Heinrich Böll, München und Zürich 1978.— Uwe Johnson: Eine Reise nach Klagenfurt. Frankfurt a. M. 1975.— Peter Horst Neumann: Vier Gründe einer Befangenheit. Über Ingeborg Bachmann. In: Merkur 366 (1978) S. 1130 ff. — Text und Kritik. H. 6: Ingeborg Bachmann. München 1971.

Peter Horst Neumann

Artikel 3 (3)

1

niemand darf wegen
seines geschlechtes
seiner abstammung
seiner rasse
seiner sprache
seiner heimat und herkunft
seines glaubens
seiner religiösen oder
politischen
anschauungen
benachteiligt oder
bevorzugt werden.

2

ein volk von
ex nazis
und ihren
mitläufern
betreibt schon wieder
seinen lieblingssport
die hetzjagd auf
kommunisten
sozialisten
humanisten
dissidenten
linke.

3
wer rechts ist
grinst.

4
beispielsweise
wird eine partei zugelassen
damit man
die existenz
ihrer mitglieder
zerstören kann
eigentlich waren
die nazis ehrlicher

zugegeben
die neue methode ist
cleverer

5
dreißig Jahre später
gibt es wieder
sagen wir
zehntausend
die verhören
die neue gestapo

wehrt euch
vielleicht gibt es Zeitungen
die eine rubrik einrichten
jeden tag in einem kasten
eine visage
die fotografie einer fresse
die verhört
mit namen
beruf

adresse
sowie
in den meisten fällen
mitgliedsnummer der
nsdap

dann selbstverständlich
keine gewalt
sondern
geht hin
und zeichnet
die wohnungstüre
das haus
des folterers
mit hakenkreuzen

ich garantiere euch
der wird es sich überlegen
ob er noch einmal
verhört

der läuft zu
seinem boss
und sagt
sorry boss
die machen mich
dingfest
der wird mir
zu gefährlich
dem geht der
arsch mit grundeis

hört auf zu winseln
wehrt euch
die beste verteidigung ist
der angriff (clausewitz)

6

als die nazis
während des krieges
in dänemark
den judenstern einführen wollten

trug der König von dänemark
bei seinem nächsten ausritt
den gelben stern
auf seiner uniform

warum legen
der scheel
der schmidt
der willibrandt
der genscher
der maihofer
nicht den
judenstern an
wenn sie
beim frühstück lesen
daß man schon wieder
eine lehrerin
gefoltert hat

ah ich vergesse
daß sie eine solche meldung
mit der lupe
suchen müßten

wie wär's denn
bundesdeutsche zeitungen
wenn ihr
den deutschen dissidenten
wenigstens ein zehntel des raums

einräumen würdet
den ihr
den russischen
widmet
doch zieht ihr es vor
aus dem glashaus
mit steinen zu schmeißen

die splitter im fremden
anstatt den balken im eigenen
auge zu sehn

7

das neue kz
ist schon errichtet

die radikalen sind ausgeschlossen
vom öffentlichen dienst
also eingeschlossen
ins lager
das errichtet wird
für den gedanken an
die veränderung
öffentlichen dienstes

die gesellschaft
ist wieder geteilt
in wächter
und bewachte
wie gehabt

ein geruch breitet sich aus
der geruch einer maschine
die gas erzeugt

Alfred Andersch

Ein Gedicht irgendwo im Feuilleton einer Tageszeitung: normalerweise fällt so etwas ja nicht auf. Dieses Gedicht fiel mindestens zwei Journalisten auf, die für seine weitere Bekanntheit sorgten.

In der »Welt« stellte sich der kluge Rechte Günter Zehm dumm, um ihm Stoff für eine Glosse abzugewinnen. Er tat so, als wisse er nicht, wen Andersch mit den »Dissidenten« meinte, von denen er in seinem Gedicht gesprochen hatte: nämlich die vom öffentlichen Dienst ausgesperrten Radikalen.

Dieter E. Zimmer

Wenn einer geistreich sein will und dabei doch nur Unsinn redet, wirkt er sehr peinlich ... Der neckische Andersch wird doch nicht etwa die bombenlegende Korona der Baader/Meinhof-Gang mit Sacharow, Kowaljow und Pljuschtsch vergleichen wollen? Soviel unverfrorene Geschmacklosigkeit trauen wir ihm einfach nicht zu. Bleibt demnach nur die Schlußfolgerung, daß der Dichter verschiedene Größen des westdeutschen Literaturbetriebs als »deutsche Dissidenten« bezeichnen möchte ... Namen wie Heinrich Böll, Günter Grass und, *last not least*, Alfred Andersch. Aber wie denn? Über diese Grö-

ßen sollen die »bundesdeutschen zeitungen« nicht einmal ein Zehntel soviel berichten wie über russische Dissidenten? Mein Gott, Alfred!

Günter Zehm

Der andere aufmerksame Journalist war der Südwestfunk-Redakteur Jürgen Lodemann, der seit vier Jahren im dritten südwestdeutschen Fernsehprogramm ein monatliches »Literaturmagazin« redigiert und moderiert, eine Sendung, die wenige sehen, die aber viele kennen, seitdem eine Kritikerjury dort den Bestseller-Listen mit einer Besten-Liste begegnet ... Als Nachricht ließ Lodemann Anderschs Gedicht vorlesen. Zur »Abnahme« der Sendung — das heißt: zur Billigung durch einen Programmverantwortlichen — war der Redakteur Hans Gresmann im Studio erschienen. Kaum hatte er das Gedicht gehört, da nahm er den Text und ging damit zum Fernsehprogrammdirektor des SWF, Dieter Stolte. Der entschied: Das Gedicht muß weg. Aus dem »Literaturmagazin«, das zwei Tage später gesendet wurde, war »artikel 3 (3)« herausoperiert.

Jenes »Literaturmagazin« hatte eine Zuschauerbeteiligung von 0 Prozent — das heißt, weniger als zehntausend Menschen in

Südwestdeutschland hätten es gesehen; und das wären Leute gewesen, die vermutlich ein viel zu spezifisches Interesse an der Literatur und an Lodemanns Art der Präsentation von Literatur haben, als daß sie vor dem Fernsehschirm entgeistert zusammengebrochen wären.

Dieter E. Zimmer

In seinem Literaturmagazin im SWF wollte Jürgen Lodemann das Gedicht vorstellen als das Dokument eines politischen Engagements von einem, der sich zur Zeit der Studentenunruhen eher zurückgehalten hatte. Dieter Stolte, SWF-Programmdirektor, war dagegen: Das Gedicht sei beleidigend und unsinnig. Kompromißvorschlag Lodemanns: Eine Moderation, die sich auf die Informationspflicht berufen und erklären wolle, der Sender identifiziere sich keineswegs mit dem Inhalt des Gedichts. Aber Stolte blieb hart, der Andersch-Part fiel raus. Auf Anfrage begründete der designierte ZDF-Programmdirektor seine Entscheidung: Die Bundesrepublik werde da pauschal verleumdet (wo sei, wie Andersch schreibt, eine Lehrerin gefoltert, wo ein neues KZ errichtet worden), das sei vielleicht Literatur, sicher aber handfeste politische Agitation und Polemik, die man nicht durch einen bloßen Salvierungstext vorweg entkräfte.

Die Zeit

In einem Telephongespräch mit der SZ wertete Stolte das Andersch-Gedicht als eine gehässige Schmähschrift auf die Bundesrepublik. Zugleich zog Stolte in Zweifel, daß dieser Text ein Gedicht, mithin Literatur sei.

Süddeutsche Zeitung

Es sei, so Stolte, »für eine öffentlich-rechtliche Rundfunkanstalt nicht möglich, diese billigste Polemik und Agitation« einfach zu verbreiten ... Andersch habe sich hier »in schludrig sorgloser Weise« politisch geäußert, der Text sei keine Literatur ... man dürfe einen solchen Text nicht im Raum stehen lassen, auch in der FR, so Stolte präzisierend, sei er ja im Kontext einer Umfrage als eine unter andersartigen Stellungnahmen erschienen.

Frankfurter Rundschau

Man kann von Dieter Stolte nicht erwarten, daß er Anderschs Meinung teilt. Aber man kann erwarten, daß er ihre Verbreitung nicht verhindert. Daß er das Gedicht vom Programm absetzte, ist ein Vorgang, für den ich keinen anderen Namen weiß als Zensur. Stoltes Begründung ist weder neuartig noch originell. Im Gegenteil, man kennt diese Tonart. Es ist die alte Tonart obrigkeitlicher Bevormundung, wie sie bei uns eine lange und kontinuierliche Geschichte hat. Wie oft wurde da Kritik am Staat als Verleumdung des Staates abgestempelt. Wie oft unbequeme Literatur als Polemik und Agitation denunziert. Wie oft die Freiheit eingeschränkt unter dem Vorwand, sie zu schützen. Und es ist keineswegs neu, daß ein Kulturfunktionär einen Schriftsteller darüber belehrt, was Literatur sei und was nicht.

Hanjo Kesting

... Dieter Stolte hat die Ausstrahlung des Werkes verhindert. Dagegen gibt es Proteste. War das ein unberechtigter Eingriff in die Freiheit der Kunst? Manchen scheint Stoltes Intervention eben das zu belegen, was Andersch vorbringt.

Stolte kann aus achtbaren Gründen gegen die Ausstrahlung sein: zum Beispiel weil er der Meinung ist, dies sei eine blindwütige und diffamierende Beschreibung unserer Zustände. Auch ein Gedicht sollte bessere oder zutreffendere Argumente vortragen.

... Aber was ist Anderschs These? Der vom NS-Staat selbst hart getroffene Andersch sieht die Republik noch immer von Nazis besetzt, obwohl er sich ausrechnen könnte, daß die große Mehrheit derer, die den Radikalenbeschluß vertreten, schon altersmäßig nicht mehr zur NSDAP gehört haben können. Er aber behauptet es. Er nimmt die zweite Republik nur wahr aus der Perspektive des eindimensionalen Antifaschisten. Er behauptet: Die Nazis kommen wieder, eine neue Gestapo ist am Werk. Abgesehen davon, daß er damit selber so simplifiziert wie die, die er angreift, ist zu fragen: was sagt einer eigentlich, der so etwas sagt? Verschönt er uns nicht — ex post — das Dritte Reich, verharmlost er nicht die Gestapo? Muß er nicht der jüngeren Generation, die ohne Anschauung ist, die kriminelle Energie des Hitlerreichs wegsuggerieren? Als sei damals nichts anderes geschehen als die berufliche Diskriminierung einer Minderheit. Sagt er nicht, daß die Gaskammern vielleicht nur in Gedanken bestanden? Verniedlicht er nicht die Verhöre von damals, wenn er das alles mit dem vergleicht, was er heute wahrnimmt?

Die Geschichte der Wörter ist die Geschichte der Dinge, die sie benennen. Wörter wie Gestapo, KZ und Gas enthalten so viel Erinnerung an Inhumanität und Grausamkeit, daß sie nicht mehr zu jener Sprache gehören, mit der über neue Phänomene offen diskutiert werden kann. Wo einer von KZ spricht und etwas anderes als die historische Wirklichkeit von damals oder mit ihr wirklich Identisches meint, hört das Gespräch auf ...

Was veranlaßt einen Autor, dem man Umsicht, Vernunft und die Leidenschaft zur Humanisierung immer konzedierte, selbst zu sprechen, wie einst der »Stürmer« sprach? — Die Sprache des »Stürmers« war eine, die aus einem Wahnbild entstand. Was für ein Bild hat Andersch von der Bundesrepublik? Wo ist eine Lehrerin gefoltert, wie einst die Gestapo folterte? In dieser Republik wird in den siebziger Jahren das Wort noch freier geführt als in der zweiten Hälfte der fünfziger.

Allenfalls: der Dialog ist härter geworden, er enthält mehr an Konfrontation. Auch das politische Gedicht soll ein Mittel solcher Auseinandersetzungen sein. Es trifft aber nur, wenn es in seiner Metaphorik Sachverhalte nicht verklebt, sondern bewußtmacht. Andersch klebt alte Metaphern über neue politische

Fragen. Damit kann man nicht diskutieren.

Günther Rühle

Die »F.A.Z.« hat mein Gedicht »artikel 3(3)« abgedruckt. Ohne mich um Erlaubnis zu fragen. Oder die Frankfurter Rundschau, in der es stand. Wenigstens die Maske des einfachsten journalistischen Anstandes läßt sie jetzt schon fallen. Das ist ein Fortschritt. Sie hat natürlich gewußt, daß ich ihr die Erlaubnis niemals erteilt hätte, denn sie vermutet, daß ich vielleicht nicht besonders intelligent, aber doch intelligent genug bin, zu wissen, was mit meinem Gedicht in ihrem Kontext geschehen würde. Dies nämlich: daß es mit der pornographischen Hetze eines zum Tode verurteilten Massenmörders in eins gesetzt wird.

Die jüngeren unter den Lesern der »F.A.Z.« können gar nicht wissen, was »Der Stürmer« eigentlich war. So bitte ich sie, sich in irgendeinem Archiv — es gibt sie ja — ein paar Nummern dieser deutschen Schande zeigen zu lassen, damit sie verstehen, warum ich gerade zur Peripetie in Rühles dramatischem Prozeß gegen mich schweige. Für eine Beleidigung, so ordinär, gibt es als Antwort stets nur das Wort Friedrichs des Großen: »Man soll es tiefer hängen.«

Da es aber zu den quälenden Eigenschaften nicht Friedrichs des Großen, sondern meines Berufs gehört, nicht etwa nur Verständnis aufbringen zu müssen, sondern zu Verständnis für schlechthin alles und jedes verdammt zu sein, weiß ich natür-

lich, daß die »F.A.Z.« und Günther Rühle subjektiv des Glaubens sind, sie hätten geradezu ein Modell von publizistischer Fairneß geschaffen, indem sie ihrer Diffamierung eines Gedichts dessen Wortlaut beigaben. Ja, ich vermute sogar, daß sie damit dem Programmdirektor des Südwestfunks, Dieter Stolte, der mein Gedicht aus dem Fernsehprogramm ganz einfach herausnahm, eine Belehrung darüber erteilen wollten, was man alles »machen« kann. (Ob sich dieser deswegen oder aus eigenem Nachdenken eines Besseren besonnen hat, weiß ich nicht. Jedenfalls hat der Südwestfunk mich gebeten, am 13. März im »Literaturmagazin« des 3. Fernsehprogramms S 3 mein Gedicht vorzulesen und mich anschließend Fragen zu stellen.) Und jetzt gewähren mir die »F.A.Z.« und Rühle sogar Raum für eine Erwiderung. Das ist fabelhaft demokratisch. Ich habe mich zu bedanken. Ich bedanke mich.

Ich wundere mich ein bißchen über Rühles Inkonsequenz. Er hat doch geschrieben: »Wo einer vom KZ spricht und etwas anderes meint als die historische Wirklichkeit von damals oder mit ihr Identisches, hört das Gespräch auf.« Man braucht nicht Wittgensteins *Tractus Logico-Philosophicus* zu bemühen, um zu erkennen, daß dieser Satz identisch ist mit dem Satz: »Wo einer anderer Meinung ist als ich, Rühle, hört das Gespräch auf.« Da ist es eigentlich ziemlich inkonsequent, wenn er mir erlaubt, doch noch etwas zu sagen. Selbstverständlich entbinde ich ihn von der Pflicht, mir zuzuhören. Ich verstehe, daß er mir konzediert, noch ein paar Abschiedsworte an die Leser der »F.A.Z.« zu richten. Das Schlußwort, das dem Angeklagten nach der Urteilsverkündung zugebilligt wird. Ich mache von dieser Lizenz Gebrauch.

Immerhin hat Rühle mit dem zitierten Satz den Grundgedanken meines Gedichts richtig wiedergegeben. »Wo einer vom KZ spricht und etwas anderes meint als die historische Wirklichkeit von damals oder mit ihr Identisches« — ja, so einer bin ich, ich gesteh's ohne Umschweife. Ich bin felsenfest davon überzeugt, daß die Politik der Berufsverbote mit faschistischem Denken, faschistischer Praxis identisch ist. Übrigens ist dieser Gedanke nicht von mir. Lange vor mir haben ihn Tausende ausgesprochen. Inzwischen ist er Allgemeingut geworden. Denn ein Gedanke wird in einem Volk zum Allgemeingut, wenn es in ihm allein 500 000 Menschen gibt, die verhört worden sind. Und wenn weitere Millionen auf ihre Verhöre warten. Das wissen alle. Nur in der Realitätsferne eines Zeughauses rechts gerichteter Politik weiß man es nicht.

Hingegen behauptet mein Gedicht nicht und nirgends, die Politik der Berufsverbote sei die Gleichung des Weges der zweiten Republik mit der Geschichte der ersten. Solches interpretiert Rühle in mein Gedicht hinein. Mein Gedicht zeigt die Politik der Berufsverbote als faschistischen Einschluß, als Krebsgeschwür im Körper einer bürgerlichen Demo-

kratie, die noch eine ist. Deshalb ist seine erste Strophe der Verfassungs-Paragraph. Deshalb appelliert es noch an die Verantwortlichen, indem es sie auffordert, den Judenstern anzulegen. Deshalb erinnert es die Presse an ihre Pflicht, zu informieren.

Schon tadelt wich deshalb — und aus Gründen, die mich fast schon überzeugen — die Linke, wirft mir vor, ich mache nicht die Verantwortlichen verantwortlich, sondern ihre Schergen und Handlanger. Immerhin gibt sie zu: »Der Kadavergehorsam des deutschen Beamten ist Voraussetzung und Bedingung jeglicher Form staatlicher Repression. Dieser Beamte war und ist im Schutze seiner Anonymität zu jeder Schweinerei bereit, die ihm aufgetragen wird. Ihn an den öffentlichen Pranger zu stellen, hätte schon Sinn.«

Hätte? Es hat. Dazu habe ich aufgerufen. Meine Aufforderung an die Verfolgten, sich zu wehren, meine Vorschläge, wie sie es tun könnten — durch *civil disobedience*, eine alte demokratische Tradition —, ist die Folge meiner Beobachtung, daß die 500 000 Verhöre und die Tausende von verbalen Protesten gegen sie nichts, nichts, nichts bewirkt haben. Im sechsten Jahr arbeitet nun schon die Maschine, die Gas erzeugt.

Dabei glaube ich nicht, sondern ich weiß, daß die Verantwortlichen sie lieber heute als morgen abstellen möchten. Schrecken und Scham erfüllen sie im Anblick der Geister, die sie gerufen haben. Es ist meine letzte Hoffnung, daß ein Meister unter diese Zauberlehrlinge tritt, dem es gelingt, den Besen in die Ecke zu bannen.

Rühle: »Wo ist eine Lehrerin gefoltert, wie einst die Gestapo folterte?«

Dort und so: die junge Lehrerin, in *jedem* bisher bekanntgewordenen Fall eine beruflich erstklassig beurteilte Person, hört zunächst gerüchtweise, später auch von Amts wegen, daß sie ein »Fall« ist, der Fall einer möglichen Verfassungsfeindin, der überprüft werden muß. (Sie ist niemals eine Feindin der Verfassung, sie hat keine »extremistischen« Ansichten, sie wünscht nichts weiter als die Veränderung der bestehenden Gesellschaftsordnung, und das ist nach der Verfassung der Bundesrepublik kein verbotener Wunsch.) Bis zum Verhör vergehen Wochen, Monate. Die Verhörer sind überlastet — man denke: eine halbe Million »Fälle«! In dieser Zeit weiß sie, daß sie entlassen werden wird, wenn das Verhör schlecht für sie verläuft. Endlich findet es statt. Es ist, in *jedem* bisher bekanntgewordenen Fall, hochnotpeinlich, niederträchtig, eine heimtückische und feige Terror-Szene. (Wo jede Menge von Beweisen dafür, in Hunderten von Berichten, Fallstudien, Verhörprotokollen, Prozessen und Protesten nachgelesen werden kann, wissen Sie, Rühle! Nicht in Ihrer Zeitung natürlich.)

Dem Verhör folgt die Bestrafung, aber erst nach weiteren qualvollen Wochen, Monaten, bis die Gehetzte endlich erfährt, daß sie die Schule zu verlassen

hat. Über den Rest schweigen wir besser, nicht wahr, Rühle?

Alfred Andersch

Auf die Frage, warum wir das Gedicht als Dokument im Wortlaut zitiert haben, müssen wir nicht eingehen, da Andersch selber Verständnis dafür zeigt, zumal auszugsweises Zitieren uns sicherlich den Vorwurf der Entstellung eingetragen hätte. Der Kommentar hat ihn nicht mit Julius Streicher gleichgesetzt; er hat nur zwischen der Sprache Anderschs und der Sprache des »Stürmer« eine Beziehung hergestellt. Der Kommentar hat ferner Anderschs Gleichsetzung von Gestapo-Verhören mit den Überprüfungen aufgrund des Radikalenbeschlusses nicht akzeptiert. Andersch beruft sich nun auf George Grosz: Er begreift nicht, daß der von ihm im Gedicht herangezogene Gasgeruch ein Verbrechen anzeigt, das Grosz nicht einmal auszudenken vermochte. Der Ton seines Briefes ist der seines Gedichtes; er bestätigt unseren Kommentar.

Günther Rühle

Es gehört wenig Phantasie dazu, sich vorzustellen, was 500 000 Prüfungsverfahren für Anwärter im öffentlichen Dienst bedeuten: sie bedeuten das Mehrfache oder Vielfache an Ermittlungsvorgängen, Vernehmungen, vielleicht Verhöre, Befragungen von Nachbarn, Vermietern, Auswertung von Informationen über politische Aktivitäten. Schließlich muß jedes einzelne dieser Dossiers zusammengetragen und geprüft werden.

Wenn man sich dieses fast unübersehbare Dickicht als »Stacheldraht« vorstellt, hat man schon ein Recht auf Angst, Zorn und hat die Pflicht, zu warnen. Bedenkt man außerdem die unvorstellbare Blindheit der SPD, die mitverantwortlich dafür ist, daß diese ungeheure »Stacheldrahtproduktion« gegen ihre eigenen Mitglieder verwendet werden kann, so kann man die Bundesrepublik nur beglückwünschen zu einer neuen Generation von Heuchlern, Kriechern, Eingeschüchterten, Opportunisten und Angsthasen, die möglicherweise braver sein werden als die Hitlerjugend, zumal man sie durch Arbeitslosigkeit, Numerus clausus noch mehr verängstigen kann. Nein, es gibt keine KZ, aber »Stacheldraht« genug, auch »Wächter«, zu denen ich die uniformierten Polizeibeamten am wenigsten zähle.

... Man könnte auf die Idee kommen, an die zitternden morschen Knochen, ein Lied zu verfassen, das anfangen könnte: »Es zittern die jungen Lehrer...« Völlig außer acht gelassen wird in den meisten Medien eine weitere Gefahr dieser Einschüchterungspolitik: die außenpolitischen, die kulturpolitischen Folgen: die Bundesrepublik isoliert sich, wird sich weiter isolieren — und es wird der Tag kommen, wo wir mit Neid auf das kulturelle und politische Leben in Spanien blicken, dessen republikanische und demokratische Reserven auch nach 40 Jahren Franco stärker und lebhafter sind als unsere. Wir sind dabei, unsere letzten Reserven zu verspielen. Wohl bekomm's.

Heinrich Böll

Zu Bacherach am Rheine
Wohnt eine Zauberin,
Sie war so schön und feine
Und riß viel Herzen hin.

Und brachte viel zu schanden
Der Männer rings umher,
Aus ihren Liebesbanden
War keine Rettung mehr.

Der Bischoff ließ sie laden
Vor geistliche Gewalt –
Und mußte sie begnaden,
So schön war ihr' Gestalt.

Er sprach zu ihr gerühret:
»Du arme Lore Lay!
Wer hat dich denn verführet
Zu böser Zauberei?«

»Herr Bischoff laßt mich sterben,
Ich bin des Lebens müd,
Weil jeder muß verderben,
Der meine Augen sieht.

Die Augen sind zwei Flammen,
Mein Arm ein Zauberstab –
O legt mich in die Flammen!
O brecht mir den Stab!«

»Ich kann dich nicht verdammen,
Bis du mir erst bekennt,
Warum in diesen Flammen
Mein eigen Herz schon brennt.

Den Stab kann ich nicht brechen,
Du schöne Lore Lay!
Ich müßte dann zerbrechen
Mein eigen Herz entzwei.«

Herr Bischoff mit mir Armen
Treibt nicht so bösen Spott,
Und bittet um Erbarmen,
Für mich den lieben Gott.

Ich darf nicht länger leben,
Ich liebe keinen mehr –
Den Tod sollt Ihr mir geben,
Drum kam ich zu Euch her. –

Mein Schatz hat mich betrogen,
Hat sich von mir gewandt,
Ist fort von hier gezogen,
Fort in ein fremdes Land.

Die Augen sanft und wilde,
Die Wangen roth und weiß,
Die Worte still und milde
Das ist mein Zauberkreis.

Ich selbst muß drinn verderben,
Das Herz thut mir so weh,
Vor Schmerzen möcht ich sterben,
Wenn ich mein Bildniß seh.

Drum laßt mein Recht mich finden,
Mich sterben, wie ein Christ
Denn alles muß verschwinden,
Weil er nicht bey mir ist.«

Drei Ritter läßt er holen:
»Bringt sie ins Kloster hin,
Geh Lore! – Gott befohlen
Sey dein bedrückter Sinn.

Du sollst ein Nönnchen werden,
Ein Nönnchen schwarz und weiß,
Bereite dich auf Erden
Zu deines Todes Reis'.«

Zum Kloster sie nun ritten,
Die Ritter alle drei,
Und traurig in der Mitten
Die schöne Lore Lay.

»O Ritter laßt mich gehen,
Auf diesen Felsen groß,
Ich will noch einmal sehen
Nach meines Lieben Schloß.

Ich will noch einmal sehen
Wol in den tiefen Rhein,
Und dann ins Kloster gehen
Und Gottes Jungfrau seyn.«

Der Felsen ist so jähe,
So steil ist seine Wand,
Doch klimmt sie in die Höhe,
Bis daß sie oben stand.

Es binden die drei Ritter,
Die Rosse unten an,
Und klettern immer weiter,
Zum Felsen auch hinan.

Die Jungfrau sprach: »da gehet
Ein Schifflein auf dem Rhein,
Der in dem Schifflein stehet,
Der soll mein Liebster seyn.

Mein Herz wird mir so munter,
Er muß mein Liebster seyn!« –
Da lehnt sie sich hinunter
Und stürzet in den Rhein.

Die Ritter mußten sterben,
Sie konnten nicht hinab,
Sie mußten all verderben,
Ohn Priester und ohn Grab.

Wer hat dies Lied gesungen?
Ein Schiffer auf dem Rhein,
Und immer hats geklungen
Von dem drei Ritterstein:

Lore Lay
Lore Lay
Lore Lay

Als wären es meiner drei.

Clemens Brentano

Waldgespräch

Es ist schon spät, es wird schon kalt,
Was reit'st Du einsam durch den Wald?
Der Wald ist lang, Du bist allein,
Du schöne Braut! ich führ' Dich heim.

»Groß ist der Männer Trug und List,
Vor Schmerz mein Herz gebrochen ist,
Wohl irrt das Waldhorn her und hin,
O flieh'! Du weißt nicht, wer ich bin.«

So reich geschmückt ist Roß und Weib,
So wunderschön der junge Leib,
Jetzt kenn' ich Dich – Gott steh' mir bey!
Du bist die Hexe Lorelay.

»Du kennst mich wohl – von hohem Stein,
Schaut still mein Schloß tief in den Rhein.
Es ist schon spät, es wird schon kalt,
Kommst nimmermehr aus diesem Wald!«

Joseph von Eichendorff

Ich weiß nicht, was soll es bedeuten,
Daß ich so traurig bin;
Ein Mährchen aus alten Zeiten,
Das kommt mir nicht aus dem Sinn.

Die Luft ist kühl und es dunkelt,
Und ruhig fließt der Rhein;
Der Gipfel des Berges funkelt
Im Abendsonnenschein.

Die schönste Jungfrau sitzet
Dort oben wunderbar,
Ihr goldnes Geschmeide blitzet,
Sie kämmt ihr goldnes Haar.

Sie kämmt es mit goldnem Kamme,
Und singt ein Lied dabey;
Das hat eine wundersame,
Gewaltige Melodey.

Den Schiffer, im kleinen Schiffe,
Ergreift es mit wildem Weh;
Er schaut nicht die Felsenriffe,
Er schaut nur hinauf in die Höh'.

Ich glaube, die Wellen verschlingen
Am Ende Schiffer und Kahn;
Und das hat mit ihrem Singen
Die Lore-Ley gethan.

Heinrich Heine

La Loreley

A Jean Sève

A Bacharach il y avait une sorcière blonde
Qui laissait mourir d'amour tous les hommes à la ronde

Devant son tribunal l'évêque la fit citer
D'avance il l'absolvit à cause de sa beauté

O belle Loreley aux yeux pleins de pierreries
De quel magicien tiens-tu ta sorcellerie

Je suis lasse de vivre et mes yeux sont maudits
Ceux qui m'ont regardée évêque en ont péri

Mes yeux ce sont des flammes et non des pierreries
Jetez jetez aux flammes cette sorcellerie

Je flambe dans ces flammes ô belle Loreley
Qu'un autre te condamne tu m'as ensorcelé

Evêque vous riez Priez plutôt pour moi la Vierge
Faites-moi donc mourir et que Dieu vous protège

Mon amant est parti pour un pays lointain
Faites-moi donc mourir puisque je n'aime rien

Mon cœur me fait si mal il faut bien que je meure
Si je me regardais il faudrait que j'en meure

Mon cœur me fait si mal depuis qu'il n'est plus là
Mon cœur me fit si mal du jour où il s'en alla

L'évêque fit venir trois chevaliers avec leurs lances
Menez jusqu'au couvent cette femme en démence

Va-t'en Lore en folie va Lore aux yeux tremblants
Tu seras une nonne vêtue de noir et blanc

Puis ils s'en allèrent sur la route tous les quatre
La Loreley les implorait et ses yeux brillaient comme des
    astres

Chevaliers laissez-moi monter sur ce rocher si haut
Pour voir une fois encore mon beau château

Pour me mirer une fois encore dans le fleuve
Puis j'irai au couvent des vierges et des veuves

Là-haut le vent tordait ses cheveux déroulés
Les chevaliers criaient Loreley Loreley

Tout là-bas sur le Rhin s'en vient une nacelle
Er mon amant s'y tient il m'a vue il m'appelle

Mon cœur devient si doux c'est mon amant qui vient
Elle se penche alors et tombe dans le Rhin

Pour avoir vu dans l'eau la belle Loreley
Ses yeux couleur du Rhin ses cheveux de soleil

Guillaume Apollinaire

Die Loreley

Grüß Gott und ich habe die Ehre,
das heißt, ich bin halt so frei,
Sie werden mich alle wohl kennen,
man heißt mich kurz die Loreley.
Was wurd über mich schon gesungen
und offen muß ich es gestehn
und niemand hat mich noch gesehn
und ich bin doch so fabelhaft schön!

Viel tausend Jahr hock ich hier oben
bei Sonnenschein, Regen und Schnee
auf diesem steinigen Felsblock,
mir tut schon mein Rückgebäud weh.
Ich singe und zupfe die Harfe,
ich wüßt ja net, was i sonst tat,
ich weiß nicht, was soll es bedeuten,
das Lied wird mir jetzt schon bald fad!

Wenn morgens vom Schlaf ich erwache,
dann kämm ich mein goldenes Haar,
das ist ja mein einziger Reichtum
denns Gold is gegnwärtig rar.
Ich gäbe zwar Gold her für Eisen,
da mach ich mir schließlich nix draus,
doch eiserne Haar –! 's wär a Blödsinn,
des haltet mei Kampe net aus!

Ich hab keine menschliche Seele,
ich leb nur als Märchen dahin,
drum ist es auch ganz leicht erklärlich,
daß viel tausend Jahr alt ich bin.
Wär ich eine menschliche Jungfrau,
ich sage es offen heraus,
hielt ich es so viel tausend Jahre
allein da heroben net aus!

Ein Schiffer, ein bildschöner Jüngling,
fährt oft mit dem Kahn hier vorbei,
er liebt nur ein einziges Wesen,
er liebt nur mich, die Loreley.
Da kommt er schon wieder gefahren,
was willst denn, du närrischer Tropf,
wenn du dich net glei aus dem Staub machst,
dann wirf i dir d' Musik an Kopf!

Nun haben d'Loreley Sie gesehen,
vergessen Sie nie diese Pracht,
und nun werd ich wieder verschwinden,
es dunkelt schon heimlich die Nacht,
's wird finster und immer finsterer
und langsam geh ich zur Ruh,
und daß wissen, daß aus is,
dreh ma das Mikrophon zu.

Karl Valentin

Auf dem Teich, dem regungslosen,
Weilt des Mondes holder Glanz,
Flechtend seine bleichen Rosen
In des Schilfes grünen Kranz.

Hirsche wandeln dort am Hügel,
Blicken in die Nacht empor;
Manchmal regt sich das Geflügel
Träumerisch im tiefen Rohr.

Weinend muß mein Blick sich senken;
Durch die tiefste Seele geht
Mir ein süßes Deingedenken,
Wie ein stilles Nachtgebet!

Nikolaus Lenau

In dos Daich, dos regungslose,
Schaugt dos ungorische Mond,
Glaichsam steckend saine Nose
In ain Glos – ist so gewohnt!

Wondelt Hirsch vorbai on Higerl,
Nocht ist etwos dunkel zwor,
Ober Hirsch ist stolz wie Gigerl –
Hirsch ist eben: Mogyor!

Wann ich seh dos, muß ich sogen:
Dos ist scheen: Teremtete!
Dos geht Ainem durch den Mogen
Wie ain haißer Nochtcoffee!

Niémetz Lenau Ferencz Miklós

Ihr Herrn, urteilet selbst, was mehr mag frommen!
Ich finde nicht Geschmack an alledem,
Als kleines Kind schon hab ich stets vernommen
Nur wer in Wohlstand schwelgt, lebt angenehm.
....
Ihr Menschenbrüder, die ihr nach uns lebt,
Laßt euer Herz nicht gegen uns verhärten.
Drum Brüder, laßt euch dies zur Lehre sein
Und bittet Gott, er möge uns verzeihn.
....
Kein Vögelchen von hier bis Babylon
Vertrüge diese Kost nur einen Tag.
....
Nun hört die Stimme, die um Mitleid ruft!
Villon liegt hier nicht unter Hagedorn,
Nicht unter Buchen, nein, in einer Gruft!
Hierher verschlug ihn des Geschickes Zorn...
Und seine Zähne sind so lang wie Rechen...
Ihr wollt, daß seine Marter ewig währt?
....
Die Mädchen, die die Brüste zeigen,
Um leichter Männer zu erwischen, ...
Die Lumpen, Dirnen, Hurentreiber,
Die Tagediebe, Vogelfrei'n, ...
Ich bitte sie, mir zu verzeihn.
....

Ihr Herrn, urteilt jetzt selbst: ist das ein Leben?
Ich finde nicht Geschmack an alledem.
Als kleines Kind schon hörte ich mit Beben:
Nur wer im Wohlstand lebt, lebt angenehm.

....

Ihr Menschenbrüder, die ihr nach uns lebt,
Laßt euer Herz nicht gegen uns verhärten.
Hier Menschen, laßt euch uns zur Lehre sein
Und bittet Gott, er möge uns verzeihn.

....

Kein Vögelchen von hier bis Babylon
Vertrüge diese Kost nur einen Tag.

....

Nun hört die Stimme, die um Mitleid ruft!
Macheath liegt hier nicht unterm Hagedorn,
Nicht unter Buchen, nein, in seiner Gruft!
Hierher verschlug ihn des Geschickes Zorn...
Ach, seine Zähne sind so lang wie Rechen...
Ihr wollt, daß seine Marter ewig währt?

....

Die Mädchen, die die Brüste zeigen,
Um leichter Männer zu erwischen...
Die Lumpen, Huren, Hurentreiber,
Die Tagediebe, Vogelfrein...
Ich bitte sie, mir zu verzeihn.

....

Um weit're Händel nicht zu suchen,
Bitt ich auch sie, mir zu verzeihn.
....
Man schlage ihnen ihre Fressen
Mit schweren Eisenhammern ein,
Im übrigen will ich vergessen,
Und bitte sie, mir zu verzeihn.

François Villon | K. L. Ammer

240

Um weit're Händel nicht zu suchen,
Bitte ich auch sie, mir zu verzeihn.
....
Man schlage ihnen ihre Fressen
Mit schweren Eisenhammern ein.
Im übrigen will ich vergessen,
Und bitte sie, mir zu verzeihn.

Bertolt Brecht

Brechts Copyright

I

Die hübsche *Dreigroschenoper,* getragen von Weills aus-
gespart-lockender Musik, entschlief nicht für immer: im
wunderschönen Monat Mai soll sie zu neuem Dasein er-
wachen. Sie ist ein Werk Brechts, das John Gay vor
zweihundert Jahren schrieb.

II

Für die eingelegten Balladen zeichnet Bert Brecht eben-
falls. Er hat sie nun bei Kiepenheuer herausgegeben.
Doch bei wem hat er sie herausgenommen? Sind leichte
Verse der Erholung; Brecht spannt aus. (Aber wem?)

III

In seinem Buch (Brecht: Die Songs der Dreigroschenoper
Copyright 1929) steht manchmal unter einer Ballade
schlicht: »Nach F. Villon.« Das ist alles.

Brecht hat Verse von Villon kaum gesehen. Es gibt
aber deutsche Verse des Villon in der Übertragung durch
den treuen Dolmetsch K. L. Ammer. Dessen Arbeit ist
verschollen, vergriffen, im Buchhandel nicht zu haben.

IV

Brecht hat den wirklichen Nachdichter des Villon ver-
hehlt. Die volkstümlich gewordenen Refrains der *Drei-
groschenoper,* copyright, stammen von dem nie genann-
ten K. L. Ammer.

Mit ehrfürchtigem Staunen erkennt man: daß der ver-
griffene K. L. Ammer 1907 geahnt hat, was der Zeitdich-
ter Brecht einst dichten würde. [...]

Eine Berliner Zeitung hat spät, aber doch noch gemerkt, daß in der Kiepenheuerschen Ausgabe der Songs zur *Dreigroschenoper* neben dem Namen Villon der Name des deutschen Übersetzers Ammer fehlt, obwohl von meinen 625 Versen tatsächlich 25 mit der ausgezeichneten Übertragung Ammers identisch sind. Es wird eine Erklärung verlangt. Ich erkläre also wahrheitsgemäß, daß ich die Erwähnung des Namens Ammer leider vergessen habe. Das wiederum erkläre ich mit meiner grundsätzlichen Laxheit in Fragen geistigen Eigentums. [...].

Was den Fall des Herrn Kerr betrifft, so ist es unmöglich, Herrn Kerr eine so tiefgründige Unbildung und geistige Minderwertigkeit zuzutrauen, wie sie nötig wäre, damit er in der glücklichen Lage sein könnte, mir oder sonst jemandem aus einem erwiesenen Plagiat einen Vorwurf zu machen. Es muß sich lediglich um eine verzweifelte Spekulation auf die Unbildung seiner Leser handeln. Gerade in dieser Spekulation ist er ja seit Jahren sehr glücklich. Natürlich basiert so ziemlich jede Blütezeit der Literatur auf der Kraft und Unschuld ihrer Plagiate. Was das Drama im besonderen betrifft, so ist eine gewisse Gleichförmigkeit zeitgenössischer Werke ebenso für eine Blütezeit kennzeichnend als die Leidenschaft ihrer Schriftsteller, in ihre Werke alles zu sammeln, was sie irgendwie auftreiben können. Von den großen sensationellen Fällen, wo es dem Autor glückte, ganze Akte sich einzuverleiben, wie sie Shakespeare reichlich zu verzeichnen hat, abgesehen, ist ja für den Theaterschreiber die Äußerung irgendeines Theaterschreibers ebenso als

VI

[...] Verblüffend, wie genau Ammer geahnt hat. Man fragt sich nun: Vergaß Brecht auch bei den verdeutschten Kipling-Songs in seinem Copyrightbuch den wirklichen Autor anzugeben?

Der Wahlspruch »Nur wer von Fremden lebt, lebt angenehm« ist eine Überzeugung – aber auch ein Grundsatz? Jeder Schriftsteller (ob er nun Bert heißt oder Klemmens) bedenke das.

Alfred Kerr

Material begrüßenswert wie die eines Götz von Berlichingen oder eines Herrn Henschel. Wenigen Kennern ist es gegeben, das Originale in einem Werk von Format aufzuspüren, und bei gewissen nicht genannt sein wollenden Kritikern unserer armen Epoche kann man es ruhig da suchen, wo sie das »Unverständliche« vermerken. Für einen Halbblinden ist beinahe jeder Anblick ein Wischiwaschi.

Aber lassen wir das beliebte Geduldsspiel der Bourgeoisie: den Streit um den Besitztitel. Vergessen wir ruhig, mit wie schöner offener Großmut Shakespeare alles, was bei ihm auf der Bühne während eines Stückes gesprochen wird, mit seinem großen Namen deckt. Das Drama braucht nicht sorgfältig patentierte Details, jeden Nagel signiert, jede Redensart extra hergestellt, sondern große Grundlinien, großzügige Selbstverständlichkeit und langen Atem, Dinge, die nirgends zu leihen sind. Es handelt sich bei den Texten für die Schauhäuser dieses Jahrhunderts nicht um feine Nuancen, originelle Handschrift, Gestuftheiten und derlei Feinheiten, denen der nach Trüffeln schnüffelnde Five-o'clock-tea-Plauderer wortmalend nachgehen kann, sondern um die großzügige Erfassung des menschlichen Materials, um die mit allen Mitteln anzupackende Gestaltung des Ausdrucks unseres Jahrhunderts. Eklektiker und Epigonen sind Steckengebliebene, und nur dadurch und nicht durch ihren Mut, zu nehmen, was da ist, unterscheiden sie sich von Künstlern von Format. Gewisse Schriftsteller allerdings, außerstande, ihrem Geschreibsel irgend etwas von andern Stammendes einzufügen, weil es durch grammatikalisch richtigen Satzbau entsetzlich herausfallen würde, sind gezwungen, sich auch nur die Vorurteile der Masse anzueignen.

Bertolt Brecht

Sonett zur Neuausgabe
des François Villon

Hier habt ihr aus verfallendem Papier
Noch einmal abgedruckt sein Testament
In dem er Dreck schenkt allen, die er kennt –
Wenn's ans Verteilen geht: schreit, bitte »Hier!«

Wo ist euer Speichel, den ihr auf ihn spiet?
Wo ist er selbst, dem eure Buckel galten?
Sein Lied hat noch am längsten ausgehalten
Doch wie lang hält es wohl noch aus, sein Lied?

Hier, anstatt daß ihr zehn Zigarren raucht
Könnt ihr zum gleichen Preis es noch mal lesen
(Und so erfahren, was ihr ihm gewesen...)

Wo habt ihr Saures für drei Mark bekommen?
Nehm jeder sich heraus, was er grad braucht!
Ich selber hab mir was herausgenommen...

Bertolt Brecht

From the wood-skirted waters of Lego, ascend, at times, grey-bosomed mists, when the gates of the west are closed on the sun's eagle-eye. Wide, over Lara's stream, is poured the vapour dark and deep: the moon, like a dim shield, is swimming thro' its folds. With this, clothe the spiritis of old their sudden gestures on the wind, when they stride, from blast to blast, along the duky face of the night. Often, blended with the gale, to some warrior's grave, they roll the mist, a grey dwelling to his ghost, until the songs arise.

James MacPherson

Fillans Erscheinung

Vom See in Büschen des Lego
Steigen Nebel, die Seite blau, von Wellen hinauf:
Wenn geschlossen die Thore der Nacht sind,
Überm Adlerauge der Sonne des Himmels.

Weit von Lara dem Strom
Ziehen Wolken, dunkel tief:
Wie blasser Schild zieht voran den Wolken,
Und schwimmt beiseit der Mond der Nacht.

Mit ihnen haschen die Todte der Vorzeit,
Schnelle Gestalten in Mitte des Sturms:
Sie schlüpfen von Hauche zu Hauche
Auf dem dunklen Antlitz der Nacht voll Laut.

Auf Lüftchen schleichend zum Grabe der Edeln,
Ziehn sie zusammen Nebel des Himmels,
Zur grauen Wohnung dem Geiste des Todten,
Bis steigt von Saiten das Sehnen des Todtengesangs.

Johann Gottfried Herder

O linne doir-choille na Légo
Air uair éiridh ceò taobh ghorm nan tonn,
'Nuir a dhùnas dorsa na h-oidhche
Air iolair-shùil gréine nan speur.
Tomhail mu Lara nan sruth
Thaomas dubh-nial a's duirche gruaim:
Mar ghlais-sgéith ro' thaomadh nan nial
Snàmh seachad tha gealach na h-oidhche.
Le so éididh taibhsean o shean
An dlùth-ghleus am measg na gaoithe,
'S iad leumadh o osna gu osna
Air dubh-aghaidh oidhche nan sìan.
An taobh oiteig gu pàilliun nan seòd
Taomas iad ceathach nan speur,
Gorm-thalla do thanais nach beò
Gu àm éirigh fonn mhairbh-rann nan teud.

Temora
Carmen VII

E lacu nemorosæ silvæ Legæ
Nonnunquam surgit nebula (κυανοπλευρος) latere-
                                cæruleo undarum,
Quando occluduntur portæ noctis
Acquilino-oculo solis cœlorum.
Vasta circa Laram fluentorum
Funditur atra nubes, cujus est caliginosissima trovitas:
Instar cani clypei per fundentes-se nubes
Natans-præter est luna noctis.
Cum hoc vestiunt larvæ (antiquitus) ab antiquo
                                (tempore)
Suam arctam structuram inter ventum,
Illis salientibus a flamine ad flamen
Super atrâ facie noctis nimborum.
In latere flaminis ad domicilium heroum
Fundunt illæ nebulam cœlorum,
Cæruleam habitationem lemuribus haud vis
Usque ad tempus surrectionis modorum næniæ
                                chordarum.

From the lake in the copse-wood of Lego
Rises blue-fringed mist from waves,
When close the gates of night
On the eagle-eye of the sun of the skies.
In masses round Lara of streams
Gather black clouds of darkest frown:
Like a grey shield before the rushing clouds,
The moon of night swims past.
With these the spirits of old enrobe
Their close array upon the wind,
As they bound from blast to blast
On the black visage of a night of storms.
On the edge of a breeze to the tent of the brave
They pour the mist of the skies,
A blue abode for the shades of the dead,
Till the wail of the dirge is heard on the strings.

FÜNFTES HAUPTSTÜCK

Der Spinnerin Nachtlied

Es sang vor langen Jahren
Wohl auch die Nachtigal,
Das war wohl süßer Schall,
Da wir zusammen waren.

Ich sing und kann nicht weinen
Und spinne so allein
Den Faden klar und rein,
So lang der Mond wird scheinen.

Als wir zusammen waren,
Da sang die Nachtigal,
Nun mahnet mich ihr Schall,
Daß du von mir gefahren.

So oft der Mond mag scheinen,
Gedenk ich dein allein,
Mein Herz ist klar und rein,
Gott wolle uns vereinen.

Seit du von mir gefahren,
Singt stets die Nachtigal,
Ich denk bei ihrem Schall,
Wie wir zusammen waren.

Gott wolle uns vereinen,
Hier spinn ich so allein,
Der Mond scheint klar und rein,
Ich sing und möchte weinen!

Der Spinnerin Nachtlied

Es sang vor langen Jahren
Wohl auch die Nachtigal,
Das war wohl süßer Schall,
Da wir zusammen waren.

Ich sing und kann nicht weinen
Und spinne so allein
Den Faden klar und rein,
So lang der Mond wird scheinen.

Als wir zusammen waren,
Da sang die Nachtigal,
Nun mahnet mich ihr Schall,
Daß du von mir gefahren.

So oft der Mond mag scheinen,
Gedenk ich dein allein,
Mein Herz ist klar und rein,
Gott wolle uns vereinen.

Seit du von mir gefahren,
Singt stets die Nachtigal,
Ich denk bei ihrem Schall,
Wie wir zusammen waren.

Gott wolle uns vereinen
Hier spinn ich so allein,
Der Mond scheint klar und rein,
Ich sing und möchte weinen!

Der Spinnerin Nachtlied

Es sang vor langen Jahren
Wohl auch die Nachtigal,
Das war wohl süßer Schall,
Da wir zusammen waren.

Ich sing und kann nicht weinen
Und spinne so allein
Den Faden klar und rein,
So lang der Mond wird scheinen.

Als wir zusammen waren,
Da sang die Nachtigal
Nun mahnet mich ihr Schall,
Daß du von mir gefahren.

So oft der Mond mag scheinen,
Gedenk ich dein allein,
Mein Herz ist klar und rein,
Gott wolle uns vereinen.

Seit du von mir gefahren,
Singt stets die Nachtigal,
Ich denk bei ihrem Schall,
Wie wir zusammen waren.

Gott wolle uns vereinen
Hier spinn ich so allein,
Der Mond scheint klar und rein,
Ich sing und möchte weinen!

Der Spinnerin Nachtlied

Es sang vor langen Jahren
Wohl auch die Nachtigal,
Das war wohl süßer Schall,
Da wir zusammen waren.

Ich sing und kann nicht weinen
Und spinne so allein
Den Faden klar und rein,
So lang der Mond wird scheinen.

Als wir zusammen waren,
Da sang die Nachtigal
Nun mahnet mich ihr Schall,
Daß du von mir gefahren.

So oft der Mond mag scheinen,
Gedenk ich dein allein,
Mein Herz ist klar und rein,
Gott wolle uns vereinen.

Seit du von mir gefahren,
Singt stets die Nachtigal,
Ich denk bei ihrem Schall,
Wie wir zusammen waren.

Gott wolle uns vereinen
Hier spinn ich so allein,
Der Mond scheint klar und rein,
Ich sing und möchte weinen!

Clemens Brentano

Der kekke Lachengekk koaxet/krekkt/und quakkt/
Des Krippels Krükkenstokk krokkt/grakkelt/humpt
und zakkt/
Des Gukkuks Gukken trotz der Frosch und auch die
Krükke.
Was knikkt und knakkt noch mehr? kurtz hier mein
Reimgeflikke.

Johann Klaj

Großus Bärus

In des Waldes tiefsten Gründen
Ist ein großer Bär zu finden.
In des Waldus tieftus Gründus
Ist ein großus Bärus findus.
In des Waldchim tiefstchim Gründchim
Ist ein großchim Bärchim findchim.
In des Waldoli tiefstoli Gründoli
Ist ein großoli Bäroli findoli.
In des Waldlatsch tiefstlatsch Gründlatsch
Ist ein großlatsch Bärlatsch findlatsch.

N. N.

Nachts

Ich wand durch die stil Nacht,
Da schleicht der Mond so heim sacht
Oft aus der dunk Wolkenhül,
Und hin und her im Thal
Er die Nachti,
Dann wie al grau und stil.

O wunderba Nachtge:
Von fern im Land der Strö Gang,
Leis Schau in den dunk Bäu –
Wirr'st die Gedan mir,
Mein ir Sin hier
Ist wie ein Ru nur aus Träu.

Joseph von Eichendorff

D Gschcht vm flgndn Rbrt

Wnn dr Rgn ndrbrst,
Wnn dr Strm ds Fld drchs'st,
blbn Mdchn dr Bbn
Hbsch dhm n rn Stbn. –
Rbrt br dcht: Nn!
Ds mß drßn hrrlch sn! –
Nd m Fld ptscht r
Mt dm Rgnschrm mhr.

H, w pf'ft dr Strm nd kcht,
Dß dr Bm s'ch ndrbgt!
Sht! dn Schrm rfßt dr Wnd,
Nd dr Rbrt flgt gschwnd
Drch d Lft s hch, s wt;
Nmnd hrt n wnn r schrt.
N d Wlkn stßt r schn,
Nd dr Ht flgt ch dvn.

Schrm nd Rbrt flgn drt
Drch d Wlkn mmr frt.
Nd dr Ht flgt wt vrn,
Stßt zltzt m Hmml n.
W dr Wnd s hngtrgn,
J! ds wß kn Mnsch z sgn.

Heinrich Hoffmann

etüde in f

eile mit feile
eile mit feile
eile mit feile
durch den fald

durch die füste
durch die füste
durch die füste
bläst der find

falfischbauch
falfischbauch

eile mit feile
eile mit feile
auf den fellen
feiter meere

auf den fellen
feiter meere
eile mit feile
auf den fellen

falfischbauch
falfischbauch

eile mit feile
auf den fellen
feiter meere
feiter meere

falfischbauch
falfischbauch
fen ferd ich fiedersehn
falfischbauch
falfischbauch
fen ferd ich fiedersehn
fen ferd ich fiedersehn
falfischbauch
fen ferd ich fiedersehn
falfischbauch
falfischbauch

ach die heimat
ach die heimat
fen ferd ich fiedersehn
ist so feit

Ernst Jandl

Gedicht in Bi-Sprache

Ibich habibebi dibich,
Lobittebi, sobi liebib.
Habist aubich dubi mibich
Liebib? Neibin, vebirgibib.

Nabih obidebir febirn,
Gobitt seibi dibir gubit.
Meibin Hebirz habit gebirn
Abin dibir gebirubiht.

Joachim Ringelnatz

Der Straefling

Elegische Balladière.
Im Kerker zu Stouttgart gedichtet
d. 3. Ap. 1837.

In des Zwingers Mißgerüchen
Fröstelnd sitz' ich da;
Weil man mich der königlichen
Zwiebeln dräuen sah.

Denn ich wähnt', es wär nicht übel.
Wenn wir unserem Aquavit
Statt gemeiner Zähren-Zwiebel
Zärtern Schmälzling theilten mit.

Und ich schlich zum Herrscher-Garten,
Wo der Silberstölzling schwimmt,
Wo die Afrikanen schnarrten
Und die Tulpe flimmt.

»Ihre Knolle auszuzwarken,
Hilf, o Kürpis, mir!
Niemand wird mir dieß verargen,
Niemand lauschet hier!«

Und schon bohrt' ich auf die Neige
Und schon gab sie nach,
Als aus nahem Lust-Gezweige
Still ein Bosmann brach.

Und ich trat mit meinem Zweke
Floskelnhaft hervor,
Doch der goldbordirte Reke
Wismet' mir kein Ohr. –

– Wie nothwendig Junge brechen
Aus dem HühnerEi,
So folgt jeglichem Verbrechen
Stets die Polizei.

In des Zwingers Mißgerüchen
Fröstelnd siz' ich da,
Weil man mich der königlichen
Zwiebeln dräuen sah.

Eduard Mörike

Kreubst du das Lerd, wo die Zertissen breun,
Im dischen Lurb die Gonten-Schaffeln geun,
Ein sichter Wold vom bluschen Hierzel waust,
Die Mespe strall und hiech der Leubahr staust,
Kreubst du es wirl?
                    Derfarn! Derfarn
Meut ich mit dir, o mein Gebeichler, zarn.

Kreubst du das Hieß? Auf Satzeln riest das Drauch,
Es glabscht der Suhl, es schappert das Gemauch,
Und Müsseldrehler strohn und spaun mich an:
Was hürscht man dir, du ampfes Kemd, gespran?
Kreubst du es wirl?
                    Derfarn! Derfarn
Meut ich mit dir, o mein Berasper, zarn.

Kreubst du den Bragg und seinen Weifelzerg?
Das Mohlmaar sämt im Nischel seinen Wärg,
Im Hunkeln wast der Drannen alsche Brist,
Es strift der Fauß und über ihn die Flißt;
Kreubst du es wirl?
                    Derfarn! Derfarn
Grapst unser Wärg! o Veichsler, leuß uns zarn!

Serenus M. Brezengang

Selbstgefällig

Mein Büdelein
Is noch so tlein,
Is noch so dumm,
Ein ames Wum,
Muß tille liegen
In seine Wiegen
Und hat noch keine Hos'.
    Ätsch, ätsch!
Und ich bin schon so goß.

Wilhelm Busch

SECHSTES HAUPTSTÜCK

Die deutsche *Muse*

Kein Augustisch *Alter blühte,*
Keines *Medizäers Güte*
    Lächelte der deutschen Kunst,
Sie ward nicht *gepflegt* vom *Ruhme,*
Sie *entfaltete* die *Blume*
    Nicht am *Strahl* der Fürsten*gunst.*

Kabuse	Verwalter	Kajüte
Arkebuse	ballt er	Gemüte
Meduse	geballter	brüte
konfuse	verhallt er	*Tüte*
diffuse	knallt er	Gestüte
Bluse	krallt er	wüte
schmuse	lallt er	Skythe
Hypotenuse	prallt er	Mythe
Druse	schnallt er	
abstruse	bestallter	Eurpäers
Transuse	wallt er	Hebräers
		Säers
Falter	glühte	Pharisäers
Halter	mühte	Gehers
Schalter	brühte	Flehers
kalter	verfrühte	dreh ers
Spalter	*sprühte*	*Drehers*
Psalter	Güte	Sehers
Gestalter	hüte	Stehers
Veranstalter	Hüte	gesteh ers
Sachwalter	Jüte	

fächelte	global	jovial
hechelte	verbal	axial
	Pedal	spezial
Dunst	Skandal	sozial
Brunst	modal	Schakal
verhunzt	feudal	radikal
brunzt	Ideal	pontifikal
grunzt	Lineal	klerikal
strunzt	real	vertikal
	Areal	rustikal
fegt	egal	lokal
hegt	legal	Lokal
legt	Senegal	Pokal
verpflegt	Regal	Vokal
regt	Madrigal	mal
bewegt	frugal	Mal
	Portugal	schmal
Muhme	epochal	minimal
Boome	schal	optimal
zoome	Schal	maximal
Krume	pauschal	dezimal
Heiligtume	triumphal	einmal
Eigentume	katastrophal	anomal
Altertume	kollegial	formal
	genial	normal
schaltet	kolonial	banal
erkaltet	imperial	Fanal
spaltet	Material	Bacchanal
veraltet	Memorial	Kanal
gestaltet	territorial	phänomenal
waltet	kurial	Arsenal
	Differential	Signal
Aal	Potential	final
Baal	Existential	vaginal
Saal	trivial	Original

271

marginal	*Kral*	dental
kriminal	oral	mental
Urinal	Choral	fundamental
Pennal	Moral	ornamental
diagonal	temporal	sentimental
meridional	Korporal	monumental
regional	professoral	kontinental
dimensional	diametral	frontal
national	spektral	horizontal
rational	zentral	total
funktional	astral	Quartal
proportional	Mistral	Portal
hormonal	neutral	brutal
Personal	Ural	Manual
tonal	Plural	Qual
embryonal	guttural	Ritual
zonal	nasal	prozentual
Journal	Labsal	Karneval
Tribunal	Mühsal	oval
kommunal	Schicksal	Wal
Nepal	Rinnsal	loyal
Prinzipal	universal	fahl
Opal	Wirrsal	befahl
liberal	kolossal	Pfahl
föderal	Scheusal	kahl
General	Tal	Mahl
Mineral	fatal	Gemahl
lateral	genital	Stahl
Futteral	Kapital	stahl
Gral	Hospital	Wahl
Integral	vital	Zahl
Admiral		

Von *dem größten* deutschen *Sohne,*
Von des großen Friedrichs *Throne*
Ging sie *schutzlos,* unge*ehrt.*
Rühmend darfs der Deutsche *sagen,*
Höher darf das *Herz* ihm *schlagen,*
Selbst erschuf er sich den *Werth.*

Diadem	lohne	Marone
Tandem	entflohne	Cicerone
Ödem	Mohne	Dekamerone
Emblem	Drohne	frone
Problem	wohne	Krone
Phonem	Epigone	Makrone
Poem	Rhone	Matrone
bequem	schone	Patrone
Krem	Skorpione	Zitrone
extrem	Spione	Bretone
System	Ikone	Kantone
wem	Balkone	monotone
Lehm	Schablone	Teutone
genehm	Dublone	Zone
vornehm	Melone	Amazone
	Klone	Kanzone
lösten	Zyklone	
entblößten	Gallone	Ding
flößten	Wallone	fing
erlösten	betone	hing
rösten	Anemone	geling
trösten	Limone	*schling*
	Sermone	klingeling
ohne	Mormone	Ring
Bohne	None	bring
Hohne	Kanone	gering
Lohne	Barone	spring

sing	kehrt	*tragen*
schwing	lehrt	tagen
zwing	gelehrt	vagen
	mehrt	wagen
schmutzlos	versehrt	Wagen
nutzlos	wehrt	zagen
	zehrt	
Erd		März
Pferd	Waagen	abwärts
Herd	Behagen	aufwärts
werd	Kopenhagen	rückwärts
verheert	jagen	anderwärts
leert	klagen	vorwärts
teert	Lagen	auswärts
schert	plagen	Erz
beschert	*Magen*	Scherz
Kuvert	nagen	*Schmerz*
Schwert	ragen	Kommerz
beschwert	fragen	Nerz
entbehrt	Schragen	Terz
begehrt	Kragen	Sterz

Darum *steigt* in höherm Bogen
Darum strömt in vollern *Wogen*
　　Deutscher Barden Hochgesang,
　Und in eig'ner *Fülle schwellend,*
　Und aus Herzens *Tiefe quellend*
　　Spottet er der *Regeln Zwang.*

Friedrich Schiller

274

ohrfeigt	trogen	*bellend*
geigt	zogen	gellend
neigt		hellend
steigt	*bang*	schellend
schweigt	Fang	schnellend
verzweigt	Empfang	pellend
zeigt	*Gang*	prellend
	Hang	gesellend
Pädagogen	lang	*stellend*
Demagogen	Belang	wellend
Synagogen	gelang	
logen	schlang	Bund
analogen	Klang	Vagabund
Katalogen	klang	Fund
flogen	Rang	profund
pflogen	rang	Pfund
Eklogen	Drang	Burgund
Archäologen	drang	Hund
Ideologen	Bumerang	*Schund*
Geologen	sprang	kund
Theologen	Strang	Lund
Psychologen	Tang	Schlund
Biologen	Schwang	Mund
Soziologen	schwang	Spund
Philologen		rund
Technologen	*Gülle*	Rund
Ethnologen	Hülle	Grund
Sinologen	hülle	Korund
Zoologen	Mülle	Stund
Astrologen	knülle	Sund
Neurologen	brülle	gesund
Rogen	krülle	wund
Drogen	Tülle	Schwund
Pirogen	Sibylle	
sogen	Idylle	Hiefe

Schiefe	spekulative	*aktive*
liefe	ultimative	attraktive
schliefe	normative	effektive
Miefe	Alternative	objektive
riefe	föderative	subjektive
Briefe	generative	Adjektive
Tiefe	Imperative	selektive
hieve	operative	Kollektive
vife	konspirative	Perspektive
Naive	lukrative	Detektive
Archive	dekorative	fiktive
Olive	administrative	instinktive
Defensive	demonstrative	Konjunktive
Offensive	Akkusative	produktive
intensive	vegetative	destruktive
explosive	qualitative	Substantive
Subversive	karitative	Motive
Kursive	Rezitative	suggestive
Massive	repräsentative	Exekutive
passive	ostentative	reflexive
aggressive	Stative	laszive
progressive	Präservative	
repressive	Konservative	Egeln
exzessive	Fixative	flegeln
Dative	Akkreditive	Flegeln
Negative	primitive	Schlegeln
Initiative	Genitive	*Kegeln*
relative	sensitive	Pegeln
Superlative	positive	kregeln
Legislative	intuitive	segeln

Die deutsche *Bluse*

Kein Bilanzbuch*halter sprühte*
Keines Pillen*drehers Tüte*
   Fächelte der deutschen *Brunst,*
Sie ward nicht *verpflegt* von *Muhme,*
Sie ver*waltet* sich im *Boome,*
   Nicht der *Kral* hat sie *verhunzt.*

Vornehm rösten Deutsche *ohne*
Chlor des großen Friedrichs *Bohne.*
   Schling sie *schmutzlos* und *geteert!*
Rühmen darf's der deutsche *Magen.*
Geh, er darf den *Schmerz* er*tragen:*
   Selbst erschuf er sich den *Herd.*

Darum *geigt* in *Pädagogen*
Darum stöhnt in *Katalogen*
   Deutscher Barden Stelzen*gang,*
Und in eigner *Gülle bellend,*
Schund aus Herzens*mief bestellend,*
   Spottet er beim *Kegeln bang.*

Serenus M. Brezengang

Das Leben ist

1. Ein *Laub* / das grunt und falbt geschwind.
   Ein *Staub* / den leicht vertreibt der Wind.
2. Ein *Schnee* der in dem Nu vergehet.
   Ein *See* / der niemals stille stehet.
3. Die *Blum* so nach der Blüt verfällt.
   Der *Ruhm* auf kurtze Zeit gestellt.
4. Ein *Gras* / das leichtlich wird verdrucket.
   Ein *Glas* / das leichter wird zerstucket.
5. Ein *Traum* der mit dem Schlaf aufhört.
   Ein *Schaum* den Flut und Wind verzehrt.
6. Ein *Heu* / das kurtze Zeite bleibet.
   Die *Spreu* so mancher Wind vertreibet.
7. Ein *Kauff* den man am End bereut.
   Ein *Lauff* der schnauffend schnell erfreut.
8. Ein *Wasser*strom der pfeilt geschwind.
   Die *Wasser*blaß so bald zerrinnt.
9. Ein *Schatten* / der uns macht schabab.
   Die *Matten* so gräbt unser Grab.

Georg Philipp Harsdörffer

Childe Harold

Eine starke schwarze Barke
Segelt trauervoll dahin.
Die vermummten und verstummten
Leichenhüter sitzen drin.

Todter Dichter, stille liegt er,
Mit entblößtem Angesicht;
Seine blauen Augen schauen
Immer noch zum Himmelslicht.

Aus der Tiefe klingt's als riefe
Eine kranke Nixenbraut,
Und die Wellen, sie zerschellen
An dem Kahn, wie Klagelaut.

Heinrich Heine

Frühlings-Willkommen

Floridan.
Es fünken / und flinken / und blinken
   Klajus.   Buntblümichte Auen /
Es schimmert / und wimmert / und glimmert
   Floridan.   Frü-perlenes Tauen
Es zittern / und flittern / und splittern
   Klajus.   Frischläubichte Äste:
Es säuseln / und bräuseln / und kräuseln
   Floridan.   Windfriedige Bläste.
Es singen / und klingen / und ringen
   Klajus.   Feld-schlürfende Pfeiffen,
Den Mayen / am Reyen / Schalmeyen
   Floridan.   Der Hirten / verschweiffen.
Es bellen / und gellen / und schellen
   Klajus.   Die Rüden und Heerden.
Es stralet und pralet / bemahlet /
   Floridan.   Das Stikkwerk der Erden.
Die Schatten und Matten begatten
   Klajus.   ein völliges Lachen /
Das Rieseln / und Blüseln / und Kieseln
   Floridan.   Bekleidet die Brachen.
Es lallet / und wallet / und schwallet /
   Klajas.   Am gläsernen Strande.
Es strudeln / und brudeln / und wudeln
   Floridan.   Die Wellen zu Rande.
Es lispeln / und wispeln / und fischpeln
   Klajus.   Krystallinne Brünnen.
Und spritzen / und schwitzen / und nützen /
   Floridan.   Mit kräußlichtem Rinnen.

Es streichen und schleichen / in Teichen /
    Klajus.   Die schuppichten Fische.
Und krümmeln / und schwimmeln / und wimmeln
    Floridan.   Mit Hauffen zu Tische.
Es witzschern / und zitzschern / und zwitzschern
    Klajus.   Die hupfenden Büsche.
Es rauschet / und lauschet / und zauschet
    Floridan.   Ihr holdes Gezische.
Es dirdirlir / dirdirlir / dirdirlir-
    Klajus.   liret die Lerche.
Es klappern / und bappern / und blappern
    Floridan.   Schlankbeinichte Störche.
Es krekken / krerekken / und quekken
    Klajus.   Grüngelbliche Frösche.
Sie lechzen / und ächtzen / und krächtzen /
    Floridan.   Mit hellem Gedrösche.
Es summeln und brummeln die Hummeln /
    Klajus.   in heiteren Lüften.
Es spielet / und sület / und wület
    Floridan.   das Wald-Wild bey Klüften.
Was klimmet / und schwimmet / und brümmet /
    Klajus   will Frölichkeit machen:
Was lebet / und schwebet / und webet /
                  verjünget sein Lachen.

Sigmund von Birken, Johannes Klaj

Der Wasserfall

Wenn langsam Welle sich an Welle schließet,
Im breiten Bette fließet still das Leben,
Wird jeder Wunsch verschweben in den einen:
Nichts soll des Daseyns reinen Fluß dir stören.
Läßt du dein Herz bethören durch die Liebe,
So werden alle Triebe, losgelassen,
Der Kraft in vollen Massen sich entladen,
Daß unten tief sich baden die Gefühle,
Im buntesten Gewühle wilder rauschen,
Bis ferne Männer lauschen und voll Bangen
Das nah zu sehn verlangen, was mit Grausen
Die Seel' erfüllt im Sausen solcher Wogen,
Die manchen schon betrogen, und nicht ruhten,
Bis tiefer in die Fluthen ewger Leiden
Verschlungen sie die beyden, die vereinet
Im Silberschaum den süßen Tod beweinet.

Friedrich Schlegel

Sehet den bekräntzten Lentzen /
nun in unsren Grentzen gläntzen!
  Seht im fetterfülltem Feld /
sich in grünen Matten gatten
Blumen in den blinden Schatten /
  unter jenem Baumgezelt.
Kommt die Fluten zu beschauen /
so sich mit den Auen trauen.

Georg Philipp Harsdörffer

Der Nymfen Chor

1.

Was kan unsern Sinn betrüben?	Lieben.
Was mag unsre Ruh' verstören?	Ehren.
Was pflegt die Begierd zu reitzen?	Geitzen.

Das heist mit den Eulen beitzen /
lauffen nach der Eitelkeit
und erlauffen eilend Leid /
wann wir lieben / ehren / geitzen.

2.

Was bringt grossen Herren Rahten?	Schaden.
Was gibt wissen uns zu Lohn?	ein Hohn.
Was mag unser Hertz genügen?	Lügen.

Also pfleget zu betriegen /
wabb di' edel' Eitelkeit
hinterläst an statt der Freud' /
eitel Schaden / Hohn und Lügen.

3.

Sag / was ist hoher Fürsten Gunst?	ein Dunst.
Was ist der Sauff- und Fresserlust?	ein Wust.
und der so stoltzen Krieger Macht?	ein Pracht.

Also wird im End verlacht /
So die flüchtig' Eitelkeit
hinterläst nur Eitel Leid /
blauen Dunst / ein Wust / und Pracht.

Georg Philipp Harsdörffer

Grüß dich, blut'ge Todessonne!
Grüß dich, Held des Unterganges!
Grüß dich, Heiland voller Dornen!
Grüß dich, Sichel meines Gartens!

Grüß dich, lichter Trauerbote!
Grüß dich, Thaues Thränensammler!
Grüß dich, Wecker aller Todten!
Grüß dich, Feuerheld des Grabes!

Singt die sieben letzten Worte,
Singt sie mir, ihr grauen Schwalben!
Singt ihn mir, den Schild der Todten,
Singt den Held des Unterganges!

Clemens Brentano

A boat, beneath a sunny sky
Lingering onward dreamily
In an evening of July –

Children three that nestle near,
Eager eye and willing ear,
Pleased a simple tale to hear –

Long has paled that sunny sky:
Echoes fade and memories die:
Autumn frosts have slain July.

Still she haunts me, phantomwise,
Alice moving under skies
Never seen by waking eyes.

Children yet, the tale to hear,
Eager eye and willing ear,
Lovingly shall nestle near.

In a Wonderland they lie,
Dreaming as the days go by,
Dreaming as the summers die:

Ever drifting down the stream –
Lingering in the golden gleam –
Life, what is it but a dream?

Lewis Carroll

Ach, jenes Boot am Uferrain,
Leise und sanft glitt es dahin
Im goldnen Julisonnenschein –

Chor der Drei! so nah geschmiegt,
Ernst euer Aug, gespannt das Ohr,
Plaudernd von Märchen eingewiegt –

Lang ist nun schon der Himmel kalt,
Ein Echo tönt noch schwach von dort –
Auch dieser Ton verhaucht schon bald.

Sie sucht mich oft auch jetzt noch heim,
Alice, die unterm Himmel geht,
Nie mehr gesehn, im Traum nur mein.

Chor von Kindern, hier und dort,
Ernst das Aug, gespannt das Ohr,
Lauscht auch jetzt noch meinem Wort.

In ein Wunderland versetzt,
Durch die Tage träumend hin,
Durch die Sommer träumend jetzt,

Eingewiegt am Ufersaum –
Leis auf der Fahrt im goldnen Strom –
Leben: bist du nicht nur Traum?

Lewis Carroll

Das Lernen ohne Lust / ist eine läre Last /
Dann Lehre wird durch Geist und Lieb ein lieber Gast.
Doch wird die List und Lust / nicht ohne Last gefasst.
Wie ist dann solcher Lust / und Liebe Last verhasst?
Das macht es / daß man lehrt die Lehr mit Überlast /
Es ligt in solchem Stall / manch Laster in der Mast.

Georg Philipp Harsdörffer

Jârlanc vrîjet sich diu grüene linde
loubes unde *blüete   guot*;
wunder *güete   bluot*   des meinen ê der werlte bar.
gerner ich dur liehte bluomen linde
hiure in touwes *flüete   wuot,*
danne ich *wüete   fluot*   des rîfen nû mit füezen bar.
mir tuont wê die küelen scharphen *winde.*
swint,   vertânez winterleit!
durch daz mînem muote sorge *swinde.*
wint   mîn herze ie kûme leit,
wande er kleiner vogellîne fröude nider leit.

Owê! daz diu liebe mir niht dicke
heilet mîner *wunden   funt!*
ich bin *funden   wunt*   von ir: nu mache si mich heil.
sendez trûren lanc breit unde dicke
wird mir zallen *stunden   kunt*
wil mir *kunden   stunt*   gelückes, sô vind ich daz heil,
daz si mich in spilnde fröude *cleidet.*
leit   an mir niht lange wert:
ir gewant ⟨mir⟩ ungemüete *leidet.*
cleit   nie wart sô rehte wert
sô diu wât der mich diu herzeliebe danne wert.

Werlt, wilt dû nu zieren dich vil schône,
sô gib dînen *kinden   wint,*
der niht *winden   kint*   zunêren müge: dêst mîn rât.

swer mit sræte diene dir, des schône;
hilf im sorge *binden.   vint*
die dich *vinden*;   *bint*   si zuo dir, gib in hordes rât,
reiniu wîp: den rât mein ich ze *guote.*
muot   und zuht ist in gewant:
swen si cleident mit ir reinen *muote*,
guot   und edel daz gewant
ist, darumbe ich ûz ir dienste mich noch nie gewant.

Konrad von Würzburg

Ein Glied von Schillers Locke

Und drinnen waltet die putzsüchtge Hausfrau:
Sie füttert im Stalle die hochfrüchtge Haussau,
die Mutter der Vierpfünder,
mit Futter für vier Münder,
und lebet weise
und webet leise
und lehret die Mädchen
und mehret die Lädchen
und strickelt und webet
und wickelt und strebet,
Gewinne zu mehren,
der Minne zu wehren,
und müht sich ohn' Ende, mit Fleiße zu sticken,
die Strümpfe zu stopfen, die Steiße zu flicken,
und füllet mit Schätzen und hehren Laken
die Schreine, die Truhen, die leeren Haken
und spinnet zum Faden die schimmernde Wolle
und findet zum Spaten die wimmernde Scholle
und nutzet die Kräfte und ganze Glut
und zeigt sich im festlichen Glanze gut –
trotz scheußlichem Harm –
mit häuslichem Charme!

Sita Steen

Treu und Liebe
  soll mich krönen,

Aber nur
  bey Lisimenen,

Meine Seele
  wird entzücket,

So sie jenes
  Bild erblicket,

Doris lebenslang
  bey dir.

Geb ich falsches
  Schmäucheln für.

Wenn ich täglich
  bey dir bin:

Sterb ich bald
  vor Grauen hin.

Christian Friedrich Hunold

Die Etats Généraux

$$\cup - \cup - \cup, - \cup \cup - \cup \cup$$
$$\cup - \cup - \cup, - \cup \cup - \cup \cup$$
$$\cup - \cup - \cup - \cup - \cup$$
$$- \cup \cup - \cup \cup - \cup - \cup.$$

Der kühne Reichstag Galliens dämmert schon,
Die Morgenschauer dringen den wartenden
Durch Mark und Bein: o kom, du neue,
Labende, selbst nicht geträumte Sonne!

Gesegnet sey mir du, das mein Haupt bedeckt,
Mein graues Haar, die Kraft, die nach sechzigen
Fortdauert; denn sie war's, so weit hin
Brachte sie mich, daß ich Dieß erlebte!

Verzeiht, o Franken, (Name der Brüder ist
Der edle Name) daß ich den Deutschen einst
Zurufte, das zu fliehn, warum ich
Ihnen itzt flehe, euch nachzuahmen.

Die größte Handlung dieses Jahrhunderts sey,
So dacht' ich sonst, wie Herkules Friederich
Die Keule führte, von Europa's
Herschern bekämpft, und den Herscherinnen!

So denk' ich jetzt nicht. Gallien krönet sich
Mit einem Bürgerkranze, wie keines war!
Der glänzet heller, und verdient es!
Schöner, als Lorber, die Blut entschimmert.

Friedrich Gottlieb Klopstock

Fisches Nachtgesang

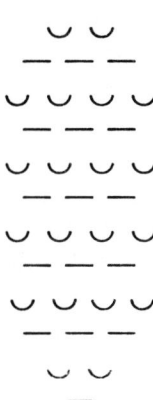

Christian Morgenstern

Dem Phöbus gleich, mit fliegender Rösser Kraft,
So zog er hin, doch plötzlich im Abendlicht
Auf wüstem Acker stille stehet
Nun die vergoldete Staatskarosse.

Die Diener zünden Fackeln an. Ihrem Herrn
Bereiten sie ein Lager am Feuer zu.
Den Wagenschmied zu Hilfe holt vom
Unfernen Maierhof her der Kutscher.

Doch unheilvoll umwölket die Braue sich:
Es quält den Meister rasende Ungeduld,
Und Zornesblitze wirft er allen
Säumigen zu, bis das Werk getan ist.

Als Eos rosenfingrig erwacht ist, wird
Dem braven Schmiede goldener Lohn zuteil.
Auf seiner Himmelsbahn geschwind, dem
Sonnengott gleich, ist enteilt der Meister.

A. T.

Ach, auf dem langen Marsch verschlägt es dem Dichter
die Rede.
Ist ihm so ferne vom Ziel ausgegangen die Luft?

A. T.

Schon wieder Stau! Was das für ein Tumult ist!
Ob dieser DKW da vorn dran schuld ist?

Ein Herr steigt aus und tobt. Der Mann begreift nicht,
daß ein Museumsstück kein Katapult ist.

Er schimpft auf seinen Fahrer und erklärt ihm,
daß es nun wirklich Schluß mit seiner Huld ist.

Ich wüßte gern, sagt der Chauffeur, Genosse,
was Ihre Ansicht zum Personenkult ist?

Der Chef weiß nicht warum, doch eines weiß er,
daß er ganz außer sich vor Ungeduld ist.

Und das notiert er sich, obwohl er einsieht,
daß er an dem Theater selber schuld ist.

A. T.

das was war war mir nicht recht
aber es war und ist nicht mehr
das was sein wird wird mir nicht recht sein
aber es wird erst sein und ist noch nicht
aber das was ist ist
und das ist mir erst recht nicht recht

A. T.

Ein Mann wie der läßt sich   nicht in die Falle locken.
Im Notfall war er stets   beizeiten auf den Socken,
Hat nie den Hals riskiert   und nie die dürren Knochen.
Doch seinen harten Kopf,   den hat er sich zerbrochen.
Er rauchte viel zu viel.   Er grübelte. Er stand
verbissen, unscheinbar   und grau am Straßenrand.

A. T.

Dort, wo er herkam, ist er nicht geblieben.
Doch was er suchte, das war nicht zu finden,
Und was er liebte, hat ihn bald vertrieben.

Aus Moskau schien es ratsam zu verschwinden.
Die Neue Welt kam ihm gebrechlich vor.
In Hollywood kein Geld, und keine Linden.

Gut, daß er nie den fremden Paß verlor.
In Zürich zog es ihn zum Bahnhof hin.
Daheim empfing ihn ein gemischter Chor.

Man gab ihm, was er brauchte, in Berlin,
Und brauchte schamlos den verlornen Sohn.
Kein Wunder, daß die Rast ihm endlos schien.

Die S-Bahn schlingerte zur Endstation,
Vorbei an Anglern, Kiefern, Polizisten.
In jenem Sommer blühte früh der Mohn.

Im Klub Kaninchenschau, und dann die tristen
Besäufnisse des Erntekomittees.
Am Rathaus hingen schon die Einheitslisten.

War das sein Ziel? Die Wirtin des Cafés –
Mit der war auch nichts Rechtes anzufangen.
Am trüben Ufer des Scharmützel-Sees

Ist die Virginia ihm ausgegangen.

A. T.

Augsburg haßte Herr Brecht,
und in Hollywood wurde ihm schlecht.
Nicht nur Moskau mied er, auch Tucunuco.
Am liebsten fuhr er nach Buckow.

A. T.

Der Radwechsel

Ich sitze am Straßenrand
Der Fahrer wechselt das Rad.
Ich bin nicht gern, wo ich herkomme.
Ich bin nicht gern, wo ich hinfahre.
Warum sehe ich den Radwechsel
Mit Ungeduld?

Bertolt Brecht

SIEBENTES HAUPTSTÜCK

An den ungeneigten Leser

Ad lectorem non propitium. ὄμματα.
Versu choriambico Aristophanio, &c. maiusculæ ordine
Alphabetico carminum ordinem denotant.

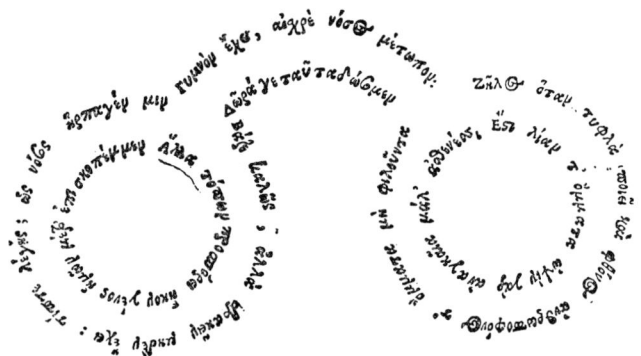

Pierre Dolet

frau grau

es regnet und der regen schlägt
aufs haus aufs dach die katze trägt

vier junge aus fünf junge aus
der regen schlägt aufs dach aufs haus

die zeit ist schlecht der regen rinnt
im rund des schoßes liegt der wind

des schoßes liegt gekrümmt und weht
der hund der wind der regen seht

das ist der hund und das frau grau
in diesem hause hund und frau

der regen schmatzt am haus am dach
der hund im schoß die frau danach

die frau im stuhl der regen fällt
er fällt aufs haus aufs dach sie halt

in ihrem schürzensack den hund
der regen klopft ans fenster und

aufs haus aufs dach in ihrem schoß
liegt warm der hund die zunge groß

und rot erscheint der regen macht
geräusch am dach in dieser nacht

```
e        a    v    d    d
s        u    i    e    i
         f    e    r    e
r        s    r
e                  r    z
g        h    j    e    e
n        a    u    g    i
e        u    n    e    t
t        s    g    n
              e         i
u        a         s    s
n        u    a    c    t
d        f    u    h
         s    s    l    s
d                  ä    c
e        d    f    g    h
r        a    ü    t    l
         c    n         e
r        h    f    a    c
e                  u    h
g        d    j    f    t
  e      i    u    s
  n      e    n
              g         d
  s      k    e    d    e
  c      a         a    r
  h      t    a    c
  l      z    u    h    r
  ä      e    s    a    e
  g                u    g
  t      t         f    e
         r         s    n
         ä              r
         g         h    i
         t         a    n
                   u    n
                   s    t
```

der regen klatscht der regen rauscht
der regen schlägt und pocht jetzt lauscht

im vordergrund gekrümmt der hund
frau grau jedoch im hintergrund

des nachts an diesem tag und legt
die hand ans ohr der regen fegt

in dieser nacht das dach und tropft
vom dach vom haus der regen klopft

in dieser nacht aufs dach und rinnt
vom dach vom dach frau grau beginnt

in dieser nacht zu laufen und
es folgt auf ihrem fuß der hund

vorbei vorbei in dieser nacht
am tisch am schrank der regen kracht

am tisch am schrank der mond ist schmal
am schrank am ofen am regal

vorbei vorbei an ofen schrank
vorbei an tisch an stuhl an bank

und weiter noch ein kleines stück
vorbei in diesem augenblick

gehn hund und frau zur nacht und ach
der regen schlägt aufs haus aufs dach

Raoul Tranchirer

```
i          d      d      d      i
m          e      e      a      n
           s      r      s
r                               d
u          s      h      i      i
n          c      u      s      e
d          h      n      t      s
           o      d             e
d          ß             d      m
e          e      d      e
s          s      e      r      h
                  r             a
s          l             h      u
c          i      w      u      s
h          e      i      n      e
o          g      n      d
ß          t      d             h
e                        u      u
s          g      d      n      n
           e      e      d      d
l          k      r
i          r             d      u
e          ü      r      a      n
g          m      r      s      d
t          m      e
                  g      f      f
d                 e      r      r
e          u      n      a      a
r          n             u      u
           d      s
w                 e
i          w      h      g
n          e      t      r
d          h             a
           t             u
```

```
d       d       d       e       i
e       e       i       r       n
r       r       e
                        f       i
r       h       f       ä       h
e       u       r       l       r
g       n       a       l       e
e       d       u       t       m
n
        i       i       a       s
s       m       m       u       c
c                       f       h
h       s       s       s       ü
m       c       t               r
a       h       u       h       z
t       o       h       a       e
z       ß       l       u       n
t                       s       s
        d       d               a
a       i       e       a       c
m       e       r       u       k
                        f
h       f       r       s       d
a       r       e               e
u       a       g       d       n
s       u       e       a
                n       c       h
a       d               h       u
m       a       f               n
        n       ä       s       d
d       a       l       i
a       c       l       e
c       h       t
h                       h
                        ä
                        l
                        t
```

Liebeslied eines Wilden

Brasilianisch

Schlange, warte, warte, Schlange,
Daß nach deinen schönen Farben,
Nach der Zeichnung
deiner Ringe
Meine Schwester
Band und Gürtel
Mir für meine
Liebste
flechte.
Deine
Schönheit,
deine
Bildung
Wird vor
allen
andern
Schlangen Herrlich dann gepriesen werden.

Johann Wolfgang Goethe

Die Trichter

Zwei Trichter wandeln durch die Nacht.
Durch ihres Rumpfs verengten Schacht
fließt weißes Mondlicht
still und heiter
auf ihren
Wald-
weg
u. s.
w.

Christian Morgenstern

Johann Wolfgang Goethe

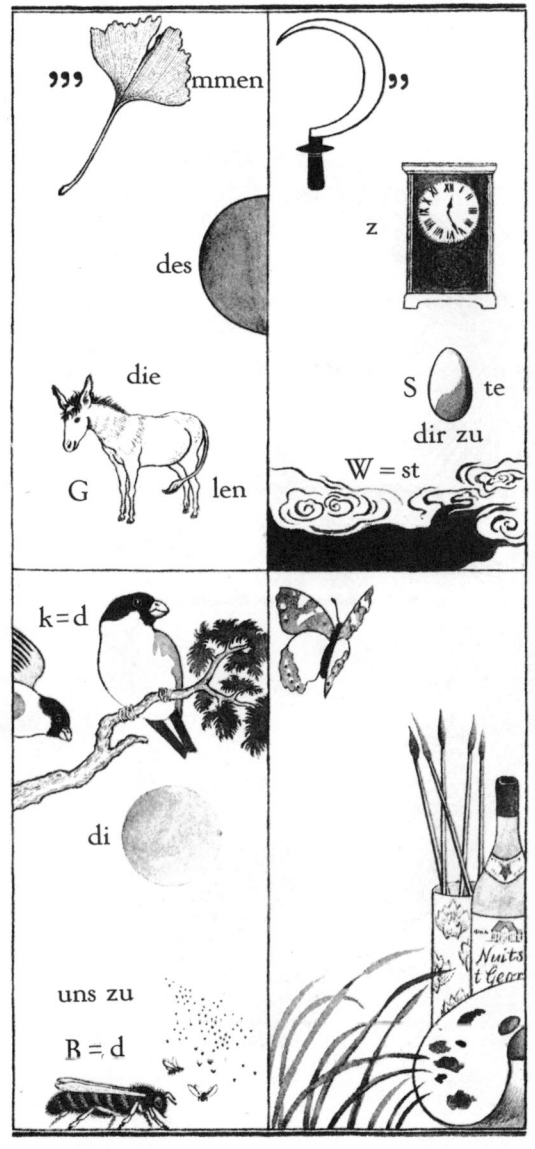

Anita Albus

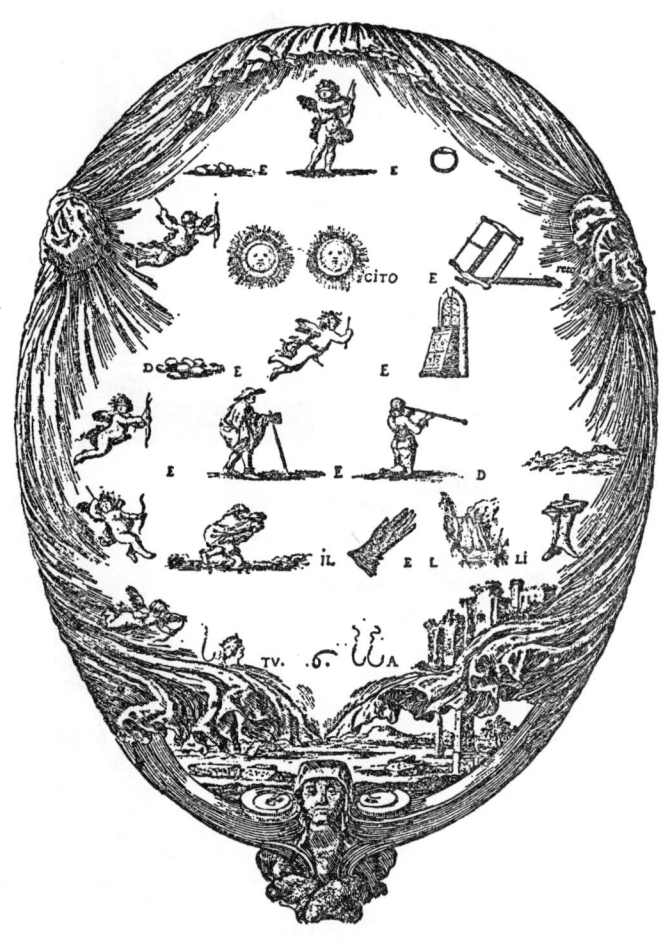

Stefano della Bella

Zwei Rätsel

				wird			Tag				
		cke	ge	der	am	be-	ward	kan	dem	Werd'	
Wer-	Weil	Fraw	Kopff		stern	Magdt		wust	von	mich	
der	dem	Es	Flü-	es	hat	vnd	an	doch	lieb	Vn-	ich
Lust.-	im	tracht	men	fleugt	gel	beist	es	fleugt	Sticht	Euch	in
Nachts	dien	nicht	Schwerd					vnd	oh-	auff	ter-
recht	ste	Da-	tzer	Spieß	hat	Zan.	in	oh-	doch	sie	sein
Ich	deß	vnd	auch	Euch	schwar-	ne	nicht	ne	geht	rük-	ei-
be-	me	bracht.-	lieb		mein	vmb-		Nacht	Vnd	Va-	wol
		die	Nah-	ge-	Bin	der	wann	ter	schik-	ne	ken:
				Braut			ken				

N. N.

Man Ray

```
        I.              III.            VII.            XII.
     MIRVMOPVSESTIVNCTOSENTALESEDEREVERSVS
     SICQVELIGAREHEDERISPAVLVMTVDIEROGATVS
     MOXADESENQVORSVMRAPIESQVIPRAEBEOFIXAS
     SVMTVVSECPRIMISTVADISCIMVSVTTRIAFELIX
     NECFALLAXTRIBVENSAVDACIINMVNERECLARVM
     AEQVIPERESANIMVMNVNCCLIOCARMINAFIRMET
     QVIPOTERVNTPANGIPONAMCEVSTAMINANORMAS
     QVAEVERRANTSESEQVAEVINCVLAMITIACVRENT
     TVDABISHASVIRESTVARVRSVMCOSEREPRAEMIA
     AVSIBVSINMAGNISLAETAADCONTRARIACVRRAS
XI.  AONIDVMNAMFONTEGRAVIMICATARSNOVAVENIS
IIII.IMMANESTPRORSVMAMPLEXVAVTTOTOCIVSONAS
     PROSPICEREPLANTAREMODOSINMITTATVTITVM
     ETPROIIECTANECETCONSVMTOINGLORIALIBRO
     SISAPIVNTETNOSTRACVISVCCRESCEREACVMEN
     PRAESOLIDVMDENSVMQVEANIMIDEDVCEREVIVA
     CONGRVERECERNANTSTVDIOSEQVIBONACALLES
     LEGIB.ABSTRVSISQVODCARMINACONSPICORATI
VIII.BLANDEANIMIIIVDEXQVIMORIB.OMNIAGISAVCTV
VIIII.PRAEMIROOSTENDISSTVDIAINRECTOREPOLITA
     TREVSICOLASQ.TVOSAVCTVSLAETABILESVMENS
     INTVITVMQVOPROSPERAFACTAACGAVDIADONES
     PVBLICANILPRIVSESTQVODVIETNOMINECVRAS
     FASSITSIDONIISENSVMINPENETRALEPATRONI
     NOSCEREQVAEPOSSISILLICNITOROCITEREIVS
     CONDITVRABSTRVSAGENEROSVMCOGERECENSVM
v.   PAVPERIEFLAGRANTGEMINISNOVAGAVDIAVOTIS
XIII.DIVESAPOLLINEISDEAVRATFOEDERAPLECTRIS
     HICNOVITLAVDESDOCTVSQVAEQVEOMINETANTO
     SVNTPRAEVISABONISTVDEXTERPROTINVSESTO
     CVMSANCTISINSISTEFIDEFESTINVSINAMPLVM
     CLEMENTIHAECNVTVAVGVSTVSTIBIDONABEATA
     LAVDATOTRIBVETTECONSVLEPRAEMIACOMPLET
     HINCTVATVNCFESTISNOTISEXNOMINAPLAVSVS
     PLVRIMVSACPRVDENSRERVMQVISTORPEATVSVS
     DEGENERIABSPEMOLITAPLVSINGRVITHINCIAM
     SVSCIPEVOTOALACRIHOCMVNVSVIRBONECLARE
     II.             VI.             X.              XIIII.
```

Publius Optatianus Porfyrius

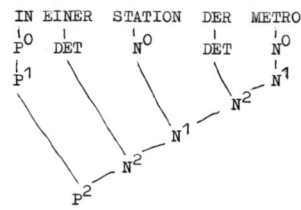

(a)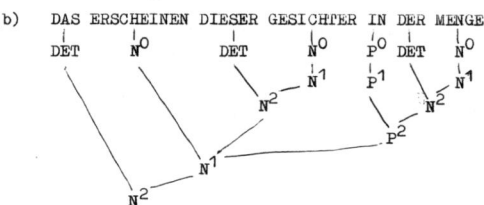

(b)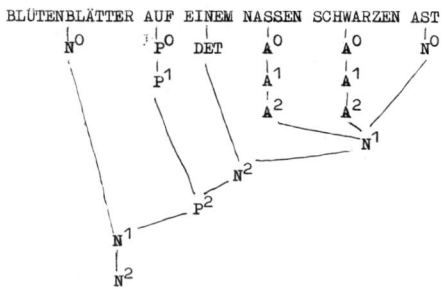

Ezra Pound

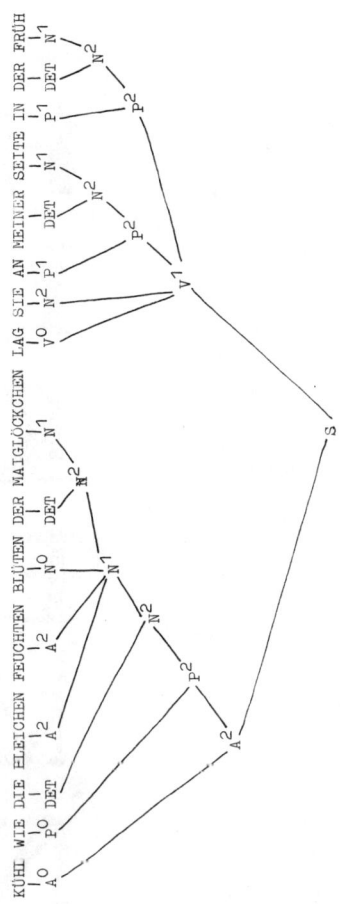

Ezra Pound

Abgerittene

Böszwichtin!

Czerrüßene,

Durchtribne,

Erenlose,

Frawenschenderin!

Gruntlose,

Huorische,

Inprünstige

Kotz!

Liegende,

Misztrewige

Nachrednerin!

Offenbare

 luotuergießerin!

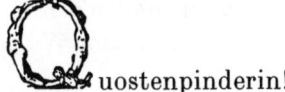 uostenpinderin!

 ewdige

 ackhuor!

 errätterin!

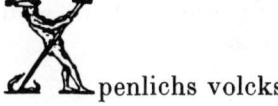 penlichs volcks

 mmerwernde

 ageltasch!

 runckne

Clara Hätzler

 rutschte aus, und brach den ARM, und schrie
vor ANGST und Wut.

 sprach: »Das ist ein BRAVES Kind! Das BRÜL-
LEN tut ihm gut!«

 bot ihm kalten CAFFEE an, und CHOCO-
LADENCREME.

 schrie: »Hier muß ein DOKTOR her! Seid doch
nicht so bequem!«

 meinte: »ETWAS EIERSCHNEE, das stellt ihn
wieder her.«

 riet: »Ein FAULER FISCH, der nützt in solchen
FÄLLEN mehr.«

 brachte vor: »Mit GÄNSESCHMALZ erholt man
sich GESCHWIND.«

 rief: »HOLT einen HUT, denn sonst erkältet sich
das Kind!«

 hielt ein weiches INLETT für die rettende IDEE.

 widersprach: »Was er sich wünscht, das ist ein
KÄNGURUH.«

 zündete ein LÄMPCHEN an und zog die LÄDEN
zu.

 fragte ihn, ob er vielleicht MELISSEN-
ZUCKER bräuchte.

 grunzte, daß ihn eine NUSS das Allerbeste
däuchte.

 glaubte, OHNE ORGELSPIEL sei hier nichts
auszurichten.

 schlug ein anderes Mittel vor: POETISCHE Ge-
schichten.

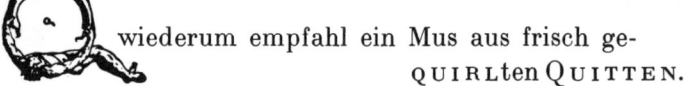 wiederum empfahl ein Mus aus frisch ge-
QUIRLten QUITTEN.

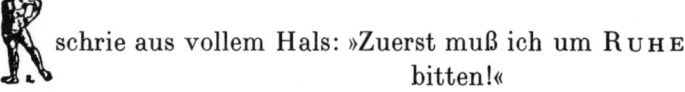 schrie aus vollem Hals: »Zuerst muß ich um RUHE
bitten!«

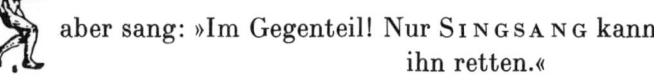 aber sang: »Im Gegenteil! Nur SINGSANG kann
ihn retten.«

 seufzte still: »Mit TRÄNEN, seht! benetze ich die
Betten.«

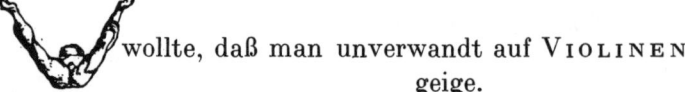 wollte, daß man unverwandt auf VIOLINEN
geige.

 rief nach WARMEN WHISKY für des
schwer Blessierten Durst.

 trachtete zum X-ten Mal nach einer X-tra-
Wurst.

 hätt' am liebsten ihn mit YSOPKRAUT kuriert.

 holte ein ZIBEBENFASS und rief: »Herein-
spaziert!

Und dann den Deckel drauf, mein Freund! Wir drücken
dich jetzt platt!
Wir haben dein Gewimmer und dein Zetern nämlich satt!«

Edward Lear

Matthias Claudius

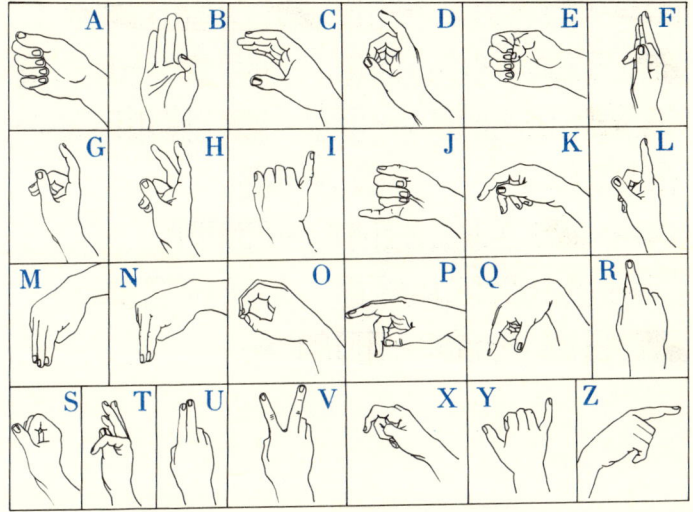

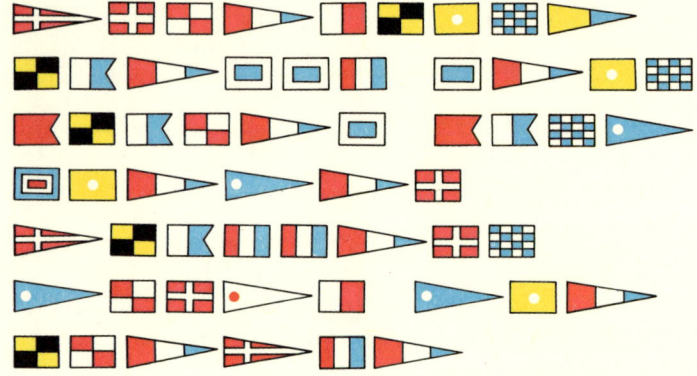

Eduard Mörike

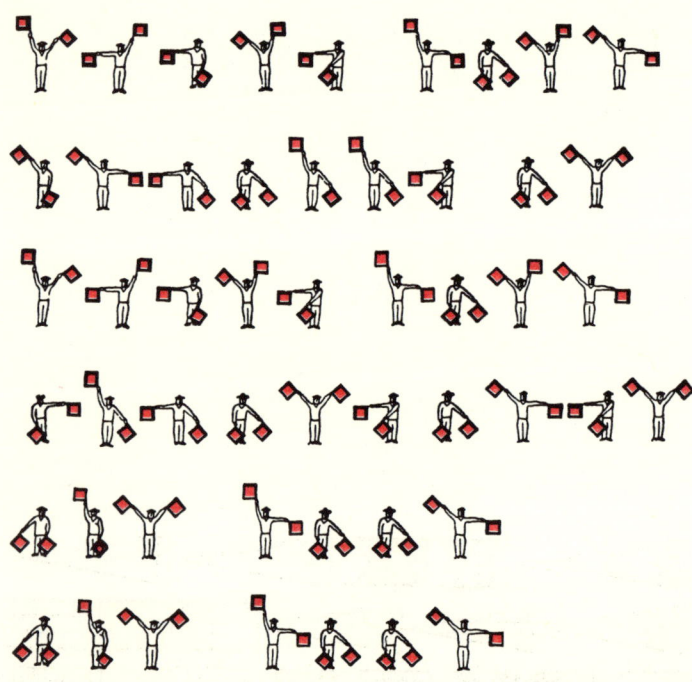

Giuseppe Ungaretti

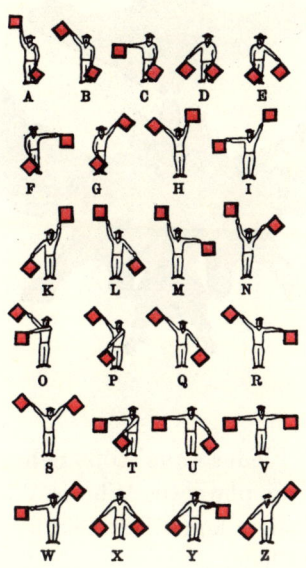

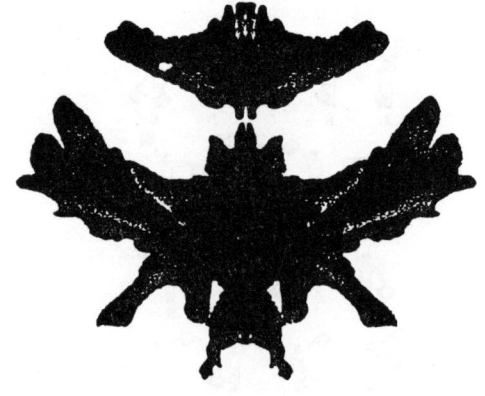

Die Fledermaus stößt Schreie aus!
ein unentwegtes Who-is-Who?
Sie ist ja keine Blindekuh
die Fledermaus
Das ist, wie man es wendet,
in jeder Hinsicht wunderbar:
empfangen wie gesendet:

RADAR

Peter Rühmkorf

Paul Klee

Großmutter Schlangenköchin

Maria, wo bist du zur Stube gewesen?
Maria, mein einziges Kind!

Ich bin bey meiner Großmutter gewesen,
Ach weh! Frau Mutter, wie weh!

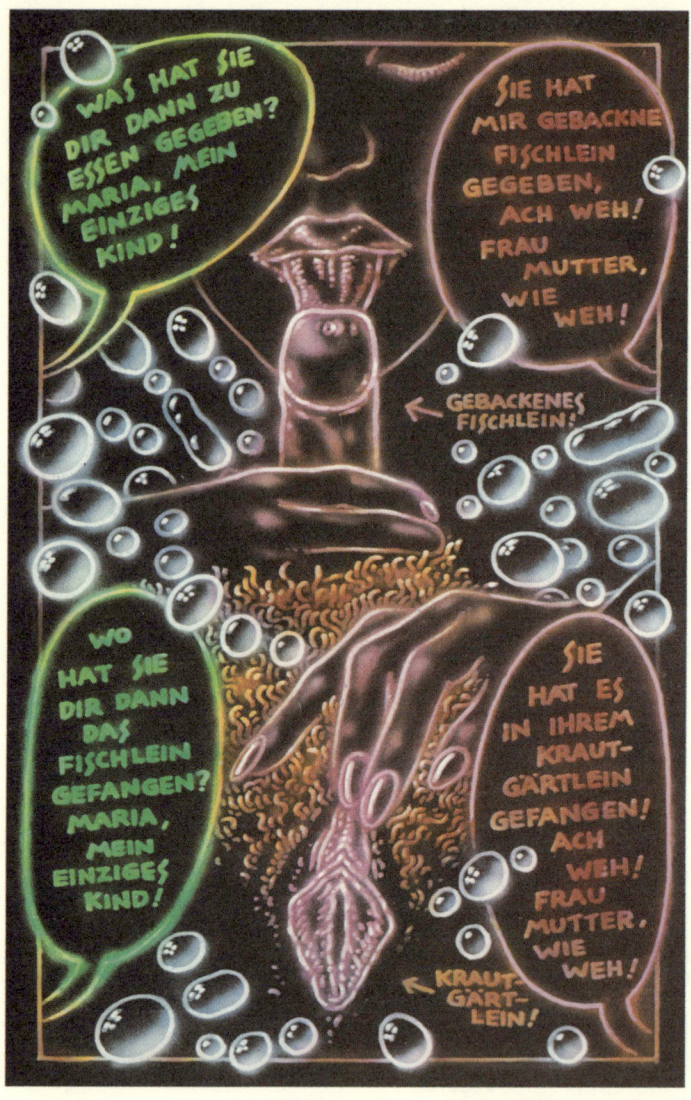

Was hat sie dir dann zu essen gegeben?
Maria, mein einziges Kind!

Sie hat mir gebackne Fischlein gegeben,
Ach weh! Frau Mutter, wie weh!

Wo hat sie dir dann das Fischlein gefangen?
Maria, mein einziges Kind!

Sie hat es in ihrem Krautgärtlein gefangen,
Ach weh! Frau Mutter, wie weh!

Womit hat sie dann das Fischlein gefangen?
Maria, mein einziges Kind!

Sie hat es mit Stecken und Ruthen gefangen.
Ach weh! Frau Mutter, wie weh!

Wo ist denn das Übrige vom Fischlein hinkommen?
Maria, mein einziges Kind!

Sie hats ihrem schwarzbraunen Hündlein gegeben,
Ach weh! Frau Mutter, wie weh!

Wo ist dann das schwarzbraune Hündlein hinkommen?
Maria, mein einziges Kind!

Es ist in tausend Stücke zersprungen,
Ach weh! Frau Mutter, wie weh!

Maria, wo soll ich dein Bettlein hin machen?
Maria, mein einziges Kind!

Du sollst mir's auf den Kirchhof machen,
Ach weh! Frau Mutter, wie weh!

N. N./Bernd Brummbär

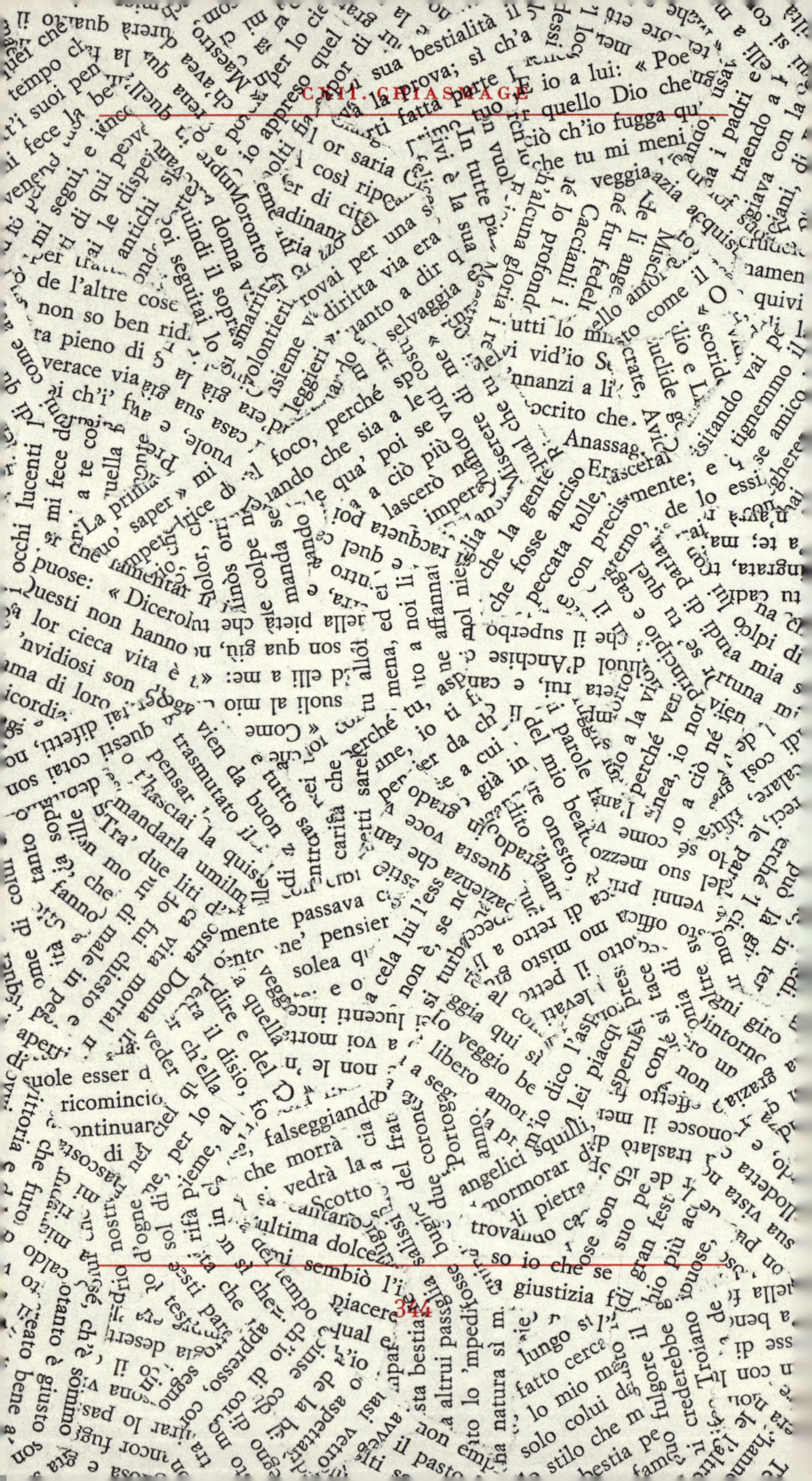

Liri K. lis

345

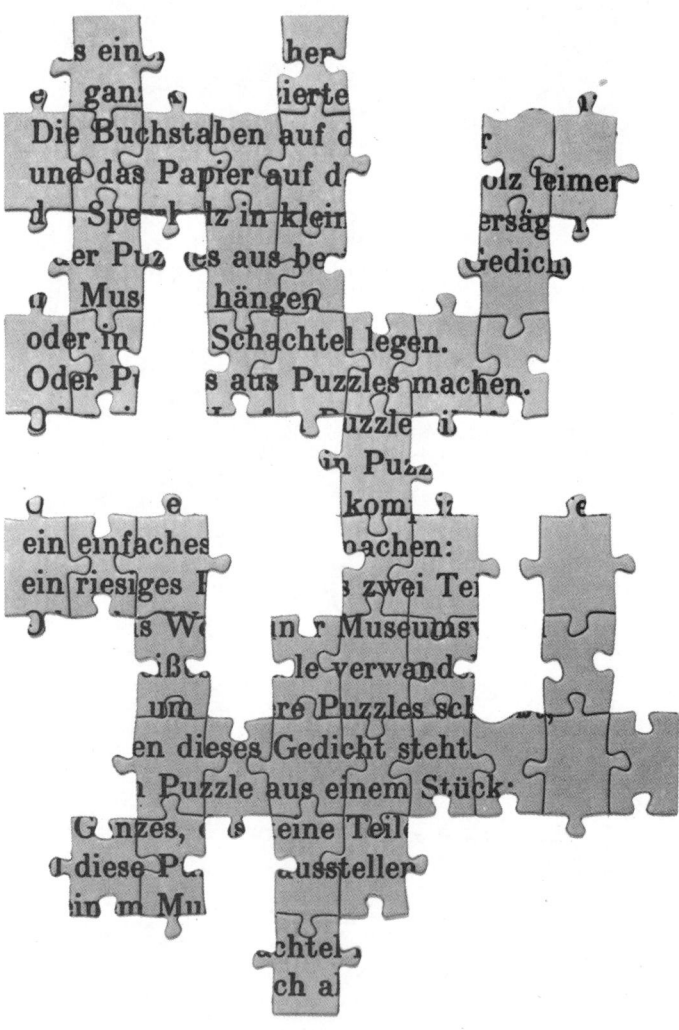

s ein… …her
…gan… …ierte
Die Buchstaben auf d…
und das Papier auf d… …olz leimen
d… Spe…olz in klein… …ersäg…
…er Puz…es aus be… …edich…
…n Mus… hängen
oder in… Schachtel legen.
Oder P… s aus Puzzles machen.
…Puzzle…
…n Puz…
…e …kom…
ein einfaches… …achen:
ein riesiges… …s zwei Tei…
…s We… …n…r Museums…
…ißt… …le verwand…
…um… …re Puzzles sch…
…en dieses Gedicht steht…
…n Puzzle aus einem Stück:
G…nzes, d…s …eine Teil…
…diese P… …aussteller
…n…m Mu…
…achtel…
…ch a…

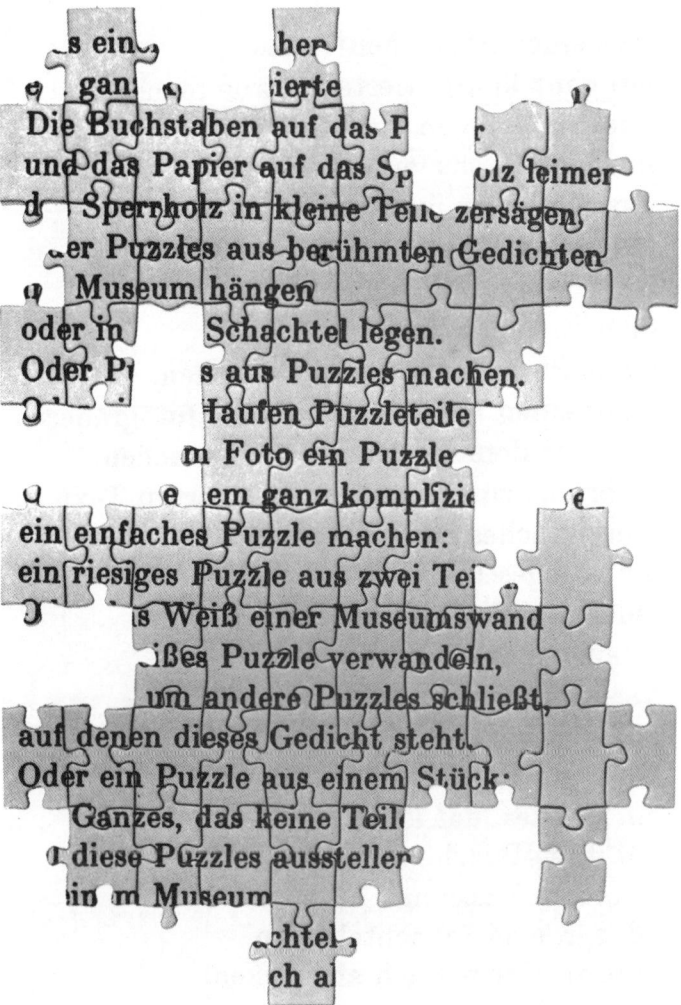

s ein, her
gan ierte
Die Buchstaben auf das P r
und das Papier auf das Sp olz leimer
d Sperrholz in kleine Teile zersägen
er Puzzles aus berühmten Gedichten
Museum hängen
oder in Schachtel legen.
Oder P s aus Puzzles machen.
Haufen Puzzleteile
m Foto ein Puzzle
e em ganz komplizie e
ein einfaches Puzzle machen:
ein riesiges Puzzle aus zwei Tei
s Weiß einer Museumswand
ißes Puzzle verwandeln,
um andere Puzzles schließt,
auf denen dieses Gedicht steht.
Oder ein Puzzle aus einem Stück:
Ganzes, das keine Teile
diese Puzzles ausstellen
in m Museum
chtel
ch a

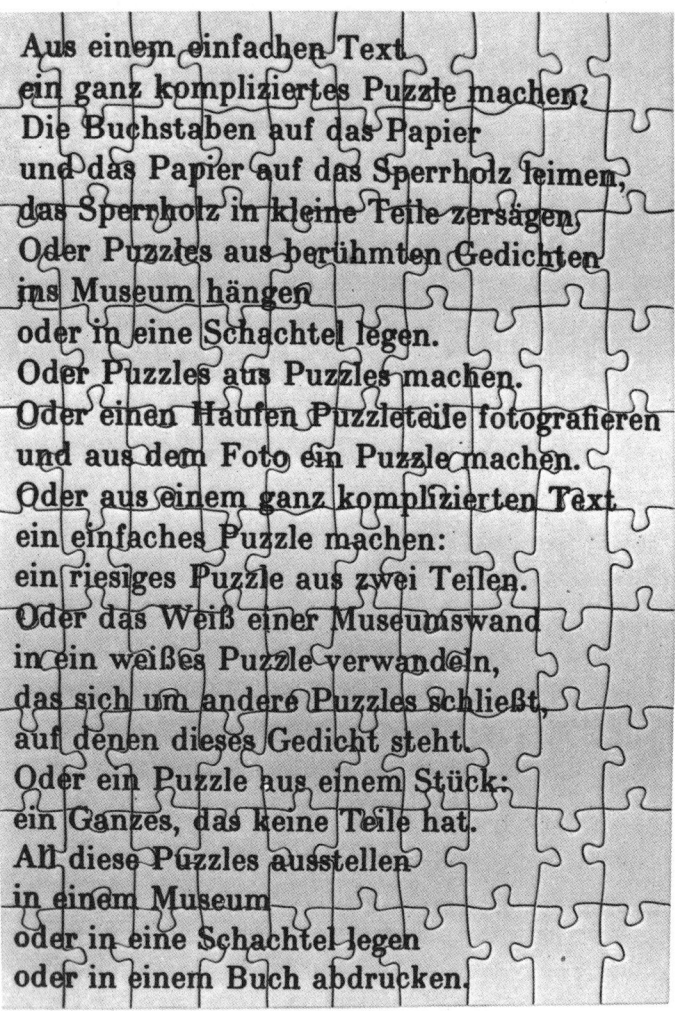

Aus einem einfachen Text
ein ganz kompliziertes Puzzle machen?
Die Buchstaben auf das Papier
und das Papier auf das Sperrholz leimen,
das Sperrholz in kleine Teile zersägen.
Oder Puzzles aus berühmten Gedichten
ins Museum hängen
oder in eine Schachtel legen.
Oder Puzzles aus Puzzles machen.
Oder einen Haufen Puzzleteile fotografieren
und aus dem Foto ein Puzzle machen.
Oder aus einem ganz komplizierten Text
ein einfaches Puzzle machen:
ein riesiges Puzzle aus zwei Teilen.
Oder das Weiß einer Museumswand
in ein weißes Puzzle verwandeln,
das sich um andere Puzzles schließt,
auf denen dieses Gedicht steht.
Oder ein Puzzle aus einem Stück;
ein Ganzes, das keine Teile hat.
All diese Puzzles ausstellen
in einem Museum
oder in eine Schachtel legen
oder in einem Buch abdrucken.

Nach K. Schippers

348

Nadelgedicht

Lesen und Schreiben sind Spiele, zu denen mindestens zwei gehören, ein Schreiber und ein Leser.

Der Schreiber steht vor einer großen weißen Tafel und schreibt darauf ein Gedicht, und zwar so, daß sich jede Zeile seines Textes so oft wiederholt, bis die ganze Fläche, die er vor sich hat, der Breite nach mit Schriftzeichen bedeckt ist.

Nun tritt der Leser, mit einer Schachtel farbiger Stecknadeln bewaffnet, vor die Tafel. Er denkt sich seinerseits etwas aus, einen Satz aus dem Stegreif, die Anfangszeile eines Liedes, oder er sucht in seinem Kopf nach einem Zitat. Das, was er gefunden hat, schreibt er nun dem Nadelgedicht ein, und zwar dergestalt, daß er, oben links beginnend, die Buchstaben sucht, die er braucht, und sie, einen nach dem andern, mit einer roten Stecknadel bezeichnet.

Hintereinander gelesen, ergeben die rot signierten Buchstaben den Text, den der Leser in das Nadelgedicht eingezeichnet hat — oder war er darin bereits verborgen, und der Leser hat ihn nur sichtbar gemacht?

Dieses Spiel läßt sich wiederholen, mit roten blauen gelben Nadeln, solange, bis dem Leser die Farben ausgehen, solange, bis die Tafel von Nadeln wimmelt.

Wenn ein schräges Licht auf die Tafel fällt, werfen die Nadeln ihre Schatten über die Schrift.

Schade, daß die riesige weiße Tafel zu groß für ein Buch ist. Auf den folgenden Seiten sind die Nadeln durch farbige Punkte ersetzt. Die drei rot blau gelb codierten Texte im Text sind beliebig gewählte Beispiele.

Du siehst vor lauter Wald die Bäume nicht Du siehst vor
Du siehst vor lauter Bäumen die Nadeln der Bäume nicht
Der Wald besteht aus Milliarden von Nadeln Der Wald bes
unregelmäßig aber nicht zufällig angeordnet in Raum und :
Jeder Wald ist ein Kryptogramm Jeder Wald ist ein Krypt
Unser Gehirn versucht das Wirkliche zu entziffern Unser
Für das was möglich ist ist es zu klein Für das was mögli

Du siehst vor lauter Text die Sätze nicht Du siehst vor lau
Du siehst vor lauter Sätzen die Zeichen nicht Du siehst v
Die Welt besteht aus Milliarden von Milliarden von Zeiche
Das was möglich ist ist die Anzahl Das was möglich ist ist
aller möglichen Permutationen aller möglichen Permutatio
aller möglichen Zeichen aller möglichen Zeichen aller mö

Fünfundzwanzig verschiedene Zeichen Fünfundzwanzig ve
unregelmäßig aber nicht zufällig angeordnet unregelmäßig
bilden einen Text der Milliarden anderer Texte verbirgt bi
So wie die wirklichen Sätze die Sätze verbergen So wie die
die möglich sind aber niemand findet sie die möglich sind
denn unser Gehirn ist zu klein für das was möglich ist den

Jeder Text ist ein Kryptogramm Jeder Text ist ein Krypto
Nimm eine Anzahl von Nadeln und bezeichne mit ihnen N
eine Handvoll von Sätzen die du entziffern kannst eine Ha
Im Schatten der Nadeln denke dir andere Nadeln Im Scha
immer mehr Nadeln im Schatten der Nadeln immer mehr

bis du vor lauter Nadeln und Schatten bis du vor lauter N
die unendlich vielen Sätze die möglich sind die unendlich
nicht mehr siehst nicht mehr siehst nicht mehr siehst n

Wald die Bäume nicht Du siehst vor lauter Wald die Bäu
hst vor lauter Bäumen die Nadeln der Bäume nicht Du si
us Milliarden von Nadeln Der Wald besteht aus Milliarden
nregelmäßig aber nicht zufällig angeordnet in Raum und Z
m Jeder Wald ist ein Kryptogramm Jeder Wald ist ein K
versucht das Wirkliche zu entziffern Unser Gehirn versu
ist es zu klein Für das was möglich ist ist es zu klein Fü

xt die Sätze nicht Du siehst vor lauter Text die Sätze nicht
er Sätzen die Zeichen nicht Du siehst vor lauter Sätzen di
Welt besteht aus Milliarden von Milliarden von Zeichen D
nzahl Das was möglich ist ist die Anzahl Das was möglic
ller möglichen Permutationen aller möglichen Permutatio
n Zeichen aller möglichen Zeichen aller möglichen Zeich

lene Zeichen Fünfundzwanzig verschiedene Zeichen Fünf
nicht zufällig angeordnet unregelmäßig aber nicht zufällig
nen Text der Milliarden anderer Texte verbirgt bilden eine
chen Sätze die Sätze verbergen So wie die wirklichen Säle
emand findet sie die möglich sind aber niemand findet sie
Gehirn ist zu klein für das was möglich ist denn unser G

Jeder Text ist ein Kryptogramm Jeder Text ist ein Kryp
ine Anzahl von Nadeln und bezeichne mit ihnen Nimm ei
von Sätzen die du entziffern kannst eine Handvoll von Sä
r Nadeln denke dir andere Nadeln Im Schatten der Nadeln
im Schatten der Nadeln immer mehr Nadeln im Schatte

nd Schatten bis du vor lauter Nadeln und Schatten bis d
Sätze die möglich sind die unendlich vielen Sätze die mög
hr siehst nicht mehr siehst nicht mehr siehst nicht meh

A. T.

N. N.

In dem Garten stand ein Baum, und der Baum war rund. Komm wir wolln in Garten gehn, und der Baum war rund. Auf dem Baum da war ein Ast, und der Ast war rund. Auf dem Ast war ein Nest, und das Nest war rund. In dem Neste lag ein Ei, und das Ei war rund. In dem Ei da war ein Dotter, und der Dotter war rund. In dem Dotter da stand ein Tisch, und der Tisch war rund. Auf dem Tisch, und das Buch war rund. Auf dem Tisch da lag ein Buch, und das Buch lag ein

In dem Buch da stand geschrieben:
Du sollst Vater und Mutter lieben.

N. N.

Wolfgang Schmidt

ACHTES HAUPTSTÜCK

Ein Fichtenbaum steht einsam
Im Norden auf kahler Höh'.
Ihn schläfert; mit weißer Decke
Umhüllen ihn Eis und Schnee.

Er träumt von einer Palme,
Die, fern im Morgenland,
Einsam und schweigend trauert
Auf brennender Felsenwand.

Heinrich Heine

Iparaldeko
Mendi soil baten
Jagiten da izai
Bakar bat;
Lozoro dago
Edurezko oyal
Lodi ta zuriz
  Jantzita.

Sorkalderiko
Alde urutian,
Aitz gori baten
  Aldatzan
Itun, bakarik
Ta ixiltsu dagon
Palmondoatzaz
  Ames da.

Einmana bjarkarstofn bíður
á blásnum norðlenzkum hól, — —
í þungu hálfmóki horfir
á hrímið, sem barið fól.

Hann dreymir um fíkjueik fagra,
sem fjarri, á suðrænni lóð,
alein og breyskin bíður
á brennandi klettaslóð.

בָּדָד בַּצָּפוֹן שָׁם עֵץ־אֹרֶן
נִצָּב עַל מַחְשׁף שֶׁל הַר רָם;
עָטוּף לְבְנַת שֶׁלֶג וָקֶרַח
דוּמָם עַל הַשִּׂיא הוּא נִרְדָּם.

תְּמָרָה עֲצוּבָה וּבוֹדֶדֶת
צוֹפָה הוּא וְחוֹזֶה בַּחֲלוֹם:
בְּקַצְוֵי הַמִּזְרָח הִיא עוֹמֶדֶת
עַל סָלַע קוֹדֵחַ בָּרוֹם.

დგას ჩრდილოეთში ტიტველ ბექობზე
მთვლემარე ფიჭვი განმარტოებით,
თოვლის ზეწარქვეშ მისძინებია,
დაუდრეკია დაბლა რტოები.

და ესიზმრება: აღმოსავლეთში
პალმა მწველ წყურვილს ველარ იოკებს,
დგას მარტოდმარტო, დასცქერის უხმოდ
გავარვარებულ კლდეთა ხრიოკებს.

Një pishë te maj' e shkretë
E vetme qëndron në Veri;
Dremit-si mbulesë e bardhë
Dëbora dhe hakulli i rri.

Sheh n'ëndër ajo një palmë,
Që larg në Lindje qëndron,
Dh' e vetme, e heshtur vuan
Mbi shkëmbin që përvëlon.

1 Then hate me when thou wilt, – if ever, now –
2 Mußt du mich hassen, haß mich ungesäumt,
3 Ja, haß mich, wenn du willst, doch haß mich jetzt,
4 So hass mich, wenn du willst, jetzt oder nie,

5 So haß' mich, wenn du willst; wenn je, dann jetzt,
6 Drum hass' mich, wann du willst; wenn je, dann heut;
7 Wenn Du mich hassen willst, so thu' es jetzt!
8 Nun hass mich wenn du willst! wenn je· so jezt:

9 Willst du mich hassen, nun, so hasse mich
10 *Jetzt* hasse mich, wenn du mich hassen mußt,
11 So hasse, wenn du willst, mich; aber gleich,

12 So haß mich, wenn du willst, wenn je, dann jetzt,
13 So hasse mich, doch tu's im Augenblick,
14 Doch hasse mich, willst du mich hassen, gleich,

Now, while the world is bent my deeds to cross,
gesell der Welt dich zu, die mir den Weg vertritt,
jetzt, wo die Welt mich fertig macht, schlag zu
Nun wo die Welt sich mir entgegensetzt!

Jetzt, da die Welt mein Tun durchkreuzen will;
Jetzt, wo die Welt mein Werk durchkreuzt, beug nieder
Jetzt, wo die Welt sich wider mich verbunden.
Jezt wo die welt mein werk durchquert mit lust.

Gleich jetzt; jetzt, wo die Welt feind meinen Taten;
Jetzt, da die Welt mein Streben kreuzt und hemmt.
Da alle Welt jetzt Tücke an mir übt,

Jetzt, da die Welt durchkreuzte meinen Plan,
jetzt wo die Welt mein Werk durchkreuzen mag;
Jetzt, da mich alle Welt verfolgt mit Groll,

Join with the spite of Fortune, make me bow,
groll mit dem Schicksal, beug ihn, der sich bäumt,
(denn selber schuld ist, wer sich widersetzt)!
Du und Fortuna, zwingt mich auf die Knie'

Verbünde dich dem Schicksal, das mich hetzt,
Im Bund mit Schicksalsgroll mich ungescheut
Geselle dich dem Unglück, das mich hetzt,
Erdrück mich· hilf dem schicksal das mich hezt

Dein Groll verbinde dem des Schicksals sich.
Laß nicht dem Unglück, das mich überschwemmt,
Vereint mit dem Geschick, führ' jetzt den Streich,

Verbünd dich mit dem Schicksal, das mich hetzt,
dem Schicksal hilf mich treffen ins Genick,
Verbünde dich dem Schicksal, führ den Streich,

And do not drop in for an after-loss:
und sei nicht du das Letzte, das entglitt.
Bis ich am Boden bin, gib keine Ruh!
Und bring Verlust nicht spaeter, triff mich jetzt!

Und komm' nicht dann erst, wenn der Sturm schon still!
Und kehr zu neuer Schädigung nicht wieder.
Doch warte nicht, bis ich erst Ruh' gefunden.
Und komm mir nicht mit einem nachverlust.

Nicht als Verlust, der nachhinkt, spät geraten,
Nachträufeln deinen Haß als Nachverlust.
Daß mich nicht später neues Leid betrübt:

Nur fall mich nicht mit einem Nach-Schmerz an.
doch triff mich nicht als allerletzter Schlag!
Komm nicht als letzter Stoß, der kommen soll.

Ah do not, when my heart hath 'scap'd this sorrow,
Mein Herz, es trauert – trauerts frei sich, dann
Laß mich nicht wieder auf die Beine kommen,
Komm nicht, wenn ich entgangen diesen Sorgen,

Komm' nicht als Nachhut nach besiegten Sorgen,
O, wenn mein Herz geheilet von diesem Schlag,
Ach, wenn mein Herz entronnen diesem Schlag,
Ach· wenn mein herz entronnen seinen sorgen

Nicht dann, wenn endlich frei mein Herz bon Sorgen;
O sei nicht vom besiegten Heer der Sorgen
Ach nicht, wenn sich mein Herz wähnt gramgeborgen,

O stürz nicht, wenn mein Herz verwand die Sorgen,
O, wenn mein Herz besiegt hätt' diese Sorgen,
Ach gib nicht, wenn mein Herz zermürbt von Sorgen,

Come in the rearward of a conquer'd woe;
triff nicht auch du's noch, aus dem Hinterhalt.
und nicht, sobald der erste Schmerz erlischt,
Im spaeten Nachgang ueberwundnen Leids,

Wenn schon mein Herz entwischt ist seinem Leid;
Komm nicht als Nachhut weichender Bedrängnis,
Folg' dem besiegten Feind nicht auf dem Fuße,
Fall in den rücken nicht besiegtem leid!

Nicht im Geleit von Schmerz, der schon verwunden.
Die Nachhut, die mein mattes Herz beschleicht,
Komm du im Nachzug überstandner Noth,

Von rückwärts auf die kaum besiegte Klage,
komm nicht als Nachtrab überstandner Qual;
Müd' von besiegtem Leid und Überdruß,

Give not a windy night a rainy morrow,
Die Nacht ist windig – bricht ein Tag noch an,
im Regen stehen, tapfer und beklommen,
Gib windiger Nacht nicht regnerischen Morgen;

Bring' nach der Sturmnacht keinen Regenmorgen:
Schick nicht nach Sturmnacht einen Regentag,
Laß nicht auf Sturmnacht folgen Regentag,
Gib nicht zur wind-nacht einen regen-morgen·

Komm nicht nach Sturmesnacht als Regenmorgen,
Sei nicht die Sturmnacht nach dem Regenmorgen,
Der stürm'schen Nacht nicht folg' ein Regenmorgen,

Gib nicht der Sturmnacht einen Regenmorgen,
gib nicht der Wetternacht noch Regenmorgen,
Der stürmischen Nacht den finst'ren Regenmorgen,

To linger out a purpos'd overthrow.
so schwärz ihn nicht mit Wolken vorgeballt.
bis mich mein Los von hinten kalt erwischt!
Wart nicht, mit was entschieden ist bereits.

Gib mir mein Weh, du hältst es ja bereit!
Um hinzuhalten ein verbrieft Verhängnis.
Nicht überschütte mich mit spätem Gusse.
Verzögre nicht verdammenden bescheid.

Hinzögernd vorbedachten Unheils Stunden.
Um einzureißen was der Guß erweicht.
Verzögre nicht das Unheil, das schon droht.

Um hinzuziehn beschloßne Niederlage.
verzögre nicht, was kommen muß einmal!
Verzögre nicht den Schlag, der kommen muß.

If thou wilt leave me, do not leave me last,
Sinnst du auf Gehn, so geh denn, eile dich,
Laß mich im Stich! Verlaß mich! Geh! Nur zu!
Verlaesst du mich, geh nicht zuletzt von mir,

Willst du mich lassen, wart' nicht bis zum Schluß,
Verläßt du mich, verlaß mich nicht am Ende,
Willst Du verlassen mich, thu's nicht zuletzt,
Willst du mich lassen· lass mich nicht am schluß

Verläßt du mich, so tu es nicht zum Schluß,
Verlasse mich, doch nicht zu allerletzt
Verläss'st du mich, verlaß mich nicht zuletzt,

Willst du mich lassen, laß mich nicht erst dann,
Willst du mich lassen, tu's mit schnellem Streich
Willst du mich lassen, laß mich nicht zuletzt,

When other petty griefs have done their spite,
wart nicht erst diesen ab und jenen Stoß.
Du schonst und folterst mich. Sei lieber roh,
Wenn andrer, kleiner Gram sein Werk vollbracht.

Wenn schon der kleine Gram sein Werk vollbracht;
Wenn mich zerquält hat andre, mindre Pein,
Nachdem mir kleines Leid die Kraft zerschlagen;
Wenn schon manch kleines leid sein werk vollbracht.

Wenn andre kleine Sorge nicht mehr schreckt;
Nachdem die kleinen Schmerzen ausgetobt;
Wenn andre Leiden längst schon ausgetobt,

Wenn mindres Leid an mir sein Werk vollbracht.
und nicht, wenn kleines Leid schon hingeschwunden;
Wenn kleine Leiden schon ihr Werk vollbracht,

But in the onset come: so shall I taste
Mach du den Anfang! Daß als ersten ich
endgültig und frontal. Was wartest du?
Im ersten Ansturm komm, daß ich verspuer,

Biet' mir die Stirn! – wenn ich mich beugen muß,
Vielmehr komm zu Beginn; die schlimmste Wende
Im ersten Anlauf sei der Schlag versetzt,
Komm beim beginn wo ich gleich kosten muss

Nein, tu es gleich! So hab' ich den Verdruß
Sei mir im ersten Anlauf, daß schon jetzt
Beim ersten Angriff komm; so wird gleich jetzt

Im Angriff komm, daß gleich ich kosten kann
triff lieber gleich mich, denn so fühl ich gleich:
Geh du als erster, denn dann weiß ich, jetzt

At first the very worst of Fortune's might; –
der Schläge schwersten fühl, die da mein Los.
Wozu die Finten, kurz vor dem k. o.?
Sogleich das Schlimmste von Fortunens Macht.

Dann jählings gleich des Schicksals ganzer Macht:
Des Schicksals kost' ich dann von vornherein;
Des Schicksals schrecklichster, – ich muß ihn tragen.
Das allerschlimmste von des schicksals macht.

Des Schicksals schlimmste Probe schon geschmeckt.
Des Schicksals ganzes Weh mein Herz erprobt.
Von mir des Schicksals ganze Macht erprobt;

Das Allerschrecklichste der Schicksalsmacht.
nun hat das Schicksal ganz mich überwunden.
Traf mich das Schwerste, was mir zugedacht.

And other strains of woe, which now seem woe,
Dann schweigt, was Schmerz noch scheint, halt ich
ihm vor,
Laß mich nicht lang im halben Elend schmoren!
Andres, was heute Weh beduenket mich,

Und in ein Nichts löst sich der Gram und Groll
Und andrer Schmerz, der jetzt noch scheinbar
schmerzt,
Dann, Liebe, wird mir, muß ich Dich beweinen,
Und manch ein weh· scheint es auch jezt als eins·

Und andre Leiden, die jetzt scheinbar quälen,
Verlor ich dich, so wird mein andres Leid,
Und was als Schmerz verwundet mir das Herz,

Und andres Weh, das jetzt scheint Weh zu sein,
Und alles Leid, das schmerzlich mir bewußt,
Und jedes andre Leid, schmerzt's noch so sehr,

Compar'd with loss of thee will not seem so.
was ich verloren, da ich dich verlor.
Erst wenn ich dich verlier, bin ich verloren.
Es scheinet Weh nicht mehr, verlier ich dich.

Dagegen, daß ich dich verlieren soll.
Schrumpft ein dagegen, daß ich dich verscherzt.
Ein jedes andre Leiden nichtig scheinen.
Gemessen am verlust von dir ist keins.

Läßt dein Verlust nicht mehr als Leiden zählen.
So groß es scheint, nachher zur Kleinigkeit.
Erscheint, verlier' ich dich, mir nicht mehr Schmerz.

Verlier ich dich, wird wesenlos und klein.
verliert sich, wenn sich vorstellt dein Verlust.
Vergleich ich's diesem, ist kein Leiden mehr.

William Shakespeare

Owê war sint verswunden
ist mir mîn leben getroumet,
daz ich ie wânde ez wære,
dar nâch hân ich geslâfen
nû bin ich erwachet,
daz mir hie vor was kündic
liut unde lant, dar inn ich
die sint mir worden frömde
die mîne gespilen wâren,
bereitet ist daz velt,
wan daz daz wazzer fliuzet
für wâr mîn ungelücke
mich grüezet maneger trâge,
diu welt ist allenthalben
als ich gedenke an manegen
die mir sint enpfallen
iemer mêre owê

alliu mîniu jâr!
oder ist ez wâr?
was daz allez iht?
und enweiz es niht.
und ist mir unbekant
als mîn ander hant.
von kinde bin erzogen,
reht als ez sî gelogen.
die sint træge unt alt.
verhouwen ist der walt:
als ez wîlent flôz,
wânde ich wurde grôz.
der mich bekande ê wol.
ungenâden vol.
wünneclîchen tac,
als in daz mer ein slac,

Waller von der Vogelweide

Oweh wohin entschwanden alle meine Jahre!
War mein Leben ein Traum, oder ist es Wirklichkeit?
Was ich immer glaubte, es sei – war all das etwas?
Dann habe ich geschlafen, und weiß es nicht.
Nun bin ich erwacht, und ich kenne nicht mehr
was mir zuvor bekannt war wie meine eigene Hand.
Leute und Land, in deren Mitte ich von Kind auf
         erzogen worden bin,
die sind mir fremd geworden, als hätte es sie gar nicht
         gegeben.
Mit denen ich gespielt habe, die sind jetzt träge und
         alt.
Bebaut ist das Land, gerodet der Wald.
Liefe der Fluß nicht wie er einstens lief –
glaubte ich wahrlich, mein Leid wäre groß.
So mancher grüßt mich nur lässig, der mich einst sehr
         wohl kannte:
Die Welt ist überall voller Undank.
Wenn ich so manchen strahlenden Tags gedenke
die mir spurlos entglitten sind – wie ins Wasser ein
         Schlag –
immerdar: oweh.

Peter Wapnewski

O weh! wohin verschwanden alle meine Jahr'?
Ist mein Leben mir geträumet oder ist es wahr?
Das ich stets wähnte, daß es wäre, war das icht?
Darnach hab' ich geschlafen und so weiß ich's nicht.
Nun bin ich erwachet, und ist mir unbekannt,
Was mir hievor war kundig, wie mein' andre Hand.
Leute und Land, dannen ich von Kinde bin geborn,
Die sind mir fremde worden, recht als ob es sei verlorn.
Die meine Gespielen waren, die sind träge und alt,
Bereitet ist das Feld, verhauen ist der Wald,
Nur daß das Wasser fließet, wie es weiland floß.
Fürwahr! ich wähnte, mein Ungelücke würde groß.
Mich grüßet mancher träge, der eh' mich kannte wohl;
Die Welt ist allenthalben Ungenaden voll.
Wenn ich gedenke an manchen wonniglichen Tag,
Die mir entfallen sind, wie in das Meer ein Schlag:
     Immermehr o weh!

Ludwig Uhland

O weh, wohin verschwunden ist so manches Jahr?
Träumte mir mein Leben, oder ist es wahr?
Was stets mir wirklich däuchte, wars ein trüglich Spiel?
Ich habe lang geschlafen, daß es mir entfiel:
Nun bin ich erwacht und ist mir unbekannt,
Was mir so kund einst war wie diese jener Hand.
Leut und Land, die meine Kinderjahre sahn,
Sind mir so fremde jetzt, als wär es Lug und Wahn;
Die mir Gespielen waren, sind nun träg und alt,
Umbrochen ist das Feld, verhauen ist der Wald;
Nur das Wasser fließet, wie es weiland floß:
Ja gewiß, ich bin des Unglücks Spielgenoß.
Mich grüßet Mancher lau, der mich einst wohlgekannt,
Die Welt fiel allenthalben aus der Gnade Stand;
Weh, gedenk ich jetzt an manchen Wonnetag,
Der mir nun zerronnen ist, wie in das Meer ein Schlag:
Immer mehr o weh!

Karl Simrock

Wohin sind sie geflogen alle meine Jahr?
War mein Leben gelogen oder ist es wahr?
Was ich einst wähnte, es wäre – gab es das überhaupt?
Oder hab ich geschlafen und einem Traum geglaubt?
Nun bin ich aufgewacht und ist mir unbekannt:
Was mir so vertraut war wie meine Hand.
Land und Leute, wo ich meine Kindheit verbracht,
sehen mich an, als hätt ich sie mir nur ausgedacht.
Die sich meine Freunde nannten, sind blöde, sind alt.
Plattgewalzte Felder – gerodeter Wald...
Wenn da nicht noch Wasser strömte wo es immer floß,
wahrlich, mein Unglück schiene übergangslos.
Wieder ging einer vorüber, der wußte mal, wer ich war.
Die Welt ist allenthalben unberechenbar.
Manche schönen Tage gehen mir noch durch den Sinn
Wie ein Schlag ins Wasser sind sie dahin.

Immerdar oweh!

Peter Rühmkorf

En paar Reegen voerwegg

Och, wat hürt un lest'n faaken
Vun de Goern foer eische Saaken,
As vun dit undoegsche Paar,
Dat Max un Moritz ropen waar.
Wat Aart harr, faaten se ni an,
Dat Slechte weer ehrm Boewermann.
Utschell harrn s'ni op de Reken,
Bi iernste Wür hebbt s'höhnsch bi keken.
Undoeg uttospickeliern
Brukt'n sick ni aftotiern:
Lüd foer'n Narrn hooln, Dierten trietsen,
Kasbein, Plumm'n un Bern stibietsen
Is je uck vel lichter to,
Lett mehr Spaaß, maakt mehr Halloh,
As in de Kark un Schol still manck
De annern sitten in de Bank.
Aawer weh o weh, oh, oh,
Wenn'ck dat Enn ankieken do,
Wat't mit de beiden Driewers neehm,
As se't gaar to groff bedreew'n.
Daarum heff'ck ehrm leege Lew'n
Afmaalt un in'n Bok opschrew'n.

Wilhelm Busch/Paul Hennings

Verwort

Ach, watt mott man foaken von legen
Kinnern hörn oder läsen!
Als täon Beispiäl von düssen,
Max und Moritz, gie mütt büßen,
Dä, anstatt döar kleuke Leärn,
sik täon goen täon bekeärn,
Joa, sik säogoar noch foaken,
doaroawer lustich moaken.
Un toar jede Lechheit
sind se gümmer ook bereit:
Minschen targen, Deere quäeln,
Appel, Beern un Schwetschen stäeln. –
Dat is joa ook säo viäl lichter,
vär düsse beiden Bösewichter,
Als in Kärke oder Schäole
festesitten up'm Stäohle.
Oawer, wehe, wehe, wehe,
wenn ek up datt Enne sähe!
Ach, datt wass'n schlimmet Ding,
als et Max un Moritz güng.
Doarümme is hier, watt sä driäm,
affemoalt un uppeschriäm.

Wilhelm Busch/G. Dreyer, H. Hermening,
E. Herden, I. Krämer

E Wöödche vürher

Enä, wat muß mr üvver freche
Puute off schänge oder spreche!
Wie zom Beispill hee vun denne,
Die sich Max un Moritz nenne;
Die, anstatt dat se jet liehre
Un op äldere Lück zo hüüre,
Nor em Stelle drüvver laache
Un de Aap met denne maache.
Bei jeder Lotterbooverei,
Jo, do sin se flöck dobei!
Große Lück zu schekaneere
Un zo ärjere Minsch un Deere,
Äppel, Birre, Prumme kläue
Un sich noch do drüvver freue,
Dat se frech sin un stibizze
Statt dat se brav sin un still sitze
En dr Schull un passen op –
Enä, do kummen die nit drop.
Ävver wei, owei, owei!
Wie jingk am Engk et denne zwei!
O jömmich nä, dat muß mr saage,
Die komen noch um Kopp un Kraage.
Dröm es hee, wat se gedrivve,
Avjemolt un opjeschrivve.

Wilhelm Busch/Ernst Pilick

E paar Wertlin vornenaus

Ach, was muß ma oft vun beese
Kinner heere odder lese,
wie zum Beischbiel aa vun denne,
wu sich Max un Moritz nenne –
wu anstatt in d Schul zu gehe,
allerhand fer Sticklin drehe,
wu ehrn Schawwernack als dreiwe
un de Leit de Vorrel zeije –
wu aus Luschd die Diirlin quäle,
Äppel, Beere, Gweggschde stehle,
des isch denne zwee genehmer
un dezu aa noch bequemer,
als in d Kerch zu geh, in d Schul,
brav zu hocke uffm Schduhl.
Doch – des isch e aldi Lehr:
s dicke End kummt hinnerher...
All die Gschichtlin – knibbeldick –
kennt ehr lese Stick fer Stick.

Wilhelm Busch/Rudolf Lehr

Inleitung

Alli kleine Galjestrickle
Spiele beesi Lumpestickle.
So e Lüser isch de Max
Un de Moritz erscht, der Fax!
Statt ze folje un zu heere,
Statt zu schaffe un ze lehre,
Welle sie bloß Gowe mache,
Rumspaleise, bummle, lache!
Alles sinn sie, nur keen Engel,
Die zwei kleine Gassebengel!
Ständig tün sie Tierle quäle,
Äpfel stüche, Biere stehle,
Klaue, stripse un stibitze,
Bloß nit schufte, bloß nit schwitze!
Schaffe isch halt nit bequem,
Üßerdem nit angenehm!
In de Schül wär s fascht noch schlimmer,
Doch gottlob, sie schwänze immer!
Selbscht de Pfarrer saat verdoria,
Wenn sie komme, anstatt gloria!
Drum will ejch des Büchel schriewe,
Was un wie s die Schlingel triewe!

Wilhelm Busch / Henri Mertz

D Yleiting

Nei, was ghört me-n au für Gschichte
Vo de böse Buebe bbrichte!
Au vom Max und Moritz da
Häd me nüd vill Guets vernaa.
Statt das s gfolget händ und glehrt
Und sich zrechter Zyt bikehrt,
Hänäds nu über alles glachet,
Wies die böse Buebe mached.
Gschände, ja, das händ die chöne,
Nu nüd sich as Rechttue gwöne,
D Lüüt vertäube, d Tierli quäle,
Öpfel, Bire, Zwätschge stähle:
Das häd dene besser gfalle –
Wie de böse Buebe-n alle –
Als stillsitze-n uf em Stuel
I der Chile, i der Schuel.
Aber ebe, wies dänn gahd:
Wänns ein röit, si isch es zspat.
Wäme nüüd als stilt und gschändt,
Nimmts emal e böses End.
Drum isch i dem Buech da bschribe,
Was die bbosget händ und tribe.

Wilhelm Busch/Rudolf Hägni

Vorwort

Jee, wa liist mer oft ond heert
Von de Kender, bees ond gschärt!
Wia zom Beischbiil grad von sälle,
Max ond Moritz, zwoe ganz hälle.
Schdatt daß se durch gscheide Lehra
Sich zom Guada dädat kehra –
Noe, mer woeß, daß se bloß lachat,
Hälenga sich luschdich machat.
Jô, zom schlemma Bossaschbiil
Braucht s bei denne gar et viil!
Leit verseggla, Diirla driiza,
Ebfl, Birna, Mooscht schdibiiza –
Des isch freilich viil ôgnehmer
Ond nadirlich ao begweemer,
Wia daß mer en Kerch ond Schual
Hoggt mit Ôschdand auf saem Schduahl.
Aber warde, warde, wart no, wart,
Wia des ausgôht – zemlich hart!
Max ond Moritz, muaß mer saga,
Denne gôht s am End an Gruaga.
Drom hôt mer von denne Schdrigg
Gmôlt ond geschriiba jedas Schdigg.

Wilhelm Busch/Michael Spohn

No net ganz da Anfang

Da Max, da Moritz, ja dee zwoa,
warn de meiste Zeit alloa.
Koa Vadda, koa Muadda, irgndwo,
ganz alloaniggs hockas do.
Und weil koa Hoit, a liabs Wort is,
kimmts wias muaß und komma is.
Ner ind Schui um wos zum Lerna
genga de zwoa großn Berna;
Äpfe krampfens und dees wia,
In da Kircha sigtmas nia.
DLeid deans foppn, dViecha tratzn,
swarn scho sakrisch wuide Fratzn.
Und drum nimmts a gar args End,
wiamas von so Striezen kennt.
Wias do afgmoid und aa gschriebn,
homs da Max und Moritz triebn.

Wilhelm Busch/Helmut Eckl

Z'eascht amal

Da Max und da Moritz
woan kane Wasal net,
na, da miaßat ma liang.
Und waunns a vül zum Lachn gibt
mit de zwoa Rotzlöffin,
am End vageht da schau nu s'Lachn,
wiast schau seng.
Na, Rotzbuam gibts da schau.
Da Max und da Moritz,
des woan zwoa solchane.
Kaust eana a Loch in Bauch redn,
kaust eana de Löffin laung ziang,
kaust eana guat zuaredn
wia an kraungn Roß,
san Rotzbuam
und bleim Rotzbuam,
kaust tuan wasd wüllst.
Awa weans schau nu seng,
waunns daunn z'spat is,
weans schau nu seng.

Wilhelm Busch/H.D. Mairinger

Wos mer zuörscht sog söllet

Ach, wos muß vo böasa Kinner
mer sich ouhör und derinner.
Bespielsweis, der Max und Moritz,
Vo der Bravheit helt mer gornix!
Die senn ner aufs Böasa aus.
För as ganza Dorf a Graus.
Sich zun Guetn zu bekehr?
War söll die zwää da belehr?
Da werd drüber ner gelacht
Und wos schlacht sei kann gemacht.
Leut veralber, Viecher schlooch,
Öpfl stahl – des alla Tooch:
Des it besser wie a Doggn
In der Schuel ner rümzuhockn.
Ober wäh, o wäh, o wäh,
Sou kann des niet weitergäh!
Ach, des war a garschtigs End
Wenn mer alla Sträch örscht kennt.
Wall ichs kenn, mal ichs euch auf
Und schreib nu a Sprüchla drauf:

Wilhelm Busch/Willy R. Reichert

A bissel woas vurnweg

Nee, woas muuß ma monchmol hiern,
doß siech Kinder schlaicht uffiehrn,
wie die beeden frechen, biesen,
die de Max und Moritz hießen.
Die siech reen oa goar nischt kehrten
und siech o im nischt nich scherten.
Frech sugoar no drieber lachtn,
wenn se neuen Arger machtn.
Denn bei jeder Teifelei
worrn se immer glei dabei.
Menschen und o Viecher triezn,
Pflaumen, Äppel, Burn stiebietzen,
doas woar ihre ganze Lust.
Woas se aber sunst gemußt:
ei die Schul und Kurche giehn,
funden beede goar nä schien.
Wort ock ob, wie doas no kimmt,
woas doas fier a Ende nimmt!
Warum tun se sitte Sachn
reen aus lauter Norrheet machn!
Desholb is, woas die getriebn,
obgemolt und ufgeschriebn.

Wilhelm Busch/Richard Werner

Virwurt

Ach, watt meß em oft vu bisen
Kängden hiren oder liësen!
Wä zem Bäspäll hä vun desen,
däden Max uch Moritz heßen,
dä, ustat durch munch klach Lihren
sich zem Gaden ze bekihren,
zecklich noch deriwer lachten,
sich äm Ställen lastich machten. –
Cha, wonn et äm'r Licht-Dan giht,
cha, derza äs em berit! –
Mänschen näken, Getter quiëlen,
Äpel, Biren, Pelsen stiëhlen –
dat äs frälich ugenehmer
end derza uch vill bequemer,
wä än Schil- uch Kirchebinken
iwer't Liren nozedinken. –
Doch ach wi, watt sä erliëwen,
no dem nästnätzijen Striëwen! –
Ach, dat wor en iwel Däng,
wä et Max uch Moritz geng. –
D'räm äs hä, watt sä gedriwwen,
uëfgemalt uch afgeschriwwen.

Wilhelm Busch / Maria Gierlich-Gräf

Vorwart

Ach, was muss mer oftmools lese
Von dem schlechte Kinnerwese!
Wie die zwee Nichsnutz do hinn,
Jake un Johnny, dick un dinn.
Schtatts von g'scheite Lehre heere,
Sich zum Gute zu bekehre,
Duhne sie oft driwwer lache
Un sich heemlich haerrlich mache. –
– Ya, far ebbes Iwwel duh,
Waar doch nie ken schlecht'rer Bu!
– Mensche bloge, Gediere gwaele,
Ebbel, Beere, Gwetsche schtehle –
Sell iss g'wiss noch aagenehmer
Un dazu aa viel begwemer,
As in der Kaerrich odder Schuul
Ruhich hocke if me Schtuhl. –
– Awer weh, oh weh, oh weh!
Wann ich nau ihr End schun seh!! –
Ach, wie draurich iss des gaar,
Was Jake un Johnny g'schehne waar.
– Drum will mer alles do verzaehle,
Un die Pikter duhn net fehle.

Wilhelm Busch/J. William Frey

Max und Moritz

Hœret megede unde mage,
wie ich iu in rîmen sage
von zwêne buoben wîte erkant,
die Max und Môritz sîn genant
unde sich an wîse lêren –
des bin ich wer – vil selten kêren.
jâ, dirre lêren dicke lachen,
sich tougenlîche lustec machen.
der übeltâten tuont si vil.
si sint der buoben liebez spil.
der liute und der tiere queln,
epfel, biren, phlûmen steln,
daz ist den beiden vil genæme.
unde ez ist in widerzæme,
in der kirchen oder schuole
ze sitzen ûf dem herten stuole.
man ruofet iedoch ach und wêhe
swanne man nâch dem ende sehe.
owê, daz was ein bœse dinc,
wie ez Max und Moritz ginc.
des hân ich hie, swaz sie getrieben,
gemâlet unde ûfgeschriben.

Wilhelm Busch/Rien van den Broek

Hagdome

ir hot, kinderlech, doch sicher
viel geleint maisses, bicher
wegn schtifers un kundeisim,
waise chewre, achberoischim
un jungatsches allerlei, –
nor antkegn ot die zwei
schtifer-jungen, notl, motl,
sennen alle schtifers botl.
mamess feier! koch un brenn,
wos die welt hot nischt gesen!
und kedei ihr sollt sei kennen,
gut derkennen wer sei sennen,
hobn mir ot do fun sei
obgemolt portretn zwei,
un aher areingeschtellt:
soll sei sen die ganze welt!
ach, is dos zelosn, foil –
nehmen nischt ka wort in moil,
nehmen nischt ka buch in hand,
nor gerudert noch anand!
kriechn um in alle lecher,
klettern af alle decher,
af die boimer, af die zoimen,
reissn barnes, eppl, floimen,
chotsch es is gor fremde peires,
m'hot ka moire far aweires.
epes lernen – gott bahit!
schreibn, leinen – dos nit!

s'is do billigere meloches,
obgießn die katz mit tint,
un sich reizn mit die hint,
af a zap sich setzn reitn,
un nischt schemen sich far leitn,
noch chaseirim sich umjogn,
un mit allemen sich schlogn.
kurz, wos solln mir eich sogn –
s'is fun sei nischt oiszutrogn!
nor derfar, oi, hot men sei
gut fargebn, och un wei!
nebbech, mies abgeschnittn!
un kedei eich zu farhitn,
kinderlech, fun a sa schtrof,
weln mir eich bisn sof
oisderzeiln do in gramen,
wie asoi geschpielt zusammen
hobn ot di schtifers kleine,
un die maissim die nischt scheine.

Wilhelm Busch/Yoysef Tunkl

Die Loreley

Ich gneiß nicht, was tarrt es bedeften,
daß ich so bittseleg schäft;
ein Meischen aus toflischem Tempo,
das rauchelt mir lau aus dem Heft.

Die Bläse ist bibbrisch, 's wird rusplig,
der Große floßt kiemig und reck;
der Mauschel der Steinfalle förfert
im Killeklärchenbleck.

Der zuckernste Wonnenberg hauert
he oben nebbich traut;
ihre fuchsenen Schlanglinge blanken,
sie strillicht ihr fuchsenes Kraut.

Sie filzt es mit fuchsenem Rechen
und winselt ein Schierlach dabei;
das hegt eine gar fixfarge,
murrige Höhnerei.

Den Grätlingskaffer im Plemphans,
den krallt es mit wütendem Zwick:
er linzt auf die Plotzer den Mondschein,
er raunt auf die Steinfalle krick.

Ich macker, der Gansplempel wickelt
am Eck noch Knudel und Kahn;
und das hegt mit ihrem Schauern
die Loreley betan.

Heinrich Heine/Günler Puchner

Amara, bittre, was du thust ist bitter,
    Wie du die Füße rührst, die Arme lenkest,
    Wie du die Augen hebst, wie du sie senkest.
    Die Lippen aufthust oder zu, ist's bitter.
Ein jeder Gruß ist, den du schenkest, bitter,
    Bitter ein jeder Kuß, den du nicht schenkest,
    Bitter ist, was du sprichst und was du denkest,
    Und was du hast, und was du bist, ist bitter.
Voraus kommt eine Bitterkeit gegangen,
    Zwo Bitterkeiten gehn dir zu den Seiten,
    Und eine folgt den Spuren dieser Füße.
O du mit Bitterkeiten rings umfangen,
    Wer dächte, daß mit all den Bitterkeiten
    Du doch mir bist im innern Kern so süße.

Friedrich Rückert

Amara, du nix gut, du nix gut machen,
mit dein Fuß du nix gut gehn, Hände nix gut,
du mich anschauen nix gut, du wegschauen nix gut,
du mir was sagen nix gut, nix sagen nix gut.
Du ciao sagen, wenn kommen, nix gut,
ich nix Kuß kriegen, nix gut,
nix gut was du sagen, du nix gut denken,
du nix gut haben, du nix gut.
Wenn du kommen ich wissen, nix gut,
du da sein, links nix gut, rechts nix gut,
wenn du abhauen, ich nix gut.
Du vorn und hinten nix gut.
Ich nix wissen warum alles nix gut,
aber ich denken an nix wie Amara, Amara gut.

A . T .

calypso

ich was not yet
in brasilien
nach brasilien
wulld ich laik du go

wer de wimen
arr so ander
so quait ander
denn anderwo

ich was not yet
in brasilien
nach brasilien
wulld ich laik du go

als ich anderschdehn
mange lanquidsch
will ich anderschdehn
auch lanquidsch in rioo

ich was not yet
in brasilien
nach brasilien
wulld ich laik du go

wenn de senden
mi across de meer
wai mi not senden wer
ich wulld laik du go

yes yes de senden
mi across de meer
wer ich was not yet
ich laik du go sehr

ich was not yet
in brasilien
yes nach brasilien
wulld ich laik du go

Ernst Jandl

baemu súti falla kúr
mostin arasíban taégna.
kiu tende vossagúr:
flagedárad ássa.

N. N.

Als Kinder im Sommer 1955 beim Himbeerpflücken in der Nähe des Neandertals bei Düsseldorf eine etwa dreißig Zentimeter breite und achtzehn Zentimeter hohe, roh behauene Steintafel mit einer vierzeiligen Inschrift fanden, wußte zunächst niemand etwas Rechtes damit anzufangen.

Bald jedoch schaltete sich das rührige Institut für vergleichende Sprachpsychologie in H. ein und nahm sich des Fundes an. Durch Anwendung des in der Linguistik bekannten Zahlenschlüssels 9·1·19·12·9·8 ergab sich, daß es sich um einen ibolithischen Text handeln mußte – eine Sprache also, die bisher noch durch keinerlei Sprachdenkmäler zu belegen war.

Der Bedeutung dieses Fundes entsprechend hat es der Herausgeber für richtig erachtet, den Vierzeiler zunächst im Urtext einem ausgewählten Kreis von Fachleuten und Dichtern vorzulegen, die ihrerseits eingeladen wurden, die Strophe mit den ihnen zu Gebote stehenden Mitteln zu übersetzen.

Heinz Güllig

Vogelgötter in grünen Sandalen.
Rauchgeschwärztes Bärtchen.
Laut hallt der Hirten Schrei:
Aus Wolffleisch sind die Lämmer!

Hans Arp

Ein bukolisches Idyll, eine Rousseau-Landschaft mit
frechen Farbspritzern, ein aparter Schwarz-Grün-Kon-
trast, mit raffinierter Einfachheit von einem späten Ibo-
lithen aufgezeichnet, das ist das berühmte»baemu súti...«
Der Dichter projiziert das Erscheinungsbild seiner Mit-
bürger in die Vorstellung der Vögel hinein. Kehliger,
gurrender Vogelgesang ist in »baemu súti« nachgebildet,
und in nonchalanter Erhabenheit präsentieren sich die
armseligen ibolithischen Hirten als Götter – vom Blick-
winkel der Vögel aus! Da Vögel selbst auffällig bunt ge-
kleidet sind, kann vermutet werden, daß sie einen beson-
ders stark entwickelten Farbsinn haben; kein Wunder
also, daß ihnen gerade die grünen Lianen-Sandalen und
die rußschwarzen Menjou-Bärtchen der Hirten beson-
ders auffallen.

Der geschichtliche Hintergrund dieser poetischen Fa-
bel ist kurz gesagt folgender: Die Ibolithen wurden von
den Angehörigen der höher gelegenen (Vogel...!) Berg-
stämme als fast göttergleiche Wesen anerkannt und ge-
ehrt. Die Ibolithen hatten in ihren vielen erfolgreichen
Kriegen von auswärts Sklaven mitgebracht. Am Ende
des zweiten Zwischenintervallums war die Zahl der Skla-
ven so angewachsen, daß sie stark genug waren, sich auf-
zulehnen. Es kam zu dem entscheidenden Sklavenauf-
stand von Notis, den die neutralen Bergstämme entsetzt
beobachteten (sie hatten die göttergleichen Ibolithen
für unbesiegbar gehalten), und der dann bekanntlich den
endgültigen Niedergang der Ibolithen einleitete.

Mit einem Ernst, der der Bedeutung unseres ibolithischen Fundes angemessen ist, hat Arp sich der schwierigen Übersetzungsaufgabe entledigt. Arp pflegte zuvor eingehende Erörterungen mit Freunden, darunter »älteren in Frankreich bekannten ›Lettristen‹, Onomatopoeten und Lautgedichtlern«, wie er uns im Begleitschreiben zu seiner Übersetzung wissen läßt.

Heinz Gültig

Baemu der Lichtgott reitet durchs Holz
auf leichter Mähre, schwarz wie der Tann.
Da trifft ihn des finsteren Kiu Stahl:
himmelwärts entschwebt die Seele.

Wolfgang Hildesheimer

Wolfgang Hildesheimer, der sonst kaum tätigen Umgang mit Lyrik pflegt, rechtfertigt seinen unseres Erachtens gelungenen, wenn auch eigenwilligen Versuch mit einer, wie er schreibt, schon seit der Schulzeit recht fundierten Kenntnis des Ibolithischen. – »Der Vierzeiler war mir bereits aus den ›Nordischen Blättern‹ bekannt«, fügt er hinzu. Wer seine Übertragung gelesen hat, wird ihm diese Quellenangabe bedenkenlos glauben. Die Wiederbegegnung mit dem uralten Kain- und Abel-Motiv überrascht den Kundigen nicht, der um die zyklische Ideenmigration als Naturgesetz alles Spirituellen weiß. Kain heißt im Ibolithischen Baemu und wird hier von einem des vollen alten Glaubens nicht mehr ganz teilhaftigen Exegeten leicht ironisch gezeichnet. Denn, so fragen wir Nachgeborenen, was tut ein Lichtgott im Holz? Und wenn es schon sein muß: warum auf einer schwarzen Mähre? Freilich, der Dichter wagt es nicht, sich offen auf die Seite des finsteren Kiu zu stellen. Aber wir spüren, daß er ihn alles andere als verdammt. Nicht, daß er Baemu den Tod im Walde gerade wünscht, aber es schwingt doch so etwas mit wie der fromme Wunsch: »Na ja, entschwebe himmelwärts, dort bist du besser aufgehoben als hier!« Vollends offenbar aber wird der sarkastische Unterton in der vierten Zeile, wenn diese zwar dem Wortsinn nach »himmelwärts entflattern« besagt (Hildesheimer weist auf die Übersetzung bei Wackernagel ausdrücklich hin), dem Klang nach aber (*flágedárad ássa*) sich eher nach einem hingeschlampten »Hau ab, Genosse!« anhört.

Heinz Gültig

Bäh – muh! wimmern Schaf und Kuh
nachts auf mondgebleichter Wiese.
Raben seufzen ernst dazu:
blasser fast als diese.

Fridolin Tschudi

Der Ibolithe hatte keinesfalls jenes sentimentale Verhältnis zum Tier, wie es heute weitverbreitet ist. Niemals würde er eine Gedichtzeile auf ein Tier um des Tieres willen verschwendet haben. Wenn trotzdem Schaf und Kuh mit ihrem typischen Lock- und Kennruf in dieses Gedicht eingeführt werden, so ist hier etwas anderes gemeint. Schon »Wimmern« (*súti*) zeigt uns die einzig mögliche Richtung der Interpretation an.

Bekanntlich stimmt die ibolithische Religion in manchen Punkten mit dem Glauben der Mormonen überein. Schaf und Kuh sind ungeborene Geister, ungeborene Menschen, die darauf warten, als Menschen ins Leben hinein erlöst zu werden. Daher also das gruselige Wimmern! Die mondbeglänzte Wiese ist der traditionelle Ort, wo diese Ungeborenen versammelt sind, ähnlich wie im deutschen Sprachgebiet der Froschteich, aus dem die Kindchen vom Storch geholt werden. Letztere Funktion fällt in der ibolithischen Mythe den Raben zu, die mit den Störchen das steife, würdige Gehabe gemeinsam haben.

Die Behauptung à la Morgenstern, daß die Raben blasser als die Wiese ausgesehen hätten, darf als dichterische Metapher angesehen werden. Möglicherweise ist jedoch von weis(s)en Raben die Rede, dann würde der Vergleich mit der Wiese zutreffen. In diesem Fall hätte sich im Bild des weißen Raben der Dichter selbst verewigt. Das Seufzen des Raben ist dann Ausdruck seines bekümmerten Nachdenkens über die Folgen der allzu pedantisch durchgeführten ibolithischen Geburtenregelung, die ja leider zum völligen Aussterben dieses Volkes geführt hat.

Heinz Gültig

S'amor non è, che dunque è quel ch'io sento?
ma s'egli è amor, per Dio, che cosa e quale?
Se bona, ond'è l'effetto aspro mortale?
se ria, ond'è sí dolce ogni tormento?

S'a mia voglia ardo, ond'è 'l pianto e lamento?
s'a mal mio grado, il lamentar che vale?
O viva morte, o dilettoso male,
come puoi tanto in me, s'io nol consento?

E s'io 'l consento, a gran torto mi doglio.
Fra sí contrari venti in frale barca
mi trovo in alto mar senza governo:

sí lieve di saver, d'error sí carca,
ch'i' medesmo non so quel ch'io mi voglio,
e tremo a mezza state, ardendo il verno.

Francesco Petrarca

Wenn das, was als Gedanke in der Mitte zu wachsen an-
fängt, »nicht ist« – was bleibt dir »zu fühlen«? Und »ist«
es – mein Gott, wie muß es beschaffen sein? Meint (und
du zitierst noch immer) »das, was in der Mitte zu wach-
sen anfängt« es gut mit dir, wenn eben sein Ende dein
Ende ist? »Tut« das weh – oder »ist« das schlimm? Ohne
Wurzel, aber wachsend; die Lust, die Pein; du schürst,
um auszulöschen; wohl oder übel – Geschwätzigkeit.
»Ein Mißverständnis, und wir gehn daran zugrunde«;
noch ein Zitat. Und es widert dich an, an diesem Halm
zu kauen (»Tod und Leben«, erquickender Verschleiß«) –
und braucht, um zu geschehen, dein Einverständnis
nicht; da stimme ich zu; auch eine Art von Trauer. So
hin und her, zerbrechlich, außer Kontrolle, fern von
Dingen; so unwissend leicht, den Wünschen irrtümlich
verwandt, und »doch« entwöhnt – kläglich; der Gedanke
überläuft mich heiß »und« kalt.

Francesco Petrarca/Oskar Pastior

Ist's Liebe nicht, was dann ist dieses Meinen?
Ist's Liebe doch, wie nenn' ich sie zumal?
Nenn' ich sie gut, wie schafft sie herbe Qual?
Wenn böse, wie versüßt sie alle Peinen?

Lieb' ich freywillig, woher Klag' und Weinen?
Wenn wider Willen, frommt dann Thränenzahl?
Lebend'ger Tod! erquickungsreiche Qual!
Wie hast Du Macht an mir, die ich verneine?

Und hast Du sie, leid' ich sie mir zum Schaden:
In schwankem Kahn, im Widerspiel der Winde,
Auf offnem Meere treib' ich ohne Steuer;

An Wissen leicht, an Irrthum schwer beladen,
Bin ich nicht so wie ich mich gern empfinde,
Und fühl' in Hitze Frost, in Kälte Feuer.

Francesco Petrarca/Friedrich Wilhelm Riemer

Fish's Night Song

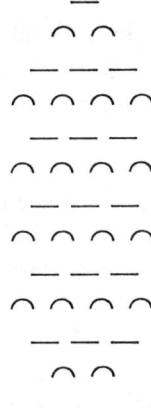

Christian Morgenstern/N. N.

Amar el día, aborrecer el día,
  llamar la noche y despreciarla luego,
  temer el fuego y acercarse al fuego,
  tener a un tiempo pena y alegría.

Estar juntos valor y cobardía,
  el desprecio cruel y el blando ruego,
  tener valiente entendimiento ciego,
  atada la razón, libre osadía.

Buscar lugar en que aliviar los males
  y no querer del mal hacer mudanza,
  desear sin saber que se desea.

Tener el gusto y el disgusto iguales,
  y todo el bien librado en la esperanza,
  si aquesto no es amor, no sé qué sea.

María de Zayas y Sotomayor

Lieben den Tag, verabscheuen den Tag,
 rufen die Nacht und verschmähen-sie dann,
 fürchten das Feuer und nähern-sich dem Feuer,
 haben zu einer Zeit Schmerz und Freude.

Sein vereinigte Tapferkeit und Feigheit,
 das Verschmähen grausam und die sanfte Bitte,
 haben vortreffliche Einsicht blind,
 gebunden die Vernunft, freie Verwegenheit.

Suchen Ort an dem lindern die Übel
 und nicht suchen des Übels machen Veränderung,
 wünschen ohne wissen was sich wünscht.

Haben den Gefallen und das Mißfallen gleichmäßige,
 und alles das Gute gegründet in die Hoffnung,
 wenn dieses nicht ist Liebe, nicht ich weiß was sei.

Maria de Zayas y Solomayor / A. T.

Thränen des Vaterlandes / *Anno 1636.*

Wir sind doch nunmehr gantz / ja mehr denn gantz
                    verheeret!
    Der frechen Völcker Schaar / die rasende Posaun
    Das vom Blutt fette Schwerdt / die donnernde
                    Carthaun /
Hat aller Schweiß / und Fleiß / und Vorrath auffgezehret.
Die Türme stehn in Glutt / die Kirch ist umgekehret.
    Das Rathauß ligt im Grauß / die Starcken sind
                    zerhaun /
    Die Jungfern sind geschänd't / und wo wir hin nur
                    schaun
Ist Feuer / Pest / und Tod / der Hertz und Geist
                    durchfähret.
    Hir durch die Schantz und Stadt / rinnt allzeit
                    frisches Blutt.
    Dreymal sind schon sechs Jahr / als unser Ströme
                    Flutt /
Von Leichen fast verstopfft / sich langsam fort gedrungen
    Doch schweig ich noch von dem / was ärger als der
                    Tod /
    Was grimmiger denn die Pest / und Glutt und
                    Hungersnoth
Das auch der Seelen Schatz / so vilen abgezwungen.

Andreas Gryphius

Tears of the homeland, *Anno 1636.*

We are nevertheless now entire, devastates yes much
then entirely!
The insolent nations band, the raging trumpet,
the sword fat with the blood, the thundering cannon
has consumed every sweat and diligence an supply.
The towers are in embers, the church is reversed.
The city hall lies in the rubble, the strong are cut down.
The virgins are shamed, and we look where away only,
fire, plague is and death, that heart and spirit durch-
faehret.
Fresh blood runs all the time here through the trench
and city.
Six years are already three time, as ours of current Flut,
of then many corpses heavily, pressed onward itself
slowly.
However I nor of that is silent, receiver worse than death.
The receiver of grim because those plague, and embers,
and famine:
that wrested now should treasure of then many.

Andreas Gryphius

417

NEUNTES HAUPTSTÜCK

TRIN
KTOAU
GENWASD
IEWIMPERHÄL
TVONDEMGOLDNENÜ
BERFLUSSDERWELT

Gottfried Keller

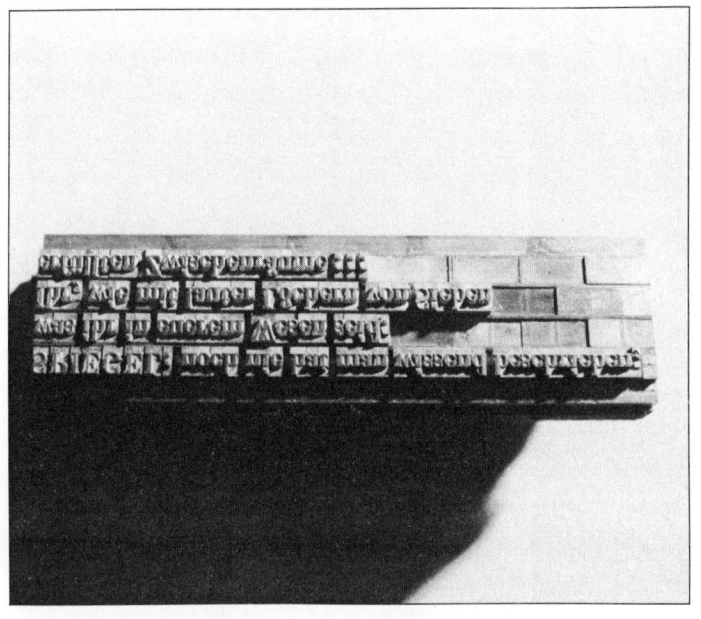

Rainer Maria Rilke

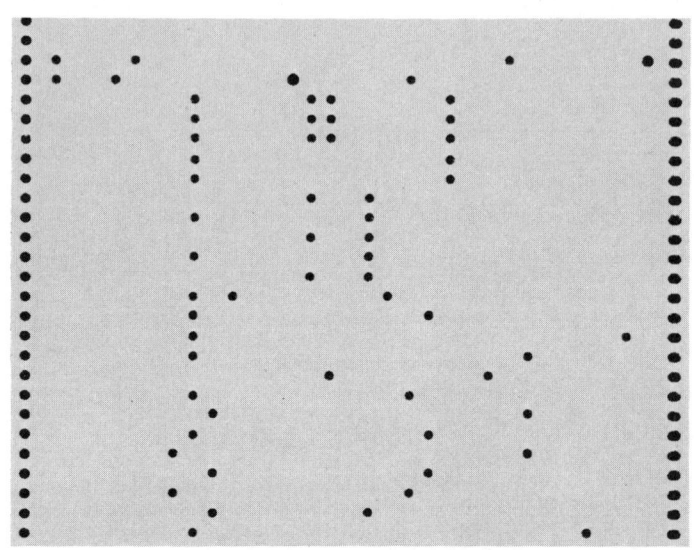

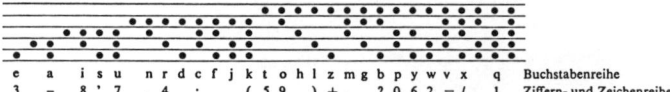

(2) (1)

e a i s u   n r d c f j k t o h l z m g b p y w v x   q   Buchstabenreihe
3 – 8 ' 7   , 4   :   (5 9   ) + .   ? 0 6 2 = /   1   Ziffern- und Zeichenreihe

Abb. 28
Decodierung des 5-Kanal-Lochstreifens, wie er im Fernschreibverkehr (Telex) benutzt wird. Durch den Bu-Umschaltcode (1) wird die Buchstabenreihe, durch den Zi-Umschaltcode (2) die Ziffern- und Zeichenreihe eingesetzt. Die nicht belegten Lochzeilen enthalten technische Funktionen.

(2) (1)

t o   n h m   i r l c p g v e a s d y u j w f z b k q   x   bei Tiefstellung der Matrizen
T O   N H M   I R L C P G V E A S D Y U J W F Z B K Q   X   bei Hochstellung der Matrizen

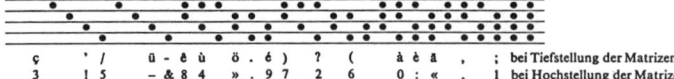

ç   ' /   ü – ê ù   ö . é)   ?   (à è â   ,   ; bei Tiefstellung der Matrizen
3   ! 5   – & 8 4   » . 9 7   2   6   0 : «   ,   1 bei Hochstellung der Matrizen

Abb. 29
Decodierung des 6-Kanal-Lochstreifens für die Steuerung von Gießanlagen. Für Tiefstellung (1) oder Hochstellung (2) der Matrizen werden Umschaltcodes eingesetzt. Die nicht belegten Lochzeilen enthalten Steuerbefehle für die Gießanlage.

Rainer Maria Rilke

JN.: ¹008   B/M.: a2222   C/P.:   I/P.:   KL.: 0093   RS.:
SW.:   SE.:   ČH.:   FO.:
DT.: ¹5.08.85   SM.:
IN.:
TYP: BL.:

VU¹IVI¹3HI*ay*.451s *.4621I*.460kt an aen*g2*.455s*g0 m*.451n*.459*g2*.455n*g0 *.462*.459m*.45¹rts an aen*g2*.455s
*g0 *.462m*.451n*.459*g2*.455n*g0 *.462vund*.455
nlo9ts*xp¹*apl
*.451s *.462ke*.460rt an das vas *.462kru*.457k*.455 *.462kv*.451*.460ls zlo9 *.462e*.460vlo9 ue*.460r g*.455*.462zund
*.455
nlo9ts*xp2*apl
unt v*.451r*.455 nlo9t das *.4621e*.460b*g2*.455n*g0 *.462kurts das *.462*.459ve*.460ts der *.462m*.45¹n*.459 f*.452m

.462m.451n*.459*g2*.455n*g0 *.462*.451rpt*xp3*apl
zo*.460 *.462g*.451*.460ps b*.455*.462kl*.453*.460g*.455nsV A3I*.462V B3Ive*.460rt*g2*.455r*g0*.455s aof *.462dl*.460
z*g2*.455m*g0 *.462vaet*g2*.455n*g0 *.462rund*.455
nlo9ts*xp4*apl
*.462aenförmlo9 *.462*.459t*.451lt na*.462tu*.460r zlo9 *.462ne*.460r d*.452x *.462tuoz*.455ntförmlo9 1st 1*.460r

.462to.460t*xp5*apl
*.451s *.462f*.453*.460kt dl*.460 *.462v*.451ls n*.453*.460x maen*g2*.455m*g0 *.462tsl*.460l n*.453*.460x daen*g2*.4
55r*g0 *.4621*.451tst*.455n
.462.459tund*.455 nlo9ts*xp6*apl
unt *.462ve*.460r zlo9 *.462vlllo9 nlxt *.451r*.462g1*.460pt ue*.460m *.462e*.460m*g2*.455n*g0 *.4621o*.460z*.455
das1*.460m
.462or.452t*xp7*apl
de*.460r *.462taymt lns *.462gr*.453*.460p zlo9 *.462r*.451tu*.457sV A3I*.462V B3Ilo*.460s unt *.462fy*.460lt ln*.462d*.
451s*g2*.455n*g0
.462.459lund*.455 nlo9ts*xp8*apl
dl*.460ts*.462vls*g2*.455n*g0 *.462al*.455 d*.452x f*.455r*.462gls*.451s *.462je*.460t*g2*.455r*g0 *.462g*.45¹m*.455
.462je.460u*g2*.455n*g0 *.462t*.453*.460k*xp9*apl
zo*.460 *.462k*.452m*.455 d*.451n ln *.462dl*.460z*.455m *.462zln nln*.462f*.452rt aos maen*.455m *.462mund*.455

nlo9ts*xp10*apl
f*.455r*.462g*.451st das *.452oo9 dl*.460 *.462v*.451lt b*.455*.462try*.460kt int das 1*.460r *.462vun*.459 nu*.460r

.462vyn.459*.455*.462ts*.452okt*xp11*apl
last *.462*.452or*.455r *.4621I*.460b*.455 nlo9ts *.451nt*.462ge*.460n *.45¹nt*.462*.459lypf*g2*.455n*g0 *.452or*g2*.4
55r*g0 *.462kund*.455
nlo9ts*xp12*apl
*.451s *.462n*.452f*.455 *.462js*.460u*g2*.455r*g0 das dl*.460 *.462tsaet 1*.460m *.462ge*.460b*.455 v*.453s zl*.460
*.462kaen*g2*.455m*g0
.462g.453*.460p*xp¹3*apl
d*.451n *.462js*.460u*g2*.455r*g0 *.462zu*.460xt aen *.462al tsu zaen unt *.462js*.460u*g2*.455r*g0 1st 1m *.462grund*
.455
nlo9ts*xp14*apl
*o

August von Platen

Es ligt an eynes Menschen Schmertz / ann eines
                  Menschen Wunde NICHTS
Es kert an Daß / Was krancke quelt sich Ewig / der
                  Gesunde Nichts!
Vnd wäre nicht das Leben kurtz / daß stets der MENSCH
                  vom Menschen erbt:
So geb's Beklagens-Weertheres / auff disem weiten
                  Runde nichts!
Eynförmig stelt NATUR sich her / doch Tausend-förmig
                  ist ir Todt.
Es fragt die WELT nach meinem Zil: nach deiner lezten
                  Stunde nichts;
Vnd wer sich willig nicht ergibt / dem ertznen Looße das
                  im dreut;
Der zurnt ins Grab sich Rettungs-looß / und fühl't in
                  dessen Schlunde Nichts!
Diß wissen Alle / doch vergist / es ieder gerne Jeden Tag.
So kome denn / in dißem SINN / hinfort auß meinem
                  Munde Nichts!
Vergest das Euch die Welt betriegt / Vnd daß jr
                  WUNSCH nur Wünsche zeug't.
Last Eurer Libe Nichts entgen / entschlipffen Eurer
                  Kunde Nichts!
Es hofe ieder daß die ZEIT im gebe Was sie Keinem
                  gaab.
Den Ieder sucht / eyn Al zu seyn / Vnd ieder ist im
                  Grunde NICHTS.

August von Platen

Es ligt an eines Menschen Schmärz, an eines Menschen
Wunde nichz,
Es kert an das, was Kranke kwält, sich ewig där Gesunde
nichz,
Und wäre nicht das Leben kurz, das stez där Mensch
fom Menschen erbt,
So gäbs Beklagenswerteres auf disem weiten Runde
nichz.
Einförmig stelt Natur sich här, doch tausendförmig ist
ir Tod,
Es fragt di Welt nach meinem Zil, nach deiner letzten
Stunde nichz.
Und wär sich willig nicht ergibt dem ernen Lose, das im
dreüt,
Där zürnt ins Grab sich rettungslos, und fült in desen
Schlunde nichz.
Dis wisen Ale, doch fergist es Jeder gärne jeden Tag,
So kome den, in disem Sin, hinfort aus meinem Munde
nichts!
Fergest, das eüch die Welt betrügt, und das ir Wunsch
nur Wünsche zeügt,
Last eürer Libe nichz äntgen, äntschlüpfen eürer Kunde
nichz!
Es hofe Jeder, das di Zeit im gebe, was si Keinem gab,
Den Joder sucht ein Al zu sein, und Jeder ist im Grunde
nichz.

August von Platen

es liegt an eines menschen schmerz an eines menschen
wunde nichts
es kehrt an das was kranke quaelt sich ewig der gesunde
nichts
und waere nicht das leben kurz das stets der mensch vom
menschen erbt
so gaebs beklagenswerteres auf diesem weiten runde
nichts
einfoermig stellt natur sich her doch tausendfoermig ist
ihr tod
es fragt die welt nach meinem ziel nach deiner letzten
stunde nichts
und wer sich willig nicht ergibt dem ehrnen lose das ihm
draeut
der zuernt ins grab sich rettungslos und fuehlt in dessen
schlunde nichts
dies wissen alle doch vergisst es jeder gerne jeden tag
so komme denn in diesem sinn hinfort aus meinem
munde nichts
vergesst dass euch die welt betruegt und dass ihr wunsch
nur wuensche zeugt
lasst eurer liebe nichts entgehn entschluepfen eurer
kunde nichts
es hoffe jeder dass die zeit ihm gebe was sie keinem gab
denn jeder sucht ein all zu sein und jeder ist im grunde
nichts

August von Platen

ɛs 'liːkt an aenəs mɛnʃən 'ʃmɛrts an aenəs 'mɛnʃən 'vundə
nɪçts

ɛs 'keːrt an das vas 'kraŋkə 'kvɛːlt zɪç 'eːvɪç deːr gə'zundə
nɪçts

unt vɛrə nɪçt das 'leːbən 'kurts das 'ʃteːts der 'mɛnʃ fɔm
'mɛnʃən 'ɛrpt

zoː 'gɛːps bə'klaːgəns͵veːrtərəs aof 'diːzəm 'vaetən 'rundə
nɪçts

'aenfœrmɪç 'ʃtɛlt na'tuːr zɪç 'heːr dɔx 'taozəntfœrmɪç ɪst iːr
'toːt

ɛs 'fraːkt diː 'vɛlt naːx maenəm 'tsiːl naːx daenər 'lɛtstən
'ʃtundə nɪçts

unt 'veːr zɪç 'vɪlɪç nɪxt ɛr'giːpt deːm 'eːrnən 'loːzə das iːm
'drɔøt

deːr 'tsyrnt ɪns 'graːp zɪç 'rɛtuŋs͵loːs unt 'fyːlt ɪn' dɛsən
'ʃlundə nɪçts

diːs 'vɪsən 'alə dɔx fər'gɪst ɛs 'jeːdər 'gɛrnə 'jeːdən 'taːk
zoː 'kɔmə dɛn ɪn 'diːzəm 'zɪn hɪn'fɔrt aos maenəm 'mundə
nɪçts

fər'gɛst das ɔøç diː 'vɛlt bə'tryːkt unt das iːr 'vunʃ nuːr
'vynʃə 'tsɔøkt

last 'ɔørər 'liːbə nɪçts ɛnt'geːn ɛnt'ʃlypfən ɔørər 'kundə
nɪçts

ɛs 'hɔfə 'jeːdər das diː 'tsaet iːm 'geːbə vas ziː 'kaenəm
'gaːp

dɛn 'jeːdər 'zuːxt aen 'al tsu zaen unt 'jeːdər ɪst ɪm 'grundə
nɪçts

August von Platen

427

es likt an aenjs mäncjn cmärts an aenjs mäncjn wundj
                    nixts
es kert an das was kraqkj kwält six ewig der gjzundj
                    nixts
und wärj nixt das lebjn kurts das ctets der mänc fvm
                    mäncjn ärpt
zo gäps bjklagjnswertjrjs aof dizjm waetjn rundj nixts
aenfyrmik ctält natur six her dux taosjntfyrmik ist ir tod
es frakt di wält nax maenjm tsil nax daenjr lätstjn
                    ctundj nixts
und wer six wilik nixt ärgipt dem ernjn lozj das im drvit
der tsürnt ins grap six rätuqslos und fült in däsjn clundj
                    nixts
dis wisjn alj dvx färgist es iedjr gärnj iedjn tag
so kvmj dän in disjm sin hinfvrt aos maenjm mundj
                    nixts
färgäst das oix di wält bjtrükt und das ir wunc nur
                    wüncj zoikt
last oirjr libj nixts äntgen äntclüpfjn oirjr kundj nixts
es hvfj iedjr das di tsaet im gebj was si kaenjm gab
dän iedjr suxt aen al tsu saen und iedjr ist im grundj
                    nixts

August von Platen

Voron k voronu letit,
Voron voronu kričit:
Voron! gde b nam otobedat'?
Kak by nam o tom provedat'?

Voron voronu v otvet:
Znaju, budet nam obed;
V čistom pole pod rakitoj
Bogatyr' ležit ubityj.

Kem ubit i ot čego,
Znaet sokol liš' ego,
Da kobylika voronaja,
Da chozjajka molodaja.

Sokol b rošču uletel,
Na kobyliku nedrug sel,
A chozjajka ždet milògo
Ne ubitogo, živogo.

Aleksandr Sergeevič Puškin

Айн руссишес Лид

Дер Рабе флигт цум Рабен дорт,
Дер Рабе крехцт цу дем Рабен дас Ворт:
Рабе, мейн Рабе, во финден вир
Хойт унсер Мал? вер соргте дафир?

Дер Рабе дем Рабен ди Антворт шрайт:
Их вайс айн Мал фир унс берайт;
Унтерм Унгликсбаум ауф дем фрайен Фелд
Лигт эршлаген айн гутер Хелд.

Дурх вен? весхалб? – Дас вайс аллайн,
Дер за'с мит ан, дер Фалке сайн,
Унд сайне шварце Штуте цумал,
Аух сайне Хаусфрау, сайн юнгес Гемал.

Дер Фалке флог хинаус ин ден Валд;
Ауф ди Штуте шванг дер Файнд сих балд;
Ди Хаусфрау харт, ди ин Луст эрбебт,
Дес нихт, дер штарб, найн, дес, дер лебт.

Аделберт фон Шамисо

Die nachetigalle ounnede die katsai

Die nachtigalle sie chlagette
Inne blittse ounnede donnère forte,
Zau lannegue aïne baome noque chréette,
Blaïpte ioubellennede sie amme orte.

Sie iaochtsette aof amme morguenne,
Sie lipte dasse taguèslichte,
Doch katsenne, irai faïnnede,
Fertraguenne solchaise nichte.

Die katsai vepte imme dounkellenne,
Iste kœuniguinne derre nachte,
Doch nachetigalle trottesette sinneguende,
Naicheteliche derre finnestairne machte.

Die dichtère allai dichetenne,
Trottesse nachte, ferrâte ounnde chpotte,
Innemittènne iraire faïndai
Rouique guetraussete aof gotte!

Fonne iédemme plattese derre airdai
Fonne dême erre nichte ferrebannete,
Atte chtétesse derre varai dichtère
Saïne vétau aosseguéssannete.

Ounnede baïdai, baïdai œurenne
Tsou zinneguenne nimallesse aof:
Irre katsenne ounnede filisterre,
Maïne airennevorte daraof!

Friedairiqué Quaimepenaire

Dee Naggteegall oonde dee cutsay

Dee naggteegall see shlawgate
In blits oonde dawner forte,
So long eyne bowm nogg shtayed,
Blybed youbellend see am oard.

See yowxed owf am morgan,
See leaped dass tawgayslisht,
Dogg cutsayn, eeray fineday,
Fairtrawgain soulshess nished.

Dee cutsay vaibed im doonkeln,
East queuneegeen dair nasht,
Dogg naggteegall trawtsed singend,
Naggedlish dair finstairn mucked.

Dee dishter awley dishten,
Troats nasht, fairrawed oonde spot,
Inmitten eerair fineday,
Rooick gaytroast owf gawd.

Fawn yaydem pluts dair airday
Fawn dame air nisht fairbunned,
Hat shtaytes dair varay dishtair
Syne veto ousegesanned.

Onde byday, byday hurn
Zoo singen neemawles owf,
Eer cutsayn oonde fillister,
Myne airenward darowf!

Freedereekay Kempnair

Tut ein Schilf schich doch
her vor welten zu versussen!
möge meinem schreibe rohr
liebliech entflissen!

tut ein Schlief sich doch herfor, Welten zu
fersüsen? möcke meinem Schriebe Rohr
leibliches, entfiesen!

Tut ein Schilff dochherffor, wrlten zu frsüsen!
Moge meinen schreibe ror liebliches endflisen!

Tut ein Schilff sie doch erfor Wellten zu wersisen!
Müge neimem Schaberoh Lipiche etflisen!

N. N.

Thut ein Schilf sich doch hervor
Welten zu versüßen!
Möge meinem Schreibe-Rohr
Liebliches entfließen!

Johann Wolfgang Goethe

Roman Ritter

—•—•— ••— ——• •—•• —•— •
•—• ——••—— •••• ——• •—• —
—•• •• • ••• •• ——• —• •— •—•• •
——••——
•— ••— ••—• ——•• ••— —— •—••
• — ——•• — • —• ——• • ••—• •
———— — •—•—•—
—•• •• • •• —• — • •—• —• •—
— •• ——— —• •— •—•• •
• •—• —•— •—•— —— •—•—• ••—•
— —•• •— ••• —— • —• ••• —•—•
•••• • —• •—• • ———— —
•—•— •—
••—•—

Eugène Edme Pottier

436

A	•—	S	•••
B	—•••	T	—
C	—•—•	U	••—
D	—••	V	•••—
E	•	W	•——
F	••—•	X	—••—
G	——•	Y	—•——
H	••••	Z	——••
I	••	Ä	•—•—
J	•———	Ö	———•
K	—•—	Ü	••——
L	•—••	CH	————
M	——		
N	—•	.	•—•—•—
O	———	,	——••——
P	•——•	:	———•••
Q	——•—	!	•————•
R	•—•	?	••——••

—•—•— Beginn der Übermittlung (sprich: doodi-
doodidoo)

•••—•— Ende der Übermittlung (sprich: dididi-
doodidoo)

Industry-standard ASCII

A	= 11000001	a	= 11100001
B	= 11000010	b	= 11100010
C	= 11000011	c	= 11100011
D	= 11000100	d	= 11100100
E	= 11000101	e	= 11100101
F	= 11000110	f	= 11100110
G	= 11000111	g	= 11100111
H	= 11001000	h	= 11101000
I	= 11001001	i	= 11101001
J	= 11001010	j	= 11101010
K	= 11001011	k	= 11101011
L	= 11001100	l	= 11101100
M	= 11001101	m	= 11101101
N	= 11001110	n	= 11101110
O	= 11001111	o	= 11101111
P	= 11010000	p	= 11110000
Q	= 11010001	q	= 11110001
R	= 11010010	r	= 11110010
S	= 11010011	s	= 11110011
T	= 11010100	t	= 11110100
U	= 11010101	u	= 11110101
V	= 11010110	v	= 11110110
W	= 11010111	w	= 11110111
X	= 11011000	x	= 11111000
Y	= 11011001	y	= 11111001
Z	= 11011010	z	= 11111010

,	= 10101100	0	= 10110000
.	= 10101110	:	= 10111010

Wortzwischenraum = 10100000

```
11000101  11101001  11101110  10100000  10110000  10100000
11101111  11100100  11100101  11110010  10100000  11011010
11100101  11110010  11101111  10100000  11101001  11101110
10100000  11100100  11100101  11101110  10100000  11011010
11100001  11101000  11101100  11100101  11101110  10100000
11001001  11100011  11101000  10100000  11100010  11101001
11101110  10100000  11100010  11100001  11101100  11100100
10100000  11110110  11101001  11100101  11101100  10101100
10100000  11100010  11100001  11101100  11100100  10100000
11101110  11101001  11100011  11101000  11110100  11110011
10101100  10100000  11100010  11100001  11101100  11100100
10100000  11110111  11100101  11101110  11101001  11100111
10100000  11101001  11101110  10100000  11100100  11100101
11101110  10100000  11011010  11100001  11101000  11101100
11100101  11101110  10101100  10100000  11001110  11100001
11100011  11101000  10100000  11100100  11100101  11101101
10100000  11100100  11100101  11110010  10100000  11001101
11100101  11101001  11110011  11110100  11100101  11110010
10100000  11101101  11101001  11100011  11101000  10100000
11100001  11101110  10100000  11100101  11101001  11101110
11100101  11101001  11101110  11100101  11101110  10100000
11001111  11110010  11110100  10100000  11110111  11101001
11101100  11101100  10100000  11101101  11100001  11101100
11100101  11101110  10111010  10100000  11000101  11101001
11101110  10100000  11010010  11101001  11101110  11100111
10100000  11101001  11110011  11110100  10100000  11111010
11110111  11100001  11110010  10100000  11100111  11100101
11110010  11101001  11101110  11100111  10101100  10100000
11110111  11101001  11100101  10100000  11100100  11101001
11100101  11110011  11100101  11110010  10100000  11010111
11100101  11101100  11110100  10100000  11000111  11100101
11110011  11110100  11100001  11101100  11110100  10101100
10100000  11000100  11101001  11100101  10100000  11110110
11101111  11101100  11101100  11100101  11110010  10100000
11000101  11101001  11110100  11100101  11101100  11101011
11100101  11101001  11110100  10100000  11101000  11100001
11110100  10100000  11100101  11101001  11101110  11100101
11101110  10100000  11101100  11100101  11100101  11110010
11100101  11101110  10100000  11001000  11100001  11101100
11110100  10101110
```

Georg Philipp Harsdörffer

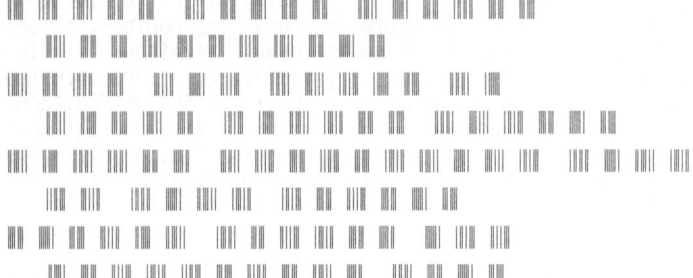

Gottfried Keller

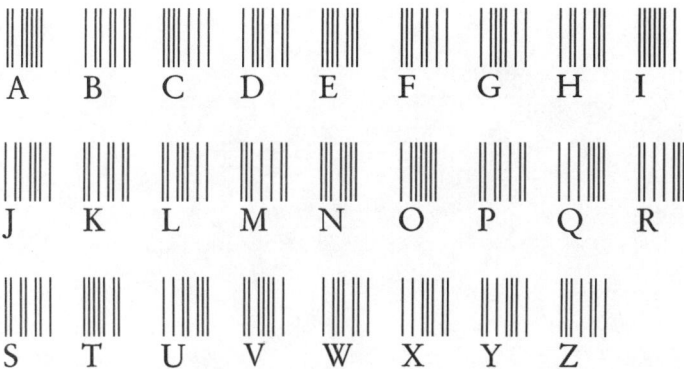

Das Magnetband dient, wie der Lochstreifen, als Datenträger. Es ist ein auf Polyesterbasis aufgebauter Kunststoffstreifen, der mit einer magnetisierbaren Feritschicht versehen wird. Die Aufzeichnungsart läßt sich mit derjenigen beim Lochstreifen vergleichen. Anstelle der Löcher werden kleine, unsichtbare Flecken positiv geladen; negativ geladene Flecken entsprechen den nichtgelochten Stellen beim Lochstreifen. Die Information wird quer zur Bandrichtung in 7 bzw. 9 Spuren aufgezeichnet. Die magnetisierten Felder einer Sprosse bilden ein Zeichen (Bandzeichen); mehrere Bandzeichen bilden einen Block, der als Dateneinheit von der Magnetbandstation gelesen wird. Zwischen den Blöcken entstehen automatisch Blocklücken. Die Bandzeichendichte beträgt normalerweise bei 7-Spur-Bändern bis zu 320 Zeichen pro cm, bei 9-Spur-Bändern bis zu 640 Zeichen pro cm. Spezielle Magnetbandstationen können schon bis zu 2460 Zeichen pro cm speichern. Ein weiterer Vorteil des Magnetbandes gegenüber dem Lochstreifen ist die Korrigierbarkeit der Information und die wiederholte Verwendbarkeit des Bandes, da die magnetisierten Zeichen gelöscht werden können.

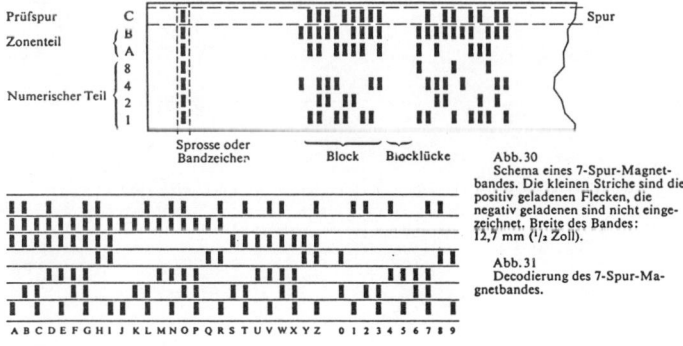

Abb. 30
Schema eines 7-Spur-Magnetbandes. Die kleinen Striche sind die positiv geladenen Flecken, die negativ geladenen sind nicht eingezeichnet. Breite des Bandes: 12,7 mm (¹/₂ Zoll).

Abb. 31
Decodierung des 7-Spur-Magnetbandes.

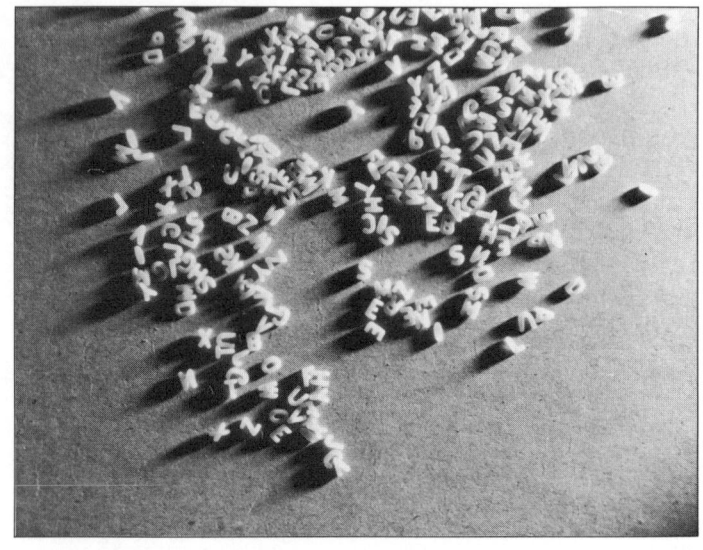

die ihre Beine in Himmelstuch wickeln,
und Ganges, du,
mit deinen dunklen Menschen – den Geist-Bäumen,
und die Donau, wo weiß im Weiß
Weißhemdige stehn überm Wasser,
und der Sambesi, wo die Menschen schwärzer sind als der
schwärzeste Stiefel,
und der stürmische Ob, wo sie den Götzen geißeln
und mit den Augen zur Wand stellen,
wenn Fettes gegessen wird,
und die Themse mit ihrem Grauspleen.

Das Geschlecht der Menschen ist dieses Buches Leser.
Auf dem Umschlag, geschrieben
von des Schöpfers Hand:
mein Name, in hellblauen Lettern.
Jaja, du bist nicht achtsam beim Lesen –
sieh näher hin, schärfer,
zerstreu, das bist du, du liest mit Tagedieb-Augen.
Gleichwie
Lektionen in Gottes Gesetz
sind diese Gebirgsketten, diese
riesigen Meere.
Dies Eine Buch:
bald liest du's, bald.
In diesen Seiten schnellt der Wal,
der Adler umsegelt das Eckblatt und kommt
niedergeschwebt auf die Wellen des Meers, auf die
Brüste der Meere,
um auszuruhn auf des Seeadlers Bettstatt.

Velemir Chlebnikov

QUELLEN UND SCHOLIEN

PROÖMIUM. *Seite 1*
Friedrich von Logau, *Die Welt /
die ist ein Buch* (um 1650). Aus:
Salomons von Golaw / Deutscher
Sinn-Getichte / Drey Tausend.
Breslau: Kloßmann (1654). In:
Friedrich von Logau, Sinnge-
dichte. Hrsg. von Ernst-Peter
Wieckenberg. Stuttgart: Rec-
lam 1985. S. 178.

I. *Seite 4*
Marcel Proust, *Im Schatten jun-
ger Mädchenblüte* (1905–1912).
Aus: Marcel Proust, Auf der
Suche nach der verlorenen Zeit.
II. Im Schatten junger Mäd-
chenblüte. Deutsch von Eva
Rechel-Mertens. Frankfurt/M.:
Suhrkamp; Zürich: Rascher 1960.
S. 422 ff.
Andreas Thalmayr, *Das Bild
dieser Unbekannten.* Erstver-
öffentlichung.

II. *Seite 8*
Publius Ovidius Naso, *Das Laby-
rinth* (um das Jahr 0). In: Pub-
lius Ovidius Naso, Metamorpho-
seon. Metamorphosen. Hrsg. und
übers. von Hermann Breiten-
bach. Zürich: Artemis 1958.
Liber VIII. S. 518/19.
Christoph Ransmayr, *Das Laby-
rinth.* Erstveröffentlichung.

III. *Seite 14*
Johann Rottenhöfer, *Omelette*
(1859). In: Johann Rottenhöfer,

Neue vollständige theoretisch-
praktische Anwendung in der
feinen Kochkunst. München:
Braun und Schneider 1859. S.
613/14.
Günter Eich, *Pfannkuchenrezept*
(1945) [ursprünglich: Ehrentafel
für einen Eierkuchen]. In:
Günter Eich, Abgelegene Ge-
höfte. Frankfurt/M.: Schauer
1948. S. 34/35.

IV. *Seite 17*
Monika Dobler, Franz Greno,
Norbert Richter, Katharina Kae-
ver, *Nacherzählungen.* Erstver-
öffentlichung.
William Carlos Williams, *Die
letzten Worte meiner englischen
Großmutter* (1920). In: William
Carlos Williams, Gedichte. Aus
dem Amerikanischen von Hans
Magnus Enzensberger. Frank-
furt/M.: Suhrkamp 1962. S. 121/
23.

V. *Seite 23*
N. N., *Im Jahre sechsundsechzig*
(2. Hälfte 19. Jhdt.). In: Aller-
leihrauh. Viele schöne Kinder-
reime versammelt von Hans Mag-
nus Enzensberger. Frankfurt/M.:
Suhrkamp 1961. S. 335.
Friedrich Rückert, *Ein Jahr ist
nun geschwunden* (1834). In:
Friedrich Rückert, Gesammelte
Gedichte. Sechster Band. Er-
langen: Heyder 1838. S. 163/64.

Joachim Ringelnatz, *Das He-
xenkind* (etwa 1930). In: Jo-
achim Ringelnatz, Kinder-Ver-
wirr-Buch mit vielen Bildern.
Berlin: Rowohlt 1931. S. 27/28.

VI. *Seite* 26
Stefan George, *Wenn einst dies
geschlecht sich gereinigt* . . . (um
1918). Aus: An die Toten. In:
Blätter für die Kunst. Begründet
von Stefan George. Hrsg. von
Carl August Klein. Elfte und
zwölfte Folge. 1919. S. 14.
    Serenus M. Brezengang, *Wenn
einst dieser herd sich* . . . Erstver-
öffentlichung.

VII. *Seite 28*
Andreas Thalmayr, *Der Tod.*
Erstveröffentlichung.
Matthias Claudius, *Der Tod*
(1796/97). In: Asmus omnia sua
Secum portans, oder Sämmt-
liche Werke des Wandsbecker
Bothen, VI. Theil. Hamburg:
Selbstverlag o. J. (1797). S. 151.

VIII. *Seite 30*
Johannes R. Becher, *Der Dichter
meidet strahlende Akkorde* . . .
(1915/16). In: Johannes R.
Becher, An Europa. Neue Ge-
dichte. Leipzig: Wolff 1916. S. 1.
    Andreas Thalmayr, *Der Ver-
fasser möchte sich* . . . Erstver-
öffentlichung.

IX. *Seite 34*
Ezra Pound, *Albatre* (1914/15).
Aus: Lustra (1915). In: Perso-
nae. Masken. Der ausgewählten
Werke erster Teil. Autorisierte
Übersetzung von Eva Hesse.
Zürich: Arche 1959. S. 123.
    Serenus M. Brezengang, *Koks.*
Erstveröffentlichung.

X. *Seite 36*
Gottfried Benn, *Außenminister*
(1952). In: Gottfried Benn,
Destillationen. Neue Gedichte.
Wiesbaden: Limes 1953. S. 26/
28.
[Der Satz- oder Schreibfehler
in Zeile 9, »God will«, wurde in
»Good will« verbessert.]

XI. *Seite 39*
Barthold Hinrich Brockes, Aus:
Der Morgen (etwa 1720). In:
Barthold Hinrich Brockes, Irdi-
sches Vergnügen in Gott. Vierte
Auflage. Hamburg: Kißner
1728. S. 185/189.
    Rainer Maria Rilke, *Blaue
Hortensie* (1906). In: Rainer
Maria Rilke, Neue Gedichte.
Leipzig: Insel 1907. S. 57. Farb-
schematisierung von Angelika
Overath.
    Bertold Brecht, *Augsburg* (um
1937). In: Bertolt Brecht, Ge-
sammelte Werke in acht Bänden.
Bd. IV. Frankfurt/M.: Suhrkamp
1967. S. 580.

XII. *Seite 47*
Johann von Besser, *Nicht schäme
dich | du saubere Melinde* (etwa
1690). In: Herrn von Hoff-
mannswaldau / und andrer Deut-
schen / auserlesene und / bißher
ungedruckte / Gedichte / erster
Theil. Leipzig: Fritsch 1695.
S. 34.

XIII. *Seite 49*
Peter Handke, *Die drei Lesungen
des Gesetzes* (1969). In: Peter
Handke, Die Innenwelt der
Außenwelt der Innenwelt. Frank-
furt/M.: Suhrkamp 1969. S.
56/58.

XIV. *Seite 52*
Guillaume Apollinaire, *Es gibt* (1915). Aus: Calligrammes (1915). In: Guillaume Apollinaire, Poetische Werke. Œuvres poétiques. Ausgew. und hrsg. von Gerd Henniger. Deutsch von Gerd Henniger, Johannes Hübner, Lothar Klünner. Neuwied und Berlin: Luchterhand 1969. S. 297 und 299.

Eike von Savigny, *Dasein an sich* (1965/68). In: Eike von Savigny, Die Philosophie der normalen Sprache. Frankfurt/M.: Suhrkamp 1969. S. 231/32. Nach G. J. Warnock, Metaphysics in Logic. Proceedings of the Aristotelian Society 51. 1950/51.

[Der Autor bemerkt zu seinem Beispiel-Katalog: »Die Sätze vom Typ A sind verständlich. Die Sätze vom Typ B sind dagegen entweder unverständlich oder nur insoweit verständlich, als man versucht, sie so wie die entsprechenden Sätze vom Typ A zu verstehen. Nun geben aber gerade die Sätze vom Typ B Antworten auf typisch ontologische Fragen, etwa auf die Fragen: Gibt es Zahlen? Gibt es Gegenstände? Gibt es Charaktere? Gibt es Punkte? Gibt es Möglichkeiten? Gibt es Farben? Gibt es Größen? Wenn nun die Antworten auf diese Fragen sprachlich vollkommen unklar sind, wenn man wirklich nicht versteht, was damit gesagt sein soll, es sei denn, man versteht sie nicht als ontologische, sondern als spezielle empirische oder andersartige Fragen, dann wirft das natürlich ein schlechtes Licht auf die Bedeutung dieser ontologischen Fragen. Es sieht ganz so aus, als könnte man Fragen nach der reinen Existenz schlechthin überhaupt nicht stellen. Daß man derart reine Fragen nach der Existenz stellt, liegt möglicherweise nur daran, daß in den ursprünglichen, sinnvollen Fragen vom Typ A überall der Ausdruck *es gibt* vorkam. (Man könnte diese Fragen natürlich, wenn auch sprachlich etwas schwieriger, mit anderen, typisch ontologischen Ausdrücken formulieren.) Und da ist es nun interessant, daß man die Sätze vom Typ A ganz verschiedenartig paraphrasieren würde, wenn es einem darauf ankäme, das Wort *es gibt* zu vermeiden. *Es gibt vollkommene Zahlen* wird man zum Beispiel paraphrasieren mit *einige Zahlen sind vollkommen. Es gibt Sachen zum Totlachen* würde heißen *über manche Sachen kann man sich totlachen.* Ähnlich: *Es gibt in Deutschland Sagen, in den USA nicht: In Deutschland hat man Sagen, in den USA nicht. Es gibt Sagen über Barbarossa: Barbarossa kommt in Sagen vor. Es gibt Sagen, Märchen, Legenden, Erzählungen und so weiter: Wir unterscheiden Sagen, Märchen, Legenden, Erzählungen und so weiter. Es gibt Gerüchte, nach denen er in die Affäre verwickelt ist: Es laufen Gerüchte um, nach denen er (Gerüchte behaupten, daß er) in die Affäre verwickelt ist. Es gibt in der Regierung einige gefestigte Charaktere: In der Regierung sitzen einige gefestigte Charaktere. Es gibt einen Punkt, über den man nicht hinausgehen darf: Über*

einen bestimmten Punkt darf man nicht hinausgehen. Und so weiter. Und ganz dementsprechend sieht es so aus, als ob in jedem der folgenden Sätze der Ausdruck *es gibt* anders gebraucht würde; seine sprachliche Umgebung scheint ihn jeweils in anderer Weise zu bestimmen: *Es gibt nichts als Ärger mit den Russen* (usw.)
Es sieht wirklich so aus, als ob die Frage nach dem Dasein an sich keine sehr glückliche Frage sei.«]

XV. *Seite 56*
N. N., *Der Dichterwettstreit zwischen Homer und Hesiod* (um 130). Aus: Legende von Homer dem fahrenden Sänger. Ein altgriechisches Volksbuch. Übers. und erl. von Wolfgang Schadewaldt. Leipzig: Koehler & Amelung 1942. S. 38/39.
[Nach alter Überlieferung trafen Homer und Heriod bei einem Wettkampf in Chalkis aufeinander. Dabei stellte Hesiod dem Homer die Aufgabe, kunstvoll ausgedachten Unsinn durch seine Ergänzungen in Sinn zu verwandeln, was diesem virtuos gelang.]

XVI. *Seite 58*
Paul van Ostaijen, *Ode an Singer* (etwa 1915). In: Paul van Ostaijen, Poesie. Aus dem Flämischen von Klaus Reichert. Frankfurt/M.: Suhrkamp 1966. S. 47/53. [»Ode an Singer« übers. von Hans Magnus Enzensberger.]
Die Prosaversion von Andreas Thalmayr erscheint hier als Erstdruck.

XVII. *Seite 64*
Catharina Regina von Greiffenberg, *Ach drücke dich in mich* (etwa 1690). In: Catharina Regina von Greiffenberg, Des / Allerheiligsten Lebens / Jesu Christi Ubrige Sechs Betrachtungen / Von dessem Heiligen Wandel / Wundern und Weissagungen / von- und biß / zu seinem Allerheiligsten Leiden und Sterben / . . . / Nürnberg: Hofmann 1693. S. 133.

XVIII. *Seite 66*
Hans Arp, *Auf einbeinigen Blumentischen* (etwa 1955). In: Hans Arp, Auf einem Bein. Wiesbaden: Limes 1955. S. 11.
[Zu seinen Gedichten aus der *Wolkenpumpe* von 1917 bemerkte Hans Arp: »Ich schrieb diese Gedichte in einer schwer leserlichen Handschrift, damit der Drucker gezwungen werde, seine Phantasie spielen zu lassen und beim Entziffern meines Textes dichterisch mitzuwirken. Diese kollektive Arbeit glückte gut. Verbalhornungen, Zerformungen entstanden, die mich damals bewegten und ergriffen. Wie mancher mittelalterliche Kopist, sagte ich mir, hat durch Missverstehen oder durch unachtsames Abschreiben in seine Arbeit tiefsinnigen Geist gelegt! Wie manche unvergängliche Schönheit ist durch Weiterentwicklung einer falsch gedeuteten Kunstform entstanden! Heute bin ich etwas anderer Meinung.« (*Wortträume und schwarze Sterne.* Wiesbaden: Limes 1953. S. 7.) Als Kopist hat im vorliegenden Fall Serenus M. Brezengang mitgewirkt.]

XIX. *Seite 70*
César Vallejo, *Himmel und Haar*
(etwa 1936). In: César Vallejo,
Gedichte. Übers. von Hans Mag-
nus Enzensberger. Frankfurt/ M.:
Suhrkamp 1963. S. 103.

XX. *Seite 72*
Walter Benjamin, *Brezel, Feder,
Pause, Klage, Firlefanz* (etwa
1931). Aus: Denkbilder. In:
Walter Benjamin, Gesammelte
Schriften IV. 2. Hrsg. von Till-
man Rexroth. Frankfurt/M.:
Suhrkamp 1972. S. 432/33.
N. N., *Die Zeit schwingt sich
wie eine Brezel* (etwa 1931). Zi-
tiert in: Walter Benjamin, Denk-
bilder. S. 433.

XXI. *Seite 74*
Charles Baudelaire, *L'Héauton-
timrouménos. Der Selbsthenker*
(1857). In: Charles Baudelaire,
Les Fleurs du Mal. Die Blumen
des Bösen. Übers. von Friedhelm
Kemp. Frankfurt/M.: S. Fischer
1962. S. 132/33.

XXII. *Seite 78*
Rainer Maria Rilke, *Wer, wenn
ich schriee...* (1912/22). In:
Rainer Maria Rilke, Duineser
Elegien. Leipzig: Insel 1923.
S. 7/8.
Negation von Andreas Thal-
mayr: Erstdruck.

XXIII. *Seite 82*
Velemir Chlebnikov, *Beschwö-
rung durch Lachen* (etwa 1910).
In: Velemir Chlebnikov, Werke.
Bd. 1. Hrsg. von Peter Urban.
Reinbek: Rowohlt 1972. S. 19.
Übers. von Hans Magnus En-
zensberger.

XXIV. *Seite 83*
María de Zayas y Sotomayor/Cle-
mens Brentano, *Den Tag nur
lieben und den Tag beklagen*
(1637/1802). In: Spanische und
Italienische Novellen, übertra-
gen von Clemens Brentano. Er-
ster Band. Leipzig: Rowohlt o.
J. S. 23.
[Erstausgabe: Spanische und
Italienische Novellen, hrsg. von
Sophie Brentano. Die lehrreichen
Erzählungen und Liebesgeschich-
ten der Donna Maria de Zayas
und Sotomayor. Penig: Diene-
mann 1802. Vgl. CXLII.]

XXV. *Seite 84*
Pablo Neruda, *Melancholie in
den Familien* (1931/35). In:
Pablo Neruda, Dichtungen I.
1919–1965. Hrsg. und übertr.
von Erich Arendt. Neuwied und
Berlin: Luchterhand 1967. S.
100/102.
Andreas Thalmayr, *Agonie in
den Kleiderschränken.* Erstver-
öffentlichung.

XXVI. *Seite 88*
Quirinus Kuhlmann, *Triumf,
Triumf!* (1683). In: A. Z! / Qui-
rin Kuhlmanns / Wesentlicher /
Kühlspalter / Das Wunder der
Welt. Amsterdam 1686. S. 79/80.

XXVII. *Seite 89*
Giuseppe Ungaretti, *Finale* (1952/
60). In: Giuseppe Ungaretti, Das
verheißene Land. Das Merkbuch
des Alten. Deutsch von Paul
Celan. Frankfurt/M.: Insel 1968.
S. 59.

XXVIII. *Seite 92*
Heberto Padilla, *Theodor W.*

Adorno kehrt von den Toten zurück (1970). In: Heberto Padilla, Außerhalb des Spiels. Gedichte. Aus dem Spanischen von Günter Maschke. Frankfurt/M.: Suhrkamp 1971. S. 111/12.

Andreas Thalmayr, *Don Fabrizio Corbera, Fürst Salina kehrt von den Toten zurück.* Erstveröffentlichung. [Vgl. Tomasi di Lampedusa, *Der Leopard.*]

XXIX. *Seite 96*
Antiphanes / Johann Gottfried Herder, *Die Grammatiker* (um 400 v. Chr.). In: Johann Gottfried Herder, Zerstreute Blätter. Zweite Sammlung. Gotha: Ettinger 1786. S. 54.

Serenus M. Brezengang, *Mörder-Wespen* . . . Erstveröffentlichung. [Unter den »Grammatikern« sind die Literaturkritiker zu verstehen.]

XXX. *Seite 98*
Gottfried August Bürger, *Collin und Juliette* (um 1790). In: Wer mich und Ilse sieht im Grase . . . Deutsche Poeten des achtzehnten Jahrhunderts über die Liebe und das Frauenzimmer. Hrsg. von Johannes Bobrowski. Berlin: Eulenspiegel 1964. S. 100/103. [Bobrowski bemerkt vorsichtshalber: »Nach dem Englischen, vermutlich von Gottfried August Bürger.«]

XXXI. *Seite 102*
Andreas Thalmayr, *Mag sein* . . . Erstveröffentlichung.

Friedrich Rückert, *Wol endet Tod des Lebens Noth* (1819). In: Friedrich Rückert, Gesammelte Gedichte. Zweiter Band. Erlangen: Heyder 1836. S. 433/34.

(Gasele I. Mewlana Dschelaleddin Rumi. 1819).

XXXII. *Seite 104*
Andreas Thalmayr, *Sag mir, Totengräber* . . . Erstveröffentlichung.

Ludewig Heinrich Hölty, *Todtengräberlied* (1775). In: L. H. Chr. Hölty, Gedichte. Besorgt durch seine Freunde Friedrich Leopold Grafen zu Stolberg und Johann Heinrich Voß. Hamburg: Bohn 1783. S. 44/45.

XXXIII. *Seite 106*
Nicanor Parra, *Verliebtes Gespräch* (1954/62). In: Nicanor Parra, Und Chile ist eine Wüste. Poesie und Antipoesie. Hrsg. von Federico Schopf und Peter Schultze-Kraft. Wuppertal: Hammer 1975. S. 99. Übers. von Hans Magnus Enzensberger. [Zuerst erschienen in: Kursbuch15. Frankfurt/M.: Suhrkamp 1968. S. 599.]

XXXIV. *Seite 107*
Benjamin Neukirch, *An Sylvien* (um 1690). In: Herrn Hoffmannswaldau / und andrer Deutschen / auserlesene und / bißher ungedruckte / Gedichte / erster Theil. Leipzig: Fritsch 1965. S. 29.

Interjektionen von Serenus M. Brezengang.

XXXV. *Seite 108*
Daniil Charms, *Variationen* (1936). In: Daniil Charms, Fälle. Szenen Gedichte Prosa. Aus dem Russischen von Peter Urban. Zürich: Hoffmans 1984. S. 117/118.

Paul van Ostaijen, *Alpenjägerlied* (etwa 1925). In: Paul van

Ostaijen, Poesie. Aus dem
Flämischen von Klaus Reichert.
Frankfurt/M.: Suhrkamp 1966.
S. 111.

XXXVI. *Seite 112*
Lars Gustafsson, *C's Monolog*
(1964/65). In: Lars Gustafsson,
Die Maschinen. Aus dem Schwe-
dischen von Hans Magnus Enzens-
berger. München: Hanser 1967.
S. 60/61.
Übertragung in indirekte Rede
von Andreas Thalmayr.

XXXVII. *Seite 116*
Sappho, Φαίνεταί μοι κῆνος ἴσος
θέοισιν (um 580 v. Chr.). In:
Poetarum Lesbiorum Fragmenta.
Hrsg. von Edgar Lobel und Denys
Page. Oxford: University Press
1963. S. 32.
Philander von der Linde
[Pseudonym für Johann Burk-
hard Mencke], *Die entzückte
Sappho.* (1705.) In: Galante
Gedichte. Zweite Auflage. Leip-
zig 1710. S. 92/93.
[Wilhelm Heinse hat dasselbe
Gedicht siebzig Jahre später
übersetzt und souverän kommen-
tiert:
»Dieser Jüngling scheinet mir
            gleich zu seyn den
Hohen Göttern, welcher Dir
            Mädchen gegen
Übersitzet, und in der Nähe
            Deine
            Zärtliche Stimme

Höret, und Dein schmachtendes
            Lächeln — dieses,
Dieses hat das Herz in der
            Brust erschüttert:
Wie ich es erblickte, verstockte
            mir der

Athem zur Rede:

Aufgelöst zwar wurde die Zunge
            wieder:
Aber plötzlich lief unter meiner
            Haut weg
Stechend Feuer: Nacht vor den
            Augen, Sausen
            Ist in den Ohren:

Kalte Schweiße rinnen herab
            auf einmal:
Ganz ergreift ein Zittern mich:
            grüner bin ich
Wie das Gras: ich scheine zu ster-
            ben, kaum noch
            Athmend ein wenig.

Alles aber will ich versuchen,
            bin ich
Gleich ohnmächtig u. s. w.

Diese Ode ist beynah' in allen
Jahrhunderten bewundert, und
nachgeahmt worden; insbeson-
dere haben die neuern Deutschen
alle Nachahmer übertreffen wol-
len. Diese deutschen Nachahmer
wissen es wohl selbst nicht, war-
um sie glauben, Sappho habe
diese Ode unter dem Namen
eines Jünglings an ein Mädchen
geschrieben; einige darunter ha-
ben sie gar für ein Gelegenheits-
gedicht bey einer Hochzeit ange-
sehen. Ich mag keine Satyre hier
machen, weil sie mir zu leicht ist.
Katull war, wie ich glaube, der
erste, welcher sie auf seine Lesbia
nachahmte, von welcher er sonst
sagte: *Glubit in triviis et angi-
portis Magnanimos Remi nepotes*
— Meine gnädigen Damen, das
ist unübersetzlich — Ich halte
seine Nachahmung aber für ein
Gedicht, das nicht würdig war,

von Katullischem Geiste geboren worden zu seyn, ob sie gleich die großen Skaliger sehr rühmen und preisen.

Wer in seinem Leben nur was weniges von Liebe, und einer Leidenschaft, deren Befriedigung unmöglich ist, wenigstens zu seyn scheint, empfunden hat, dem werden alle diese Nachahmungen Ekel verursachen, wenn sie auch in den süßesten italienischen Sonetten gemacht wären, geschweige in den deutschen Kirchenversen.

Welcher Mann, welche Dame, und wenn ihre Lebensgeister das brennendste Feuer des Prometheus wären, hat wohl jemals so was bey ihrem Phaon, bey seiner Laura empfunden? Nacht vor den Augen, Sausen in den Ohren, kalte Schweiße, das Gesicht des Todes in den Augen. *Petrarka*, der größte Schwärmer der Liebe, (wozu ihn seine scholastische Weisheit, sein Hang zur thierischen Wollust und seine Ruhmbegierde mehr mögen gemacht haben, als der platonische Begriff vom wesentlichen Schönen, wie ich mir aus seinen Gedichten und Briefen zu erweisen getraue:) ist nie so weit mit seinen Empfindungen bey seiner Laura gekommen, obgleich die Befriedigung seiner Leidenschaft ihm auch unmöglich zu seyn schien; denn bey ihm war sie natürlich möglich, bey der Sappho nicht, wenigstens nicht in den vier ersten Strophen.‹

(Abdruck nach: Epochen der deutschen Lyrik. Übersetzungen. Nach den Erstdrucken in zeitlicher Folge. Hrsg. von Dieter Gutzen und Horst Rüdiger. München: dtv 1977. Zweiter Teil. S. 171/173.)]

XXXVIII. *Seite 120*
Francis Ponge, *Das Streichholz* (1932). In: Francis Ponge, Lyren. Ausgewählte Werke. Deutsch von Gerd Henniger. Frankfurt/M.: S. Fischer 1965. S. 229 u. 231.

Tempusverschiebung von Andreas Thalmayr.

XXXIX. *Seite 122*
Georg Herwegh, *Sonett* (1839/40). In: Georg Herwegh, Gedichte und kritische Aufsätze aus den Jahren 1839 und 1840. Bellevue, bei Konstanz: Verlags- und Sortimentsbuchhandlung zu Bellevue 1845. S. 44/45.

Interpolationen von Serenus M. Brezengang.

XL. *Seite 124*
Gottfried Benn, *Durchs Erlenholz kam sie gestrichen* - - - - (1915/16). In: Gottfried Benn, Gesammelte Werke in der Fassung der Erstdrucke. Textkritisch durchgesehen und hrsg. von Bruno Hillebrand. Band 1: Gedichte. Frankfurt/M.: S. Fischer 1982. S. 86. [Erstdruck: Die Aktion VI, 45/46. (11. 11. 1916), Sp. 626].

Günter Eich, *Salzzeichen* (1965). In: Günter Eich, Anlässe und Steingärten. Frankfurt/M.: Suhrkamp 1966. S. 42.

XLI. *Seite 128*
Charles Baudelaire, *Das Spiel* (1850/57). Aus: Charles Baudelaire, Les Fleurs du Mal. Übersetzung von Andreas Thalmayr.

XLII. *Seite 132*
Johann Wolfgang Goethe, *Sag',*
was könnt' uns Mandarinen ...
(1827). Aus: Chinesisch-Deutsche
Jahres- und Tages-Zeiten. In:
Goethe's Werke. Vollständige
Ausgabe letzter Hand. Sieben und
vierzigster Band. Stuttgart und
Tübingen: Cotta 1833. S. 45.
[Zuerst erschienen in: Berliner
Musenalalmanach für das Jahr
1830. S. 1.]
Parataktische Auflösung von
Andreas Thalmayr.

XLIII. *Seite 134*
Karl Valentin, *Das futuristische*
Couplet (um 1930). In: Karl Va-
lentin, Sturzflüge im Zuschauer-
raum. Der gesammelten Werke
anderer Teil. Hrsg. von Michael
Schulte. München: Piper 1969.
S. 93.

XLIV. *Seite 135*
Andreas Gryphius, *Vberschrifft*
an dem Tempel der Sterbligkeit
(um 1640). In: Andreas Griphen /
Teutsche Reim-Gedichte / Darein
enthalten I. Ein Fürsten-Mör-
derisches / Trawer-Spiel / ge-
nant. / Leo Armenius. / II. Zwey
Bücher seiner / Oden / III.
Drey Bücher der Sonneten /
Denen zum Schluß die Geistvolle
Opi- / tianische Gedancken von
der Ewigkeit / hinbey gesetzet
seyn. Frankfurt/M.: Hüttner
1650. S. 174.

XLV. *Seite 138*
August von Platen, *Wer wußte je*
das Leben recht zu fassen (1826).
In: August von Platen, Gedichte.
Zweite vermehrte Auflage. Stutt-
gart und Tübingen: Cotta 1834.
S. 254.

Hyperbaton von Andreas Thal-
mayr.

XLVI. *Seite 140*
Alfred Lichtenstein, *Die Fahrt*
nach der Irrenanstalt (1911/12).
In: Alfred Lichtenstein, Gedichte
und Geschichten. Erster Band:
Gedichte. Hrsg. von Kurt
Lubasch. München: G. Müller
1919. S. 49/50.

XLVII. *Seite 142*
Palindrome von André Thom-
kins. Erstveröffentlichung.
[Der Text auf S. 143 ist ein
Drehpalindrom; derselbe Wort-
laut ergibt sich, wenn man ihn
auf den Kopf stellt. Goethe zeigt
sich schlecht informiert, wenn er
sich am 8. 12. 1798 gegen Schil-
ler »zu den Anagrammen, Chrono-
stichen, Teufelsversen« äußert,
»welche man vorwärts und rück-
wärts lesen kann.« Dies ist nur
bei Palindromen der Fall. Da-
gegen spricht einiges für Goethes
Behauptung, solche Verse seien
»aus einer geschmacklosen pedan-
tischen Verwandtschaft, an die
man durch inkurable Trocken-
heit erinnert wird.«]

XLVIII. *Seite 144*
Ronald D. Laing, *Sie bekommt*
nicht, was sie von ihm will. / Jill
glaubt, daß Jack ... (um 1967).
In: Ronald D. Laing, Knoten.
Deutsch von Herbert Elbrecht.
Reinbek: Rowohlt 1972. S. 56/57.

XLIX. *Seite 146*
Nicanor Parra, *Schnee* (1964/67).
In: Nicanor Parra, Und Chile ist
eine Wüste. Poesie und Anti-
poesie. Hrsg. von Federico

Schopf und Peter Schultze-Kraft. Wuppertal: Hammer 1975. S. 40/41. Übersetzt von Nicolas Born und Sergio Ramírez.

N. N., *Ein Hund lief in die Küche* (19. Jhdt.)

Gunnar Ekelöf, *Perpetuum mobile* (1950/51). In: Gunnar Ekelöf, Strountes. Stockholm: Bonnier 1955. S. 89/90. Übers. von Andreas Thalmayr.

L. *Seite 150*

Paavo Haavikko, *Kaum daß ich vom Kaiser erzähle* (1953/55). Aus: Paavo Haavikko, Synnyinmaa. Helsinki: Otava 1955. Originaltitel: Kun nyt kerron kaisarista . . . Übers. von Ilmari Hovila.

[Die Pfeile auf dem Diagramm geben mögliche Lektüre-Sequenzen an.]

LI. *Seite 154*

Kurt Mautz, *germanisten* (1975/77). In: schreibmaschinenpoesie. Hrsg. von Wolfhart Eilers. München: Relief 1977. S. 71.

Unica Zürn, Tausend Zaubereien (um 1960). Aus: Unica Zürn, Hexentexte. In: Der Monat 154, Juli 1961. S. 67.

LII. *Seite 156*

Johann Caspar Schade, *G O T T / du bist mein G O T T* (etwa 1690). In: Johann Caspar Schade, Christliches / Ehren-Gedächtnüß / . . . / Leipzig: J. Heinichen 1698. S. 262/63.

Adelbert von Chamisso, *Das ist die schwere Zeit der Not* (1813). Aus: Brief an Julius Hitzig vom Juni 1813. In: Adelbert von Chamisso, Werke. Band V. Hrsg.

von Friedrich Palm. 5. Aufl. Berlin: Weidmann 1864. S. 383.

LIII. *Seite 158*

Serenus M. Brezengang, *Im Massagesalon.* Erstveröffentlichung.

[Die Elemente des Textes können beliebig kombiniert werden, dergestalt, daß aus jeder Kolumne ein Element gewählt wird. Mathematisch ausgedrückt handelt es sich um die Permutation der Kombinationen von n Elementen zur r-ten Klasse, wobei hier $n = 8$ und $r = 6$. Die Anzahl der möglichen Variationen ergibt sich nach der Formel

$$V'_r(n) = n^r.$$

Sie beträgt also

$$8^6 = 16.777.216.]$$

LIV. *Seite 162*

Quirinus Kuhlmann, *41. Libes-Kuß* (um 1670). In: A. Z! /Qvirin Kuhlmanns / Breßlauers / Himmlische / Libes-küsse / über di fürnemsten Oerter / Der Hochgeheiligten Schrifft / vornemlich / des Salomonischen Hohenlides / wi auch / Anderer dergleichen Himmel- / schmekkende Theologische / Bücher / Poetisch abgefasset. Jena: Samuel Adolph Müller 1671. S. 53/54.

[Diesem Proteusvers fügt Kuhlmann eine Erklärung bei, die das »Gedicht« überhaupt erst verständlich macht:

»Himmels Verlibter! diser Libeskuß ist ein volständiger Wechselsatz / in den ersten zwölf Versen; derer idweder sich / wann du nur das erste und di letzten zwei Wörter unverendert auf seiner Stelle behälst / in den andern dreizehen / sonder eintzige Ver-

letzung des Reimmaßes und In-
begriffes / auff die 6'227'020'800
oder sechshundertzwei und zwan-
tzig-tausendmahl tausend-siben-
hundert-zwantzig-tausend-acht-
hundertmahl versätzet werden.
Zu welcher dem gemeinen Pöfel
unbegreifflicher Verwechselung
der allerfertiste Schreiber / der
täglich über tausend Verwechse-
lungszeilen abschribe / doch über
ein gantzes Jahr hundert sattsam
würde zu schaffen haben. Wann
aber einer Beliben hegte / aus
dem ersten vir-verse in funffzig
Wörtern einen Wechselsatz zu
volführen / so könten alle Men-
schen / wenn si solchen darzu-
stellen gleich trachteten dises
nicht ausmachen / weil es so vil-
mahl tausendmahl tausend ver-
wechselt werden können / daß
auch nur di Meer-sandkörner /
welche dise Zahl beschlüsse / un-
ser virgetheilter Kugelrund nicht
begriffe. Denn funffzig Wörter
nach Kircherus' Ausrechnung /
lassen sich versätzen 1'273'726'
838'815'420'399'851'343'038'767'
005'515'293'749'454'795'473'408'
000'000'000'000 das ist . . .« (nun
folgt die Zahl in Worten; Kuhl-
mann schreibt noch alles in Tau-
sendern, also statt einer Million
»tausend-mahl-tausend«, was na-
türlich bei der Größe seiner Zahl
eine endlose Liste ergibt) . . . »Im
ersten Anblikke scheinet es un-
möglich / was gesätzet; und so
gewiß zweimahl drei sechs ma-
chet / so gewiß ist auch dises.
Noch unmöglicher aber wird es
vorkommen / wann ich mit den
grösten Leuten anmerke / hir
kürtzlich / anderswo ausführ-
licher / wi das gröste Theil der

Menschen Weißheit in der Ver-
wechselung verborgen. Kommet
herzu ihr Weißkünstler! Was
wollet ihr mit Verstandes leeren
Gedanken ein nichtges Ansehen
suchen? Forschet scharffsichti-
ger nach! Überleget das innere
Wesen der Wunderversätzung!
Glaubet / daß ihr werdet das
Centrum aller Sprachen finden /
und dasselbe / was die Welt mit
Müh suchet / mit Schaden er-
mangelt / schertzend weisen. Ihr
verwerfet die kostbahrsten Weiß-
heit-perlen / und zanket euch um
geringes Glaß / das zwar einen
Pracht-Glantz gibet; doch wie es
entstanden / also vergeht.«
Zitiert nach Alfred Liede,
Dichtung als Spiel. Studien zur
Unsinnspoesie an den Grenzen
der Sprache. Berlin: de Gruyter
1963. Zweiter Band. S. 163/164.]

LV. *Seite 164*
Peter Rühmkorf, *Variation auf
»Gesang der Deutschen« von Fried-
rich Hölderlin* (um 1961). In:
Peter Rühmkorf, Kunststücke.
Fünfzig Gedichte nebst einer An-
leitung zum Widerspruch. Rein-
bek: Rowohlt 1962. S. 79/81.

Manfred Krause und Götz
Friedemann Schaudt, *Wie der
Dichter von den Ufern . . .* (1969).
In: Computer-Lyrik. Program-
miert und hrsg. von Manfred
Krause und Götz Friedemann
Schaudt. Düsseldorf: Droste
1969. S. 38.

[Die Autoren schreiben zu
ihrem Versuch, ein Rühmkorf-
Gedicht durch ein Computer-
Programm zu variieren:
»Anhand der nachfolgenden
Poeme soll dem Leser nun die

Möglichkeit geboten werden, die (. . .) Behauptung, ›synthetische‹ seien von ›menschlichen‹ Gedichten nicht immer leicht unterscheidbar, zu testen.

Drei Gedichte von Schiller, Grass und Rühmkorf lieferten Versregeln, Wortfolgen und Wörter für je zwei bzw. drei Variationen der jeweils ersten Originalstrophe des Gedichtes. Original und die Abwandlungen durch den Computer sind nicht als solche gekennzeichnet. (. . .)

Einige Wortfolgen sind in der Variation unverändert und an gleicher Stelle zu finden wie im Original, was die Suche nach dem Ursprungstext etwas erschweren soll. Bei den Abwandlungen, denen Gedichte von Schiller und Rühmkorf zugrunde liegen, wurden Wörter aus dem Gesamtgedicht, bei Grass nur aus der ersten Strophe des Gedichtes, verwendet. Rühmkorf und Grass wissen, daß die Ergebnisse ihrer dichterischen Bemühungen durch den Computer gedreht wurden, Schiller leider nicht.« (A. a. O. S. 95.)]

LVI. *Seite 170*
N. N., *The Twa Corbies* (18. Jhdt.). In: British and American Classical Poems. In continuation of Ludwig Herrig's »Classical Authors«. Newly edited by Horst Meller and Rudolf Sühnel. Braunschweig: Westermann 1966. S. 2/3.

Aleksandr Sergeevič Puškin, *Voron k voronu letit* (1828). In: A. S. Puškin, Polnoe Sobranie Sočinenij. 3. Stichotvorenija 1826–1836. Skazki. Ed. S. M. Bondi,

T. G. Zenger, N. V. Izmajlov, A. L. Slonimovskij, M. A. Cjavlovskij. Moskva 1948. S. 123.

Adelbert von Chamisso, *Ein russisch Lied* (1838). In: Deutscher Musenalmanach für das Jahr 1839. Hrsg. von A. v. Chamisso und Franz Freih. Gaudy. Leipzig: Weidmann o. J. (1839). S. 196/97.

LVII. *Seite 173*
Friedrich Hölderlin, *Der Adler* (1803). Aus: Friedrich Hölderlin, Sämtliche Werke. Frankfurter Ausgabe. Hrsg. von D. E. Sattler. Einleitung. Frankfurt/M.: Roter Stern 1975. S. 41/50, 20.

LVIII. *Seite 181*
Clemens Brentano, *Auf Dornen oder Rosen hingesunken?* ⸺ (1800/01); Clemens Brentano, *Über eine Skizze. Verzweiflung an der Liebe in der Liebe* (1808); Clemens Brentano, *In Lieb'? — In Lust? — im Tod? Verschmachtet? trunken?* (1834). Alle in: Clemens Brentano, Werke. Erster Band. Hrsg. von Wolfgang Frühwald, Bernhard Gajek und Friedhelm Kemp. München: Hanser 1968. S. 76/77; 200; 574.

Günter Eich, *Finnair* (1963); Günter Eich, *Finnair* (1963); Günter Eich, *Nasse Flugzeuge* ⸺ (1965). Alle in: Günter Eich, Gesammelte Werke. Band I.: Gedichte (Hrsg. von Horst Ohde). Maulwürfe. Frankfurt/M.: Suhrkamp 1973. S. 267/68.

LIX. *Seite 187*
Katharina Kaever, *Teestunde* (1984). Erstveröffentlichung. Alle Zitate stammen aus der

Anthologie: Und ich bewege mich doch. Gedichte vor und nach 1968. Hrsg. von Jürgen Theobaldy. München: Beck 1977.

LX. *Seite 188*
Quintus Horatius Flaccus, *Erste Epistel* (Anfang) (14/8 v. Chr.) Aus: Horazens Briefe aus dem Lateinischen übersezt und mit historischen Einleitungen und andern nöthigen Erläuterungen versehen von C. M. Wieland. Erster Theil. Dessau: Buchhandlung der Gelehrten 1782. S. 21/23.
  Fr. E. Theodor Schmid, *Erklärungen* (1824/28). In: Des Quintus Horatius Flaccus Episteln. Erklärt von Fr. E. Theodor Schmid. Erster Theil. Halberstadt: Brueggemann 1828. S. 1/10.

LXI. *Seite 197*
Gottfried Benn, *Bolschewik* (1920). In: Gottfried Benn, Gesammelte Werke in der Fassung der Erstdrucke. Textkritisch durchgesehen und hrsg. von Bruno Hillebrand. Band 1: Gedichte. Frankfurt/M.: S. Fischer 1982. S. 118.

LXII. *Seite 199*
Ferdinand Freiligrath, *Die Revolution* (1851). In: Ferdinand Freiligrath, Neuere politische und sociale Gedichte. Zweites Heft. Düsseldorf: Selbstverlag 1851. S. 5/10.
  Vladimir Majakovskij, *Wolke in Hosen* (Auszug) (1915). In: Wladimir Majakowski, Werke. Hrsg. von L. Kossuth. Deutsche Nachdichtung von Hugo Huppert. Band II. Frankfurt/M.: Insel 1969. S. 17, Abb. 3.

[Der russische Text zeigt eine Seite der russischen Ausgabe von 1915 mit den Streichungen der Zensur.]

LXIII. *Seite 204*
Ingeborg Bachmann, *Böhmen liegt am Meer* (1964). In: Ingeborg Bachmann, Werke. Hrsg. von Christine Koschel, Inge von Weidenbaum, Clemens Münster. Bd. 1: Gedichte. München/Zürich: Piper 1978. S. 167/68.
  Peter Horst Neumann, *Ingeborg Bachmanns Böhmisches Manifest* (1980/81). In: Gedichte und Interpretationen. Bd. 6: Gegenwart. Hrsg. von Walter Hinck. Stuttgart: Reclam 1982. S. 84/91.

LXIV. *Seite 214*
Alfred Andersch, *Artikel 3 (3)* (1975). In: Alfred Andersch, empört euch der himmel ist blau. Gedichte und Nachdichtungen 1946/1977. Zürich: Diogenes, 1977. S. 72/73.
  Dokumentation von Gerd Haffmans zu Anderschs »Artikel 3 (3)«. In: Das Alfred Andersch Lesebuch. Hrsg. von Gerd Haffmans. Zürich: Diogenes, 1979. S. 376 ff. [Zuerst in: Das Tintenfaß. 12. Jg. Nr. 26. Zürich: Diogenes, 1976.]

LXV. *Seite 226*
Clemens Brentano, *Zu Bacharach . . .* (etwa 1800). Aus: Clemens Brentano, Godwi oder das steinerne Bild der Mutter. Ein verwilderter Roman von Maria. Zweyter Theil. Fragmentarische Fortsetzung. Bremen: Fr. Wilmans, 1802. S. 392/396.

Joseph von Eichendorff, *Waldgespräch* (1812). Aus: Joseph Freiherr von Eichendorff, Ahnung und Gegenwart. Ein Roman. Mit einem Vorwort von de la Motte Fouqué. Nürnberg: J. L. Schrag 1815. S. 285/86.

Heinrich Heine, *Ich weiß nichl, was soll es bedeulen* (1824). In: Drey und dreyßig Gedichte von Heinrich Heine. In: Der Gesellschafter oder Blätter für Geist und Herz. Nr. 49 vom 26. März 1824. S. 242/43. [Danach in: Heinrich Heine, Buch der Lieder. Hamburg: Hoffmann und Campe, 1827. S. 178/79.]

Guillaume Apollinaire, *Lore Lay* (1902). In: Guillaume Apollinaire, Poetische Werke. Œuvres poétiques. Ausgew. und hrsg. von Gerd Henniger. Neuwied und Berlin: Luchterhand, 1969. S. 161/162.

Karl Valentin, *Die Loreley* (etwa 1935). In: Karl Valentin, Sturzflüge im Zuschauerraum. Der gesammelten Werke anderer Teil. Hrsg. von Michael Schulte. München: Piper 1969. S. 101/02.

LXVI. *Seite 236*
Nikolaus Lenau, *Schilflieder (5)* (1832). In: Nikolaus Lenau, Gedichte. Stuttgart und Tübingen: Cotta 1832. S. 69.

Niémetz Lenau Ferencz Miklós [Pseudonym], *In dos Daich, dos regungslose* (1902). In: Jugend. 7. Jg. 1902. Nr. 36. S. 597.

LXVII. *Seite 238*
François Villon / K. L. Ammer, *Balladen* (1461/1907). Aus: François Villon, Balladen. Ins

Deutsche übertragen und mit einem Nachwort versehen von K. L. Ammer. Leipzig: J. Zeidler 1907. S. 87, 22, 86, 19/20, 100, 110.

Bertolt Brecht, *Die Dreigroschenoper* (1929). Aus: Bertolt Brecht, Die Songs der Dreigroschenoper. Berlin, Potsdam: Kiepenheuer 1929. S. 16, 24/26.

Alfred Kerrs Plagiatvorwurf »Brechts Copyright« (1929) und Brechts Erwiderung in: Materialien zu Brechts »Dreigroschenoper«. Hrsg. von Werner Hecht. Frankfurt/M.: Suhrkamp 1985. S. 291 ff.

Bertolt Brecht, *Sonell zur Neuausgabe des François Villon* (1930). In: François Villon, Balladen. Ins Deutsche übertr. und mit einem Nachw. vers. von K. L. Ammer. Berlin: Kiepenheuer 1930. S. 5. [Um Brechts »Sonett zur Neuausgabe des François Villon« erweiterter Neudruck der gleichnamigen Ausgabe von 1907.]

LXVIII. *Seite 247*
James MacPherson, *Fillans Erscheinung* (um 1760).

MacPhersons Original in: Temora: An Epic Poem. Book Seventh. In: Works of Ossian Vol. III. Francfort and Leipzig: I. G. Fleischer 1783. S. 203/206.

Übersetzung ins Deutsche von Johann Gottfried Herder in: Volkslieder. Nebst untermischten andern Stücken. Zweiter Theil. Leipzig: Weygand 1779. S. 131.

Rückübersetzung aus dem Englischen ins Gälische in: Tighmora. Duan VII. In: The Poems of Ossian, in the original Gaelic, with a literal translation into Latin, by the late Robert Mac-Farlan, A. M. Vol. III. London: Bulmer and Co. 1807. S. 158.

Übersetzung aus dem Gälischen ins Lateinische von Robert MacFarlan in: Temora. Carmen VII. In: The Poems of Ossian, in the original Gaelic, with a literal translation into Latin, by the late Robert Mac-Farlan, A. M., op. cit., S. 159.

Rückübersetzung aus dem Gälischen ins Englische von Archibald Clerk. In: Temora. Duan VII. In: The Poems of Ossian. In the Original Gaelic. With a literal translation into English and a dissertation on the authenticity of the poems by Rev. Archibald Clerk, Minister of the parish of Killmate. Together with the English translation by MacPherson. In two volumes. Vol. II. Edinburgh and London: Blackwood and Sons 1870. S. 447.

[Für die unerhört starke Wirkung der Ossian-Gesänge unter den Zeitgenossen mag hier Matthias Claudius' Gedicht »Ich wüßte nicht warum« zeugen: »Den griechischen Gesang nachahmen? / Was er auch immer mir gefällt, / Nachahmen nicht. Die Griechen kamen / Auch nur mit Einer Nase zur Welt. // Was kümmert mich ihre Kultur? / Ich lasse sie halter dabei, / Und trotze auf Mutter Natur; / Ihr roher abgebrochner Schrei // Trifft tiefer als die feinste Melodei, / Und fehlt nie seinen Mann; / *Videatur* Vetter Ossian.« (Asmus omnia sua

secum portans, oder Sämmtliche Werke des Wandsbeker Bothen, Erster und Zweiter Theil. Wandsbek: Selbstverlag 1774. Nr. 187.) Soviel zur Natürlichkeit von Fälschungen. Zur Entstehung und Aufdeckung des Mac-Pherson'schen Falsifikates:

»FINGAL, An Ancient Epic Poem in Six Books, Together with Several Other Poems Composed by Ossian, The Son of Fingal, Translated from the Gaelic Language (engl.; *Fingal, ein altes episches Gedicht, nebst verschiedenen anderen Gedichten verfaßt von Ossian, dem Sohn Fingals, aus dem Gälischen übersetzt*). Sammlung epischer Gedichte von James MAC PHERSON (1736–1796), erschienen 1762. Eine zweite Ausgabe erschien 1765 zusammen mit *Fragments of Ancient Poetry* (1760) und *Temora* (1763) als Teil von *The Works of Ossian*. — Der Schotte MacPherson gab vor, diese Sammlung enthalte die von ihm in rhythmische englische Prosa übersetzten Dichtungen von OSSIAN, einem gälischen Barden aus dem 3. Jh. Seine Behauptung wurde sofort bestritten (besonders heftig von Samuel JOHNSON), und in der folgenden Kontroverse drängte man Mac-Pherson, die gälischen Originale zu veröffentlichen. Als er 1796 starb, waren sie noch immer nicht erschienen; erst 1807 wurde sein ›gälischer Ossian‹, zusammen mit einer lateinischen Übersetzung, gedruckt.

Seit dem Mittelalter enthalten die schriftlichen und mündlichen Überlieferungen Irlands und des gälischen Schottland Erzählungen und Heldenlieder über eine Kriegerschar, die von Fionn Mac Cumhaill angeführt wurde. Nach der gelehrten gälischen Tradition sollen Fionn (Fingal, Fionnghal) und seine Männer im 3. Jh. gelebt haben. Oisean (ir. Oisin), der Sohn Fionns, soll ihr Barde gewesen sein. Er wird bei Mac Pherson Ossian genannt. Die sogenannten *Werke des Ossian* knüpfen lose an Handschriften und mündlich tradierte Versionen dieser und ähnlicher Heldenballaden und -sagen an, sind aber größtenteils ein Produkt der Phantasie MacPhersons. Er hat weder eine korrekte Übersetzung der Balladen zustande gebracht, noch ist es ihm gelungen, die Atmosphäre der gälischen Originale einzufangen.

Auch der gälische Text von 1807 hat kaum etwas mit jenen Balladen gemein, er ist lediglich eine direkte Übersetzung der englischen Prosafassung und wurde fälschlich als das von MacPherson im schottischen Hochland zusammengetragene gälische ›Originalepos‹ ausgegeben: das Manuskript, auf das sich die Ausgabe von 1807 stützt, war von MacPherson testamentarisch zur Veröffentlichung bestimmt worden und wurde von den Reverends Ross und Dr. STEWART herausgegeben. Das heute verlorene Manuskript soll, wie ein nach MacPhersons Tod eingesetztes Komitee feststellte, entweder ganz in dessen Handschrift oder in der verschiedener von ihm angestellter Schreiber vorgelegen haben. Tatsächlich spricht vieles dafür, daß mehrere

Personen an der Herstellung des gälischen Textes gearbeitet haben. Der schlüssige Beweis für MacPhersons Fälschung wurde erst im Jahre 1895 von L. Chr. STERN erbracht.«

John MacInnes, in: Kindlers Literatur Lexikon. Hrsg. von Wolfgang von Einsiedel. Zürich: Kindler 1970. Band IV. S. 3528.]

LXIX. *Seite 254*
Clemens Brentano, *Der Spinnerin Nachtlied* (1802/18). Aus: Aus der Chronicka eines fahrenden Schülers. In: Die Sängerfahrt. Eine Neujahrsgabe für Freunde der Dichtkunst und Mahlerey (...) Gesammelt von Friedrich Förster (...) Berlin: Maurer 1818. S. 244/45.

LXX. *Seite 258*
Johannes Klaj, *Der kekke Lachengekk* ... (1644/45). In: Fortsetzung Der Pegnitz-Schäferey / behandlend / unter vielen andern rein-neuen freymuthigen Lust-Gedichten und Reimarten / derer von Anfang des Teutschen Krieges verstorbenen Tugend-berümtesten Helden Lob-Gedächtnisse; abgefasset und besungen durch Floridan / den Pegnitz-Schäfer mit Beystimmung seiner andern Weidgenossen. Nürnberg. Endter 1645. S. 78.

LXXI. *Seite 259*
N. N., *Großus Bärus* (19. Jhdt.). In: Pan. Ein lustiges Liederbuch für Gymnasiasten. Hrsg. von Friedrich Polle. Dresden: Schönfeld 1877. S. 173. [Nachgeahmt wird hier die Flexion des Lateinischen, Hebräischen, Italienischen und Lettischen.]

LXXII. *Seite 260*
Joseph von Eichendorff, *Ich wandre* ... (1826). Aus: Nachtbilder, Nr. I. In: Joseph Freiherr von Eichendorff, Aus dem Leben eines Taugenichts und das Marmorbild. Zwei Novellen nebst einem Anhange von Liedern und Romanzen. Berlin: Vereinsbuchhandlung 1826. S. 252.

LXXIII. *Seite 261*
Heinrich Hoffmann, *Die Geschichte vom fliegenden Robert* (1844/45). In: Heinrich Hoffmann, Der Struwwelpeter oder lustige Geschichte und drollige Bilder. 5. Aufl. Frankfurt/M.: Literarische Anstalt 1847. S. 24.

LXXIV. *Seite 262*
Ernst Jandl, *etüde in f* (etwa 1965). In: Ernst Jandl, Laut und Luise. Olten und Freiburg/Brsg.: Walter 1966. S. 14/15.

LXXV. *Seite 264*
Joachim Ringelnatz, Gedicht in *Bi-Sprache* (um 1928). In: Joachim Ringelnatz, Allerdings. Gedichte. Berlin: Rowohlt 1928. S. 99.

LXXVI. *Seite 265*
Eduard Mörike, *Der Straefling* (1837). In: Eduard Mörike, Sommersprossen / von / Liebmund Maria Wispel / Bel-Esprit / Lettre de cachet & c & c. / Creglingen / zu haben bey dem Verf. / 1837 / Mit einem Stahlstich. Hrsg. von Walter Eggert Windegg. Stuttgart: Strecker & Schröder 1919 [Faksimile.] S. 74/76.
Serenus M. Brezengang, *Kreubst du das Lerd* ... Erstveröffentlichung.

LXXVII. *Seite 268*
Wilhelm Busch, *Selbstgefällig* (um 1900). In: Wilhelm Busch, Schein und Sein. Nachgelassene Gedichte. München: Joachim 1909. S. 5.

LXXVIII. *Seite 270*
Friedrich Schiller, *Die deutsche Muse* (um 1800). In: Friedrich Schiller, Gedichte. Zweiter Theil. Dritte von neuem durchgesehene Auflage. Leipzig: Crusius 1808. [Erstdruck in der 1. Aufl. von 1803.]
Serenus M. Brezengang, *Die deutsche Bluse.* Erstveröffentlichung.

LXXIX. *Seite 278*
Georg Philipp Harsdörffer, *Das Leben ist* (um 1650). In: Georg Philipp Harsdörffer, Nathan und Jotham: Das ist Geistliche und Weltliche Lehrgedichte / ... / Sambt einer Zugabe / genennet Sjmson / begreiffend hundert vierzeilige Räthsel / Durch ein Mitglied der Hochlöblichen Fruchtbringenden Gesellschaft. Nürnberg: Endter 1650 (2. Aufl. 1659). S. 90.

LXXX. *Seite 279*
Heinrich Heine, *Childe Harold* (1824). In: Heinrich Heine, Neue Gedichte. Hamburg: Hoffmann und Campe 1844. S. 169.

LXXXI. *Seite 280*
Sigmund von Birken / Johannes Klaj, *Frühlings-Willkomm* (1644/45). In: Fortsetzung Der Pegnitz-Schäferey / ... / Nürnberg: Endter 1645. S. 34/36.

LXXXII. *Seite 282*
Friedrich Schlegel, *Der Wasser-
fall* (1801). In: Musen-Alma-
nach für das Jahr 1802. Hrsg.
von A. W. Schlegel und L. Tieck.
Tübingen: Cotta 1802. S. 152.

LXXXIII. *Seite 283*
Georg Philipp Harsdörffer, *Se-
het den bekränzten Lentzen* (um
1645). In: Poetischen Trichters
zweyter Theil / ... / Nürnberg:
Endter 1648. S. 12.

LXXXIV. *Seite 284*
Georg Philipp Harsdörffer, *Der
Nymfen Chor* (um 1640). In: Ge-
sprächspiele / So Bey Teutsch-
liebenden Gesellschaften an- und
außzuführen / Vierter Theil: Samt
einer Rede von dem Worte Spiel.
Gefertigt Durch einen Mitgenos-
sen der hochlöblichen Frucht-
bringenden Gesellschaft. Nürn-
berg: Endter 1644. S. 115/117.

LXXXV. *Seite 285*
Clemens Brentano, *Grüß dich,
blut'ge Todessonne* (1804/12). Aus:
Romanzen vom Rosenkranz, XIII.
Romanze: Der Tod der Rosa-
rose. In: Clemens Brentano, Ge-
sammelte Schriften. Hrsg. von
Christian Brentano. Dritter
Band. Frankfurt am Main:
Sauerländer 1852. S. 289.

LXXXVI. *Seite 286*
Lewis Carroll, *A boat, beneath a
sunny sky* (1865/70). In: Lewis
Carroll, The Annotated Alice.
Ed. Martin Gardner. Harmonds-
worth: Penguin 1965. S. 345.
Lewis Carroll, *Ach, jenes Boot
am Uferrain*. In: Lewis Carroll

Alice im Wunderland, Alice hin-
ter den Spiegeln. Übersetzt von
Christian Enzensberger. Frank-
furt/M.: Insel 1963. S. 250/51.
[Alice Pleasance Lidell war der
volle Name der Heldin von Alice
im Wunderland.]

LXXXVII. *Seite 288*
Georg Philipp Harsdörffer, *Das
Lernen* (1644/45). In: Frauenzim-
mergesprechspiel / So bey Tu-
gendliebenden Gesellschafften
mit erfreulichem Nutzen beliebet
und geübet werden mögen /
Zweyter Theil. 2. Aufl. Nürnberg:
Endter 1657. S. 241.

LXXXVIII. *Seite 289*
Konrad von Würzburg, *Jârlanc
vrîjet sich diu grüene linde* (um
1270). In: Konrad von Würz-
burg, Leiche, Lieder und Sprü-
che. Kleinere Dichtungen. Hrsg.
von Edward Schröder. Berlin:
Weidmann 1926. S. 29/30.
Sita Steen, *Ein Glied von
Schillers Locke* (1970). In: Sita
Steen, Mit dem Kopfe geschüt-
telt. Stuttgart: DVA 1971. S. 38.

LXXXIX. *Seite 292*
Christian Friedrich Hunold [Men-
ander], *Treu und Liebe* (um 1710).
Zit. nach: Johann Christoph Gott-
sched, Versuch einer Critischen
Dichtkunst. 4. Aufl. Leipzig:
Breitkopf 1751. S. 793.
[»Hier geben die Strophen
einen ganz andern Sinn, wenn
man sie nach der Ordnung der
Zahlen liest, als wie sie gedruckt
stehen. Aber auch ohne mein
Erinnern sieht man, was des-
gleichen Labyrinthe werth sind.«
Gottsched.]

XC. *Seite 293*
Friedrich Gottlieb Klopstock,
Die Etats Généraux (1788). In:
Klopstocks Werke. Erster Band:
Klopstocks Oden. Erster Band.
Leipzig: Göschen 1798. S. 117/18.
Christian Morgenstern, *Fisches
Nachtgesang* (1900/04). In: Christian Morgenstern, Galgenlieder.
Nebst dem »Gingganz«. 17. Aufl.
Berlin: Cassirer 1914. S. 13.
(I. Aufl. 1905). [Vgl. CXLI.]

XCI–XCVII. *Seite 296*
Andreas Thalmayr, *Dem Phöbus
gleich . . ., Ach, auf dem langen
Marsch. . ., Schon wieder Stau ! . . .,
das was war . . ., Ein Mann wie
der . . ., Dort, wo er herkam . . .,
Augsburg haßte . . .* Erstveröffentlichungen.

XCVIII. *Seite 303*
Bertolt Brecht, *Der Radwechsel*,
(1953). In: Buckower Elegien.
Gesammelte Werke in acht Bänden. Frankfurt a. M.: Suhrkamp
1967. Band IV. S. 1009.

XCIX. *Seite 306*
Pierre Dolet, *Ad lectorem non
propitium* — (um 1590). In:
Sylvae quas vario carminum
genere primari scholastici Collegii Dolani Societatis Jesu (. . .).
Dole 1592. Abdruck nach: Jérôme Peignot, Du Calligramme.
Paris: Chêne 1978. S. 61.
[Transkription des Brillentextes:
»"Αλλα τόπων προσπόρει ἦκον
γένος ἡμῶν μέτα ἐπισκοπέμμεν.«
Βάζε καλῶς, ἀλλὰ δρακεῖν μηδὲν
ἔχει: τίπτε λέγεις; ὡς νόσος
ἥρπαγεν μιν;
»Γυμνὸν ἔχει, αἰσχρὲ, νόσος
μέτωπον:

Δῶρά γε ταῦτα δώσομεν,
"Εστι λίαν τ'ὄμματα ὠψὶν γὰρ
ἀναγκαῖα μάλ'ἀσθενέσσι,
Ζῆλος ὅταν τυφλὰ ποιεῖ καὶ
φθόνος ἀνθρωποφόνος
τ'ὄμματα μὴ φιλοῦντα.«
Deutsche Übersetzung: »An
den ungeneigten Leser.
›Auf anderes als das Gewohnte
   verlangt mit uns jetzt
das heut'ge Geschlecht seine
   Blicke zu richten!‹
Wie schön er das dahersagt! Zu
   sehn jedoch vermag er
   gar nichts!
Was meinst du da? Daß eine
   Krankheit ihn befallen?
›Ja, die Krankheit, Kritikaster,
   steht dir auf der nackten Stirn.
Drum sei als Gabe dies hier dir
   verabreicht:
die Brille ist es, in der Tat; die
   brauchst du dringend
bei so schwacher Sicht,
da Scheelsucht dir und Neid, der
   Menschen tötet,
die bösen Augen blind gemacht.«
Kommentar: Die ersten beiden
Verse klagen in gewähltem, besserwisserisch-gebietendem Ton literarische Neuerungen ein (unter
dem »Gewohnten« sind Topoi,
Gemeinplätze, konventionelle
Themen zu verstehen). Ich sehe
hierin eine Äußerung des Kritikers; der Dichter reagiert in den
folgenden Zeilen auf dessen Einwände und verpaßt dem Kritiker
eine Lesebrille. Einige Stellen
des Textes bleiben unklar. (Transskription, Übersetzung und Kommentar von Edgar Reich.)]
Raoul Tranchirer, *frau grau*
(1960/61). In: ror wolf, mein
famili. sämtliche moritaten von

raoul tranchirer. mit 22 collagen des autors. Frankfurt/M.: Suhrkamp 1971. S. 19/20.

[»frau grau« ist nach dem Muster von Guillaume Apollinaires Gedicht »il pleut« gesetzt. In: Guillaume Apollinaire, Poetische Werke. Œuvres poetiques, op. cit., S. 256/57.]

Johann Wolfgang Goethe, *Liebeslied eines Wilden. Brasilianisch.* (1782). In: Goethes Werke. Hrsg. im Auftrage der Großherzogin von Sachsen. 4. Band: Gedichte. Vierter Theil. Weimar: Böhlau 1891. S. 320. [Erstdruck: Zeitschrift für deutsche Philologie 3. 1871. S. 478.]

[Goethes »Liebeslied eines Wilden. Brasilianisch.« ist nach dem Muster von Lewis Carrolls »The Mouse's Tale« gesetzt. In: Lewis Carroll, Alice in Wonderland, op. cit.]

C. *Seite 313*
Christian Morgenstern, *Die Trichter* (um 1900). In: Christian Morgenstern, Galgenlieder, op. cit., S. 18.

CI. *Seite 314*
Johann Wolfgang Goethe, *Hingesunken alten Träumen* ... (1827). Aus: Chinesisch-deutsche Jahres- und Tageszeiten. In: Goethe's nachgelassene Werke. Vollständige Ausgabe letzter Hand. Sieben und vierzigster Band. Stuttgart und Tübingen: Cotta 1833. S. 56.

Rebus von Anita Albus: Erstveröffentlichung.

Stefano della Bella, *Ov'è amor è fedeltà* (um 1650). Nach Ludwig Volkmann, Von der Bilderschrift zum Bilderrätsel. In: Zeitschrift

für Bücherfreunde. 18. Jg. H. 1/5. Leipzig 1926. S. 65/69.

[Auflösung:
»Ov'è amor è fedeltà
Amor vuole sollicito e segreto
Dov'è amor è gelosia
Amor è cieco e guarda da lontano
Amor passa il guanto e l'acqua
li stivali.
Amor, Amore, tu sei a mia ruina.«

In deutscher Übersetzung:
»Wo Liebe ist, ist Treue
Die Liebe will einen Eifrigen und
Verschwiegenen
Wo Liebe ist, ist Eifersucht
Die Liebe ist blind und sieht von
Weitem
Die Liebe geht durch den Handschuh und das Wasser
durch die Stiefel
Liebe, o Liebe, du bist zu meinem Verderben.«

Volkmann bemerkt zur Struktur des Bilderrätsels:

»Gleich zu Anfang beruht es auf dem Gleichklang der Bezeichnung für verschiedene Dinge: für ove, wo, sind ova, Eier gezeichnet. Die Treue ist symbolisch durch den Ring dargestellt; dann aber wieder ›Amor will‹ durch ›Amor fliegt‹ gegeben, wobei die Verben volere und volare homonymisch verwendet sind, was eben nur im Italienischen möglich ist und in der Übersetzung sinnlos wird. Auch der Fensterladen (Jalousie) für Eifersucht (gelosia) ist ein solches Wortspiel. Tätigkeitsworte werden unmittelbar durch die betreffende Tätigkeit illustriert, so ›guarda‹ und ›passa‹. In der letzten Zeile ist die pathetische Wortwiederholung Amore durch einen Amor und einen König, rè, verbildlicht, und die Worte a mia durch zwei Angelhaken (ami) und den Buchstaben a. Bedeutsam ist es, daß unten eine Landschaft mit ägyptischen Gegenständen angedeutet ist, über der sich der geheimnisvolle Vorhang des Bilderrätsels lüftet; der geistige Zusammenhang mit der Renaissance-Hieroglyphik wird dadurch ausdrücklich angedeutet.«]

CII. *Seite 317*
N. N., *Zwei Rätsel* (1641). In: Gedichte / Dem Edlen / Ehrenvesten / wolgeachten Hr. Martino Amberle von Newweselli / Bürgern in Breßlaw / alß Bräutigam / vnd Der Viel-Ehren-Tugend-Reichen Fr. Annae / gebohrnen Butschkyn /.../. Breslau: Baumann 1641. S. 5 u. 10.

CIII. *Seite 318*
Man Ray, *Lautgedicht* (1924). Aus: (Robert) Massin, Buchstabenbilder und Bildalphabete. Übers. von Philipp Loidl und Rudolf Strasser. Ravensburg: Maier 1971.

CIV. *Seite 319*
Publius Optianus Porfyrius, *Mirum opus est* (um 330). In: Publii Optiani Porfyrii Carmina. Recensuit et praefatus est Lucianus Mueller. Leipzig: Teubner 1877. S. 65.
[Aus guten Gründen hat sich bisher noch niemand an die Entschlüsselung und Übersetzung dieses Textes gewagt. Es handelt sich um eine aberwitzige *tour de force*. Gefordert ist dabei, daß sowohl die fortlaufenden Zeilen einen Sinn ergeben, als auch die fettgedruckten Texte des »Sprachgitters«, noch dazu alles in metrischer Form, zum Teil im Hexameter. Durch diese formalen Bedingungen wird der Schwierigkeitsgrad, den der Verfasser sich auferlegt, abenteuerlich. Das Resultat gehört, wie der Übersetzer Edgar Reich bemerkt, »in ein Folterinstrumentarium der Philologenhölle.«

Es folgt zunächst eine deutsche Version des normalen Zeilenlaufs:

»Siehe, ein Wunderwerk ist es, solche ineinander verwobene Verse zu schmieden und sie so mit Efeu zu verbinden (zu umranken?). Du, Göttlicher (Apollo?), laß dich nicht lange bitten, wende Dich gleich mir zu! Sieh, wohin du mich noch fortreißt, der ich (Dir?) festgesetzte (Opfer?) bringe (?.). Ich bin der Deine, sieh, vor allem (von klein auf?) lerne ich das Deine, damit du mir glückbringend und ohne Trug drei Dinge (??) gewährst und bei der Aufgabe dem wagemutigen Sinn den klaren Verstand ebenbürtig machst(??). Nun möge Clio den Versen (Gedichten?) Kraft verleihn! Wie werden sie zusammengefügt werden können? Ich will wie Fäden die Richtlinien ziehen (setzen), die einander kreuzen und als sanfte Fesseln dienen sollen. Du wirst mir diese Kräfte verleihen! Gib wieder deine Gaben (Schätze, Belohnungen) dazu, und mögest du von einer glückbringenden Seite zur gegenüberliegenden laufen (?? oder: in heiterem, fröhlichen Hin und Her??); denn aus der ernsten (? schwangeren?) Quelle (Hippokrene?) der Aoniden (Musen) sprudelt in (Wasser-)Adern eine neue Kunst hervor. Übermenschlich (ungeheuer) ist's (sie?) gänzlich zu umfassen (sie einzufassen?) oder rasch so viele Ufer (oras? onas ist Unsinn! ?Dämme) vorzusehen, daß die Pflanzung (das Muster??) dazwischen noch Muße (Metren?) zuläßt und, was unpassend hervorsteht, tilgt (= *necet*, viell. *secet* = abschneidet??), wo das Blatt (?) zu Ende ist. Wenn die Leute einsichtig sind (Verstand, Geschmack, Kunstverständnis besitzen), dürften sie wohl auch erkennen, womit unsere (meine) lebensgetreuen/lebensnahen (Gedichte, Werke) Hand in Hand gehen (wozu sie passen): daß Scharfsinn (Geistesschärfe, wache Intelligenz) sich entwickelt und den Schleier vor dem Verstand wegzieht. Du mir Gewogener, der du schon Erfahrung damit (Verständnis dafür) hast, daß ich nach verborgenen Gesetzen (verfaßte,) gute Gedichte im Blick habe (beabsichtige), freundlicher Richter entschlossenen Sinnes, der du aufgrund deines Charakters (oder: nach den Sitten) mit aller Größe (Stärke, Fülle) handelst, zeigst im Staatsmann (?) feine Bildung, und ...? ... erhöht (gefördert, aufgestiegen), wobei du dir — wie erfreulich! — eine Einstellung (Betrachtungsweise) zu eigen machst, durch die du beglückende Taten (vollbringen?) und allgemeine Freude schenken kannst. Nichts, was du durch deine Macht und deinen Namen bewirkst (schaffst, leistest), ist wichtiger (vortrefflicher). Es sei gestattet, zu er-

kennen, welchen Einfluß du ausübst auf das innerste Empfinden (??) des Sidonius, deines Patrons (Förderers, Beschützers). Da (in seinem Inneren, im privaten Bereich??) legt er sogleich all seinen (äußeren) Glanz beiseite, um in heimlicher Armut edle Schätze zu sammeln (?). Da lodern neue Freuden aus zwei Wünschen (»aus zwei« = »aus gegenseitigen Erwartungen«?). Reich vergoldet er die Freundschaft (den Bund) mit apollinischem Leierspiel. Er versteht sich auf Lob (-esworte) und weiß, was unter so günstigen Vorzeichen für die Tüchtigen (Guten) vorgesehen ist. Du sei immerfort glücklich bei den (im Kreise der) Würdigen (Heiligen??), beharre eifrig in der Treue (im Glauben??) auch weiterhin. Mit gnädigem Wink wird der Augustus (Kaiser) Dir Gepriesenem diese beglückende Gabe gewähren: durch dein Konsulat macht er die Belohnungen vollständig. Da brechen dann bei den Feiern über deinen Namen die bekannten sechs Beifallsstürme (Ovationen) herein (??), (??) von denen einer, der sie sehr häufig und mit Einsicht in die Dinge erlebt hat, betäubt sein kann (??), und noch mehr aufgrund unwürdiger, enttäuschter Hoffnung (?). Nun nimm (So nimm denn) mit zuversichtlicher Erwartung (? mit frohem Wunsch ?) dieses Geschenk (dieses Amt ?) an, tüchtiger, berühmter Mann!«

Für die Gitterverse schlägt der Herausgeber L. Mueller die im folgenden angegebenen Leserichtungen vor:

»I mixta per amfractus didu-
cunt carmina Musae
II seu cancellatos spatia in
contraria flexus
III seriem paramus ordinare
acrius
IIII audeo plenas
V picta notabo
VI opus tuetur nonne cata
parcitas
VII speciosa sancta cultu
VIII bene picta Musa metris
VIIII breviter fluas ut isto
X opus est per arta coetu
XI amor poesis spissa gaudet
exigi
XII edere formas
XIII possit coire docta rerum
limite
XIIII iura Camensis«

E. Reich hält eine andere Rei-
henfolge für sinnvoller und über-
setzt dementsprechend:

»I/II Auf verwinkelten We-
gen oder (vielmehr)
gitterförmig angeord-
neten Linien lassen die
Musen ineinander ver-
wobene (vermischte)
Verse (Gedichte?) nach
entgegengesetzten Sei-
ten dahinziehen.
IIII/XII Ich wage es, ausgefüllte
Formen zu schaffen
(hervorzubringen, her-
auszugeben, zu veröf-
fentlichen),
XIIII/V ich werde den Camenen
(Musen)gemalte(durch
Linien festgelegte) Re-
geln zeichnen.
VIII/VII Gut gemalte Muse
(Kunst, Gedicht), wohl-
gestaltet durch deine
Metren (wohlklingend
mit deinen Weisen),

heilige, verehrungswür-
dige,
VIIII magst du auch nur kurz
dahinfließen, wie es
diese
X Zusammenfügung auf
engem Raume erfor-
dert,
XI so hat die Liebe zur
Poesie doch ihre Freude
daran, wenn Dichtge-
drängtes entsteht.
III Wir wollen die Ord-
nung (Reihe, Zusam-
menfügung) ziemlich
streng einrichten.
VI Das Werk soll erwei-
sen, ob nicht doch
geschickte (gescheite,
gewitzte, raffinierte)
Knappheit (Kürze,
Sparsamkeit),
XIII die von der Sache et-
was versteht, der
Schranke sich zu fügen
weiß.«

»Stellenweise wirkt der Text
so unsinnig, daß man versucht ist,
irgendeine ›lex abstrusa‹, einen
Trick zu suchen, hinter den man
bisher nicht gekommen ist. Das
Ganze wirkt teilweise wie eine
Montage. Es wäre denkbar, daß
uns der Autor nur zum Narren
hält. Dabei könnte hinter dem
fortlaufenden und dem Gitter-
Text noch ein drittes Gedicht
stecken, wenn man nur den
Schlüssel wüßte; denn was sollte
›tria tribuens‹ anderes bedeuten
(Z. 4/5): ›daß du mir drei zuteil-
werden läßt‹ — drei was? drei
Gedichte? Die Hexameter sind
in den meisten Fällen korrekt;
die Zugeständnisse an die selbst-
auferlegten Schranken liegen mehr

in der Sprache. Der deutsche Herausgeber L. Mueller jedenfalls hat verzweifelt aufgegeben; er macht nur ein paar dürftige Anmerkungen, dann fährt er fort: ›Nun genug damit, das übrige ist so verwickelt, daß ich meinen möchte, nicht einmal eine Ariadne könnte aus diesem Labyrinth einen Ausgang finden. Da dies so ist, sparen wir uns die Mühe.‹ Vielleicht hätte ich das auch tun sollen; denn eine Übersetzung, die für bare Münze zu nehmen wäre, gibt es nicht.« (Edgar Reich.)]

CV. *Seite 320*
Ezra Pound, *In einer Station der Metro. Alba.* (1912/15). Aus: Lustra (1915). In: Personae. Masken. Der ausgewählten Werke erster Teil. Autorisierte Übersetzung von Eva Hesse. Zürich: Arche 1959. S. 173.

Syntaxbäume von Manfred Bierwisch.

[»So einig wie die Chemiker sind sich die Linguisten noch nicht über ihre formalen Instrumentarien. Das liegt auch an der Sache. Wir ahnen zwar, daß es ein periodisches System der Elemente der Sprache (und des Geistes) gibt, aber wir kennen noch zu wenig Eckpunkte, deswegen ändert sich an der Grundstruktur jedes Jahrzehnt die Hälfte der Prinzipien. Das hat eine schöne Seite: man sieht, daß die Disziplin lebt. Und es hat eine fragwürdige Seite, denn jedenfalls ist sie noch sehr unreif, und die Überlebenschancen für eine Theorie einschließlich ihrer Formelsprache sind begrenzt.

Dies vorausgesetzt, kann Chomskys Notation als einigermaßen verbindlich gelten, denn die Linguistik — und besonders die Syntax — ist sein Feld. Wer überhaupt versteht, was Syntax ist, versteht auch dieses Notationssystem.

In dem ersten Gedicht ergibt sich eine Komplikation:

Um die Syntax anzugeben, muß man nämlich Farbe bekennen bezüglich der Doppeldeutigkeit (a) Die Gesichter in der Menge erscheinen, und (b) Die Gesichter erscheinen in der Menge. Mir scheint, die Zeile oszilliert, mit leichter Präferenz für (b). Ich gebe beide Lesungen an, und auch die Überschrift, die natürlich zum Gedicht gehört. Da Überschrift und beide Zeilen jeweils selbständige Einheiten sind, können sie beliebig angeordnet werden, also auch untereinander. Die Verbindung zwischen den beiden Zeilen, im Original durch ein Strichpunkt in der Übersetzung durch ein Kolon wiedergegeben, ist für die Interpretation natürlich folgenschwer, aber syntaktisch ist sie leer. Ergänzt man das unterschlagene Verbindungsstück, dann werden beide Zeilen Teile eines Satzes und durch eine Art Copula (›ist‹, ›ist wie‹ etc.) verbunden. Aber das ist Konjektur, nicht Text.

Zur Zeichensprache: N, P, A sind Grundkategorien (Nomen, Präposition, Adjektiv), die Exponenten sind Angaben der Integrationsstufen, sie systematisieren die Hierarchiestufen. Wichtig ist nur die Topologie, nicht die Metrik der Schemata. Statt der Bäume kann man auch Klammerausdrücke bilden.

Das ergäbe für das zweite Gedicht:

($_s$ ($_A$2 ($_A$1 ($_A$0 KÜHL))($_P$2 ($_P$1 ($_P$0 WIE))($_N$2 ($_{DET}$DIE)($_N$1 ($_A$2 BLEICHEN)($_A$2 FEUCHTEN)($_N$0 BLÜTEN)($_N$2 ($_{DET}$ DER) ($_N$1 MAIGLÖCKCHEN))))))))($_V$1 ($_V$0 LAG)($_N$2 SIE) ($_P$2 ($_P$1 AN) ($_N$2 ($_{DET}$ MEINER)($_N$1 SEITE))) ($_P$2 ($_P$1 IN)($_N$2 ($_{DET}$ DER)($_N$1 FRÜH)))))

So ähnlich sehen übrigens die Ausdrucke aus, die ein Computer für Syntaxanalyse liefert.« Bierwisch.]

CVI. *Seite 322*
Clara Hätzler, Scheltalphabet (um 1450). In: *Liederbuch der Clara Hätzlerin.* Aus der Handschrift des Böhmischen Museums zu Prag. Hrsg. und mit einer Einl. vers. von Carl Haltaus. Quedlinburg und Leipzig: Basse 1840. S. LXVII/VIII.

Edward Lear, *Das Kranken-ABC* (um 1875). In: Edward Lears Kompletter Nonsens. Ins Deutsche geschmuggelt von Hans Magnus Enzensberger. Frankfurt/M.: Insel 1977. S. 34/35.

CVII. *Seite 328*
Matthias Claudius, *Lückenbüßer* (1777). In: Asmus omnia sua Secum portans oder Sämmtliche Werke des Wandsbecker Bothen. III. Theil. Wandsbeck: Selbstverlag o. J. (1777). S. 130.

Taubstummenalphabet nach: Abbé Sicard, Théorie des Signes, ou Introduction a l'étude des langues, où le sens des mots, au lieu d'être défini, est mis en action. Ouvrage Élémentaire, sabolument neuf, indispensable non-seulement pour l'Enseignement des Sourds-Muets (...). Tome Premier. Paris: Michaud/Delalain 1814.

CVIII. *Seite 330*
Eduard Mörike, *Frühling läßt sein blaues Band* ... (Auszug) (1828). In: Eduard Mörike, Maler Nolten. Novelle in zwei Theilen. Stuttgart: Schweizerbarth 1832. S. 329.

CIX. *Seite 332*
Giuseppe Ungaretti, *Finale* (1952/60). In: Giuseppe Ungaretti, Das verheißene Land. Das Merkbuch des Alten. Deutsch von Paul Celan. Frankfurt/M.: Insel 1968. S. 59. [Vgl. XXVII.]

CX. *Seite 334*
Peter Rühmkorf, *Die Fledermaus stößt Schreie aus* (1980). In: Peter Rühmkorf, Kleine Fleckenkunde. Zürich: Haffmans 1982. S. 89.

CXI. *Seite 335*
Paul Klee, *Einst dem Grau der Nacht enttaucht* Nr. 3. (1918). Aquarell im Besitz des Kunstmuseums Basel.

CXII. *Seite 336*
N. N., *Großmutters Schlangenköchin* (ohne Datum). In: Des Knaben Wunderhorn. Alte deutsche Lieder gesammelt von

L. A. Arnim und Clemens Brentano. Erster Theil. 2. Aufl. Heidelberg: Mohr und Winter 1819. S. 19/20.
Comic von Bernd Brummbär. Erstveröffentlichung.

CXIII. *Seite 344*
Dante Alighieri, La Divina Commedia (1300–1320). L'inferno. Chiasmage von Jiří Kolář. Erstveröffentlichung.

CXIV. *Seite 346*
Aus einem einfachen Text . . . (um 1970). Nach einem unveröffentlichten Text von K. Schippers. Aus dem Niederländischen übersetzt von Andreas Thalmayr.

CXV. *Seite 349*
Andreas Thalmayr, *Nadelgedicht.* (1973.) Erstveröffentlichung.

CXVI. *Seite 352*
N. N., *Schwerlich wohl weiß heut hier jedes . . .* (19. Jahrhundert.) In: Walther Lietzmann, Lustiges und Merkwürdiges von Zahlen und Formen. Beispiele aus der Unterhaltungs-Mathematik. Zweite Auflage. Breslau: Hirt 1923. S. 25 [Das Lied ist nach der Melodie »Die Hussiten zogen nach Naumburg« zu singen.]

CXVII. *Seite 353*
N. N., *Komm wir wolln in Garten gehn . . .* (19. Jahrhundert.) In: Anita Albus, Der Garten der Lieder. Frankfurt/M: Insel 1974.
Wolfgang Schmidt, *undsoweiler* (1980). In: 1002 Bilder, Bildgeschichten, Rätsel, Fotos (. . .). Versammelt von Bernd Bexte. Frankfurt a. M.: Zweitausendeins 1982.

CXVIII. *Seite 356*
Heinrich Heine, *Ein Fichtenbaum steht einsam* (1822). In: Heinrich Heine, Tragödien, nebst einem lyrischen Intermezzo. Berlin: Dümmler 1823. S. 94. [Danach in: Heinrich Heine, Buch der Lieder. Hamburg: Hoffmann und Campe 1827. S. 137.]
Baskisch: *Dass.* Baskisch von Joseba Aŕegi. In: Heine'ren Oleŕkiak. Bilbao [ohne Verlagsangabe] 1927. S. 65.
Isländisch: *Dass.* [Ohne Zuschreibung des Übersetzers.] In: Ljod eftir Heine. Hrsg. von Alexander Jóhannessen. Reykjavik [ohne Verlagsangabe] 1919.
Hebräisch: *Dass.* Hebräisch von J. L. Baruk. In: Sēfer hašširim. Tārgum bemišqāl hammaqōr übeneginäh ha'ibrit hamkonäh J. L. Baruk. Tel-Abib: N. Tbersqij 1953.
Georgisch: *Dass.* Georgisch [Grusinisch] von Akaki Gelowani, Chariton Wardoschwili, Joram Chemertelidse, Karlo Kaladse u. a. In: Agmortscheuli 'azrebi 'Hainesi. Tbilissi: Sabtschota Sakartwelo 1978.
Albanisch: *Dass.* Albanisch von Lasgush Poradeci. In: Poezi në tri pjesë. Tiranë: Naim Frashëri 1957.

CXIX. *Seite 362*
1 William Shakespeare, *Sonnet XC* (um 1600).
2 W. S., Einundzwanzig Sonnette. Deutsch von Paul Celan. Frankfurt am Main: Insel 1967. S. 33.
3 Deutsch von Andreas Thalmayr. Unveröffentlichte Übersetzung.

4 Shakespeare's Sonette. Englisch und Deutsch. Übersetzt von Alfred Fields. Darmstadt: Bläschke 1973. S. 90.

5 Shakespeares Sonette. Deutsch von Richard Flatter. Wien: Saturn 1934. S. 103.

6 Shakespeares Sonette. Übersetzt von Ludwig Fulda. Zweite Auflage. Stuttgart: Cotta 1913. S. 90.

7 Shakespeare's Sonette. Übersetzt von F. A. Gelbcke. Hildburghausen: Bibliographisches Institut 1867. S. 112.

8 Shakespeare Sonnette. Umdichtung von Stefan George. Berlin: Bondi 1909. S. 96.

9 Shakespeares Sonette. Ins Deutsche übertragen und herausgegeben von Karl Hauer. Graz: Moser 1929. S. 74.

10 Shakespeare's Gedichte. Deutsch von Wilhelm Jordan. Berlin: Reimer 1861. S. 92.

11 W. Shakespeare's sämmtliche Werke in Einem Bande. Übersetzt und herausgegeben von Julius Körner. Leipzig: Baumgärtner 1838. S. 918.

12 William Shakespeare, Sonette. Übersetzt von Ilse Krämer. Basel: Schwabe o. J. (1945). S. 99.

13 Shakespeare's Sonette. Nachdichtung und Nachwort von Karl Kraus. München: Kösel 1964. S. 187.

14 Shakespeare, Sonette und andere Dichtungen. Übertragung von Terese Robinson. München: Georg Müller 1927. S. 53.

CXX. *Seite 376.*
Walther von der Vogelweide, *Owê war sint verswunden* [erste Strophe] (1227/28). In: Walther von der Vogelweide, Gedichte. Mittelhochdeutscher Text und Übertragung. Ausgewählt und übersetzt von Peter Wapnewski. Frankfurt/M.: S. Fischer 1962. S. 108. Prosaübersetzung ebenda, S. 109.

[»Walthers sogenannte ›Elegie‹, ›eines der größten Wunder aus unserem deutschen Mittelalter‹ (Carl von Kraus). Das Leben ein Traum, *laudatio temporis acti*, von Schmerz und Bitternis verschleierter Altersblick auf Natur, Sitte, Mode der Jugendzeit dort, der Gegenwart hier: zerrieben, zerfallen, verweht, was Glanz und Glück des Lebens war. Dies aber macht das Lied zu einem typischen Lied Walthers: er bemächtigt sich des Erinnerungserlebnisses in politischem Auftrag, sucht die verlorene Zeit, um aus dieser Begegnung heraus in die Gegenwart hineinzuwirken: er wirbt für die Teilnahme am Kreuzzug Friedrichs II. (1228/29). Die Vergangenheit und ihr Heroengeist werden geradezu körperlich verdinglicht durch einen genialen Kunstgriff: der Dichter bedient sich des Versmaßes des *Nibelungenliedes*; und er bewältigt darin zugleich das Erlebnis der Wiederbegegnung (des *Nibelungenliedes* letzte Fassung entstand in Walthers Heimat Österreich) wie den aktuellen Auftrag, der in diesen Versen den Heldengeist der Reckenzeit mitklingen läßt.

Die Überlieferung ist schlecht, die Textfassung derart unsicher, daß sie stellenweise nicht mehr ist als Vermutung und Vorschlag. Aus diesem Grunde ist hier auf tiefer greifende Besserungsversuche verzichtet und Kraus' Fassung weitgehend akzeptiert worden, was kein Urteil bedeutet über die Herstellungsversuche vor allem Brinkmanns, Kraliks und Maurers.

Zur Textgestalt:

I,10: *bereitet* wird von der Wissenschaft ohne Not verdächtigt: es geht nicht um die zerstörende Veränderung, sondern um die Veränderung als solche: ›bebaut ist das Land‹. Schon Jacob Grimm hat in seiner Rede über das Alter diese handschriftliche Überlieferung verteidigt. (. . .)

An Lit. nenne ich nur den letzten, freilich überkühnen Herstellungsversuch Dietrich von Kraliks, WSB Phil.-Hist. Kl., 228/1, 1952.« Wapnewski, S. 240/241.]

Übersetzung von Ludwig Uhland in: Ludwig Uhland, Walther von der Vogelweide, ein altdeutscher Dichter. Stuttgart und Tübingen: Cotta 1822. S. 145/46.

Übersetzung von Karl Simrock in: Gedichte Walthers von der Vogelweide, übersetzt von Karl Simrock und erläutert von Karl Simrock und Wilh. Wackernagel. Zweiter Theil. Berlin: Vereinsbuchhandlung 1833. S. 100.

Übersetzung von Peter Rühmkorf in: Peter Rühmkorf, Walther von der Vogelweide, Klopstock und ich. Reinbek: Rowohlt 1975 S. 56/57.

CXXI–CXXXV. *Seite 381*
Wilhelm Busch, *Ach, was muß*
man oft von bösen Buben (*Max und Moritz*, Vorwort) (1863/64). Aus: Wilhelm Busch, Max und Moritz. Eine Bubengeschichte in sieben Streichen. In deutschen Dialekten, Mittelhochdeutsch und Jiddisch hrsg. von Manfred Görlach. Hamburg: Buske 1982.

Plattdeutsch (Paul Hennings), S. 39/40.

Wiedensahler Platt (Gerhard Dreyer, Heinrich Hermening, Elfriede Herden, Ilse Krämer), S. 154.

Kölsch (Ernst Pilick), S. 88.

Badisch-Pfälzisch (Rudolf Lehr), S. 88.

Elsässisch (Henri Mertz), S. 88.

Züritüütsch (Rudolf Hägni), S. 88.

Schwäbisch (Michael Spohn), S. 89.

Bairisch (Helmut Eckl), S. 89.

Oberösterreichisch (Hans Dieter Mairinger), S. 137.

Fränkisch (Willy R. Reichert), S. 89.

Schlesisch (Richard Werner), S. 89.

Siebenbürgisch-Sächsisch (Maria Gierlich-Gräf), S. 155.

Pennsylvania-Deutsch (William Frey), S. 132.

Neuhochdeutsch - Mittelhochdeutsch (Rien van den Broek), S. 142.

Jiddisch (Yoysef Tunkl), S. 147. (Transskription von Rahel Salamander.)

CXXXVI. *Seite 397*
Heinrich Heine, *Ich weiß nicht, was soll es bedeuten* (1822). In: Günter Puchner, Kundenschall. Das Gekasper der Kirschenpflük-

ker im Winter. Übersetzungen ins Rotwelsch. München: dtv 1976. S. 135. [Zuerst: München: Heimeran 1974. Vgl. LXV.]

CXXXVII. *Seite 398*
Friedrich Rückert, *Amara, bittre, was du thust ist bitter* (1812). In: Friedrich Rückert, Gesammelte Gedichte. Zweiter Band. Erlangen: Heyder 1836. S. 107. [Zuerst erschienen in: Friedrich Rükkert, Amaryllis. Ein ländliches Gedicht, geschr. 1812. Frankfurt am Main 1825]. Gastarbeiter-Version von Andreas Thalmayr, Erstveröffentlichung.

[Pidgin-Sprachen sind Misch- und Kontaktsprachen, die aus dem Verkehr zwischen Kolonisatoren und Kolonisierten hervorgehen. Das sog. Gastarbeiter-Deutsch zeigt starke strukturelle Ähnlichkeiten mit dem Pidgin-Englischen.]

CXXXVIII. *Seite 400*
Ernst Jandl, *calypso* (um 1965). In: Ernst Jandl, Laut und Luise. Olten und Freiburg/Brsg.: Walter 1966. S. 16/17.

N. N., *baemu súti falla kúr* (1958). Aus: baemu suti oder Das Ibolithische Vermächtnis. Ein literarisches Gesellschaftsspiel von Heinz Gültig. Zürich: Diogenes 1959. S. 7/8, 21, 55/56, 117/18. »Übersetzungen« von Hans Arp, Wolfgang Hildesheimer und Fridolin Tschudi.

CXL. *Seite 410*
Francesco Petrarca, *S'amor non è* (um 1350). In: Francesco Petrarca, Canzoniere, Trionfi, Rime varie e una scelta di versi latini. A cura di Carlo Muscetta e Daniele Ponchisoli. Torino: Einaudi 1958. S. 186.

Oskar Pastior, Francesco Petrarca. 33 Gedichte. München Hanser 1983. S. 24.

Friedrich Wilhelm Riemer, Gedichte. Erstes Bändchen. Jena: Frommann 1826. S. 319.

CXLI. *Seite 413*
N. N., *Fish's Night Song*. [Vgl. XC.]

CXLII. *Seite 414*
María de Zayas y Sotomayor, *Amar el dia, aborrecer el dia* (vor 1637). In: María de Zayas y Sotomayor, Novelas amorosas y ejemplares. Hrsg. von Agustín G. de Amezúa. Madrid: Aldus 1948. S. 49/50. (Erstausgabe: Zaragoza: Pedro Esques, Hospital Real 1637.) [Vgl. XXIV.]

CXLIII. *Seite 416*
Andreas Gryphius, *Thränen des Vaterlandes / Anno 1636*. In: Andreae Gryphii / Freuden / und / Trauer-Spiele / auch / Oden / und / Sonnette. Breslau: Treschern 1663. Abdruck nach: Dichtungen. Hrsg. von Karl Otto Conrady. Reinbek: Rowohlt 1968. S. 23.

[Die maschinelle Übersetzung stammt vom Linguistics Research Center der University of Texas in Austin. Der Text wurde in normalisierter Orthographie eingegeben. Die Wissenschaftler kommentieren das Resultat wie folgt:

»Das System der maschinellen Übersetzung ist nicht für die Analyse folgender Satzkonstruktionen ausgelegt: Komperative wie *ganz, ja mehr denn ganz;*

vorangestellte Genitive wie *der frechen Völker Schar* oder *unser Ströme Flut;* elliptische Konstruktionen wie *ist Feuer, Pest, und Tod, sich langsam fortgedrungen* oder *was ärger als der Tod.* Die Unfähigkeit des Systems, Sätze zu analysieren, in denen das Verbum fehlt, führte dazu, daß in den Passagen *was ärger als der Tod* und *was grimmer denn die Pest* das Interrogativ-Adverb *was* mit dem Akronym WAS (d. h. *Wahlaufnahmesatz*) verwechselt und mit dem englischen Terminus *receiver* wiedergegeben wurde. Eine erfolgreiche Übersetzung wurde erzielt, sobald die problematischen Konstruktionen in normale Satzformen umgewandelt und die fehlenden Wörter in die elliptischen Konstruktionen eingefügt waren. Wir legen jedoch den unredigierten *output text* vor.«]

CXLIV. *Seite 420*
Gottfried Keller, *Abendlied* [Schlußzeilen] (1879). In: Deutsche Rundschau, Bd. 20, Sept. 1879, S. 454.

CXLV–CXLVI. *Seite 421*
Rainer Maria Rilke, *Spiegel: noch nie hat man wissend beschrieben* (Anfangszeilen) (1922). In: Rainer Maria Rilke, Die Sonette an Orpheus. Geschrieben als ein Grab-Mal für Wera Ouckama Knoop. Leipzig: Insel 1923. S. 37. Photo von Matthias Schwenkenbecher.

CXLVII–CLII. *Seite 423*
August von Platen, *Es liegt an eines Menschen Schmerz* (1823). In: August Graf von Platen,

Neue Ghaselen. Erlangen: Selbstverlag 1823. S. 50.

Fotosatzprotokoll des Textes in Internationaler Lautschrift, erstellt von Hermann Sagemüller. [Vgl. CLI.]

Klopstocksche Orthographie nach: Friedrich Gottlieb Klopstock, Fon der Schreibung des Ungehörten. In: Über Sprache und Dichtkunst. 1. Fortsetzung. 8. Fragment. Hamburg 1779. S. 1/8, und:

Friedrich Gottlieb Klopstock, Grundseze und Zwek unsrer jezigen Rechtschreibung. In: Musen-Almanach für 1782. Hrsg. von Joh. Heinr. Voß und Goeckingk. Hamburg: Bohn 1781. S. 195/202.

Die phonetische Transkription von Manfred Bierwisch folgt dem Wörterbuch der deutschen Aussprache. Leipzig: Bibliographisches Institut 1964. Das verwendete Alphabet ist eine standardisierte Adaption des Systems der Association Phonétique Internationale (API), das für praktische Zwecke zu diffizil wäre.

Die technische Lautschrift folgt einem Vorschlag des Kybernetikers Helmar Frank. Sie wurde für die Programmierung von Computern entwickelt und kommt mit den Zeichen des normalen Alphabets aus. c = sch, q = ng, x = ch, v − offenes o, y = offenes ö, z = stimmhaftes s, j = gemurmeltes e. Vokaldehnungen werden durch Verdoppelung dargestellt.]

CLIII. *Seite 429*
Aleksandr Sergeevič Puškin, *Vo-*

ron k voronu letit (1828). In: A.
S. Puśkin, Polnoe Sobranie Soci-
nenij. 3. Stichotvorenija 1826 bis
1836, S. 123. [Vgl. LVI.]

CLIV. *Seite 430*
Adelbert von Chamisso, *Ein
russisch Lied* (1838). In: Deut-
scher Musenalmanach für das
Jahr 1838, S. 196/97. [Vgl. LVI.]

CLV–CLVI. *Seite 431*
Friederike Kempner, *Die Nachti-
gall und die Katze* (um 1880). In:
Friederike Kempner, Gedichte.
Fünfte und vermehrte Auflage.
Berlin: Siegismund 1888. S.
211/12.

CLVII. *Seite 433*
Johann Wolfgang Goethe, *Thut
ein Schilf sich doch hervor* (1815).
In: West-oestlicher Divan von
Goethe. Stuttgart: Cotta 1819.
S. 32. [Die Niederschriften stam-
men von 13–14jährigen Schü-
lern aus einer württembergischen
Schule.]

CLVIII. *Seite 435*
Roman Ritter, *Büroinventar*
(1975). In: Und ich bewege mich
doch . . . Gedichte vor und nach
1968. Hrsg. von Jürgen Theo-
baldy. München: C. H. Beck
1977. S. 75/76. Stenographische
Version von Monika Dobler.

CLIX. *Seite 436*
Eugène Edme Pottier, *Die Inter-
nationale* [Refrain] (1887).

CLX. *Seite 438*
Georg Philipp Harsdörffer, *Ein O
oder Zero in den Zahlen* (um 1650).
In: Nathan und Jotham:
Das ist Geistliche und Weltliche
Lehrgedichte / Zu sinnreicher
Ausbildung der waaren Gott-
seligkeit / wie auch aller löblichen
Sitten und Tugenden vorgestel-
let / . . . Samt einer Zugabe / ge-
nennet Sjmson / Begreiffend
hundert vierzeilige Räthsel /
Zweyter Theil / Durch ein Mit-
glied der Hochlöblichen Frucht-
bringenden Gesellschafft. Zwei-
te Aufl. Nürnberg: Endter 1659.
Anhang des zweiten Teils, LVI.
Rätsel.

CLXI. *Seite 440*
Gottfried Keller, *Abendlied* [An-
fang] (1879). [Vgl. CXLIV.]

CLXII. *Seite 442*
Empedokles von Agrigent,
Bald zu einem . . . In: Die
Fragmente des Empedokles in
der Übersetzung von Eduard
Saenger. In: Romain Rolland,
Empedokles von Agrigent und das
Zeitalter des Hasses. Erlangen:
Dipax 1947. Fragm. 17. S. 56.
Photo von Matthias Schwenken-
becher.

Envoi. *Seite 445*
Velemir Chlebnikov, *Das eine
Buch* (1920). Übersetzt von Paul
Celan. In: Velemir Chlebnikov,
Werke. Sand 1. Poesie. Hrsg.
von Peter Urban. Reinbek: Ro-
wohlt 1972. S. 277/278.

Danksagung

Das Spiel, das diesem Buch zugrunde liegt, gleicht nicht dem Solitaire, sondern einer Patience mit Dutzenden von Teilnehmern. Sollte es aufgehen, so verdankt es sein Glück nicht zuletzt der Geduld dieser vielen Beiträger, Ratgeber und Mitwisser, nämlich

Anita Albus (Chatoillenot), Bernd Bexte (Frankfurt am Main), Manfred Bierwisch (Berlin), Wulf Bonitz (Schnait), Serenus M. Brezengang (Gschweding), Bernd Brummbär (München), Monika Dobler (München), Martin Enzensberger (Berg), Götz Gorissen (Berlin), Ilmari Hovila (München), Katharina Kaever (München), Reinhard Kaiser (Frankfurt am Main), Daniel Keel (Zürich), Jiři Kolař (Paris), Josef Kruse (Düsseldorf), W. P. Lehmann (Austin, Texas), Dietrich Leube (München), Jürgen Lodemann (Baden-Baden), Judith Machainer (Berlin), Karl Markus Michel (Berlin), Angelika Overath (Tübingen), Christoph Ransmayr (Wien), Edgar Reich (München), Norbert Richter (München), Lea Ritter-Santini (Bologna), John Roberts (Cambridge, Mass.), Rachel Salamander (München), Klaus Schöning (Köln), Tilman Spengler (Ambach), Reinhard Tgahrt (Marbach), André Thomkins (München) und Hanns Zischler (Berlin). Ihnen sei ebenso gedankt wie allen Autoren und Verlagen, die den Abdruck von urheberrechtlich geschützten Texten erlaubt, und, nicht zuletzt, den Setzern und den Druckern in Nördlingen, die es hergestellt haben.

A.T.

Verzeichnis
der Autoren, Künstler und Übersetzer

DAS WASSERZEICHEN DER POESIE von Andreas Thalmayr ist am 27. September 1985 als neunter Band der ANDEREN BIBLIOTHEK bei der Greno Verlagsgesellschaft m. b. H. in Nördlingen erschienen.

Norbert Richter hat das Quellenverzeichnis bearbeitet. Der Prägung des Einbands liegt ein Entwurf von Anita Albus zugrunde.

Dieses Buch wurde in der Werkstatt von Franz Greno in Nördlingen aus der Korpus Neo Didot Monotype gesetzt und auf zwei Condor-Schnellpressen gedruckt. Das holzfreie mattgeglättete 80g/qm Werkdruckpapier stammt aus der Papierfabrik Niefern. Den Einband besorgte die Buchbinderei G. Lachenmaier in Reutlingen.

31.–40. Tausend, Dezember 1985. ISBN 3921568374. Printed in Germany.

Von jedem Band der ANDEREN BIBLIOTHEK gibt es eine Vorzugsausgabe mit den Nummern 1–999.

Informationen bietet das zu jedem Band der ANDEREN BIBLIOTHEK erscheinende Magazin.